Frerich Ihben

# Magdas Weg

## Die Töchter des Schmieds

Historischer Roman

Impressum:

| | |
|---|---|
| Verlag: | Enno Söker (ESE), Marienkamper Straße 1,<br>26427 Esens, Tel. 0 49 71/91 05-0<br>info@soeker-druck.de, www.soeker-druck.de |
| Bildnachweis Umschlag: | Grafiken: Eileen Helen Henke, Esens |
| Umschlaggestaltung: | Verlag Enno Söker, Esens |
| Herstellung: | Satz, Druck und Gesamtherstellung<br>Enno Söker, 26427 Esens |
| 1. Auflage: | November 2024 |




ISBN: 978-3-941163-48-5

Frerich Ihben

# Magdas Weg

## Die Töchter des Schmieds

Historischer Roman

Inhalt:



Anhang:

# Handelnde (oder erwähnte) Personen in diesem Roman

Personen der Zeitgeschichte sind mit * gekennzeichnet. Die im Buch genannten Handlungen, Aussagen dieser Personen oder deren genannte Aufenthaltsorte sind nicht urkundlich belegt, sondern wurden vom Autor der Romanhandlung aus dramaturgischen Gründen hinzugefügt.

In die Romanhandlung eingebunden sind jedoch Personen und Orte der Zeitgeschichte.

Für die Datumsangaben wurde der Julianische Kalender verwendet. Der Vorläufer unseres heutigen Kalenders (= Gregorianischer Kalender, seit 1582) läuft diesem um 13 Tage nach.

Familienmitglieder

Magda Kruse,
jüngste Tochter der Eheleute Kea und Tyke Smeeder

Maria Smeeder (Wilken),
älteste Tochter der Eheleute Kea und Tyke Smeeder

Christiane Smeeder (†),
zweitälteste Tochter der Eheleute Kea und Tyke Smeeder

Ulf Kruse, Ehemann von Magda

Klaas Wilken, Ehemann von Maria

*Borchard Kruse, Vater von Ulf, ehemaliger Mönch

Anna Kruse, Mutter von Ulf

Jakob und Kea Kruse, Kinder von Magda und Ulf

Weitere handelnde (oder erwähnte) Personen in Gravenhorst:

Simon, Leiter einer Grangie
Benedicta, Simons Ehefrau

*Aleidis von Hetterscheid,
Äbtissin im Kloster Gravenhorst

*Elisabet von Streithorst,
Kellnerin im Kloster Gravenhorst

*Cordt von Tecklenburg, Adeliger Grundbesitzer

*Gerhard Kremer, Richter unter Cord von Tecklenburg

*Knappe Johann von Langhen, Grundbesitzer

*Aleken, Eigenhörige des Klosters

*Franz Graf von Waldeck, Bischof von Münster

Ansgar, Brauer

Aline, Ansgars Ehefrau

Nanno, Kutscher

Uko, ehemaliger Söldner, Bandit

Weitere handelnde (oder erwähnte) Personen in Hude:

*Johann von Haselünne,
ehemaliger Prior im Zisterzienser-Kloster Hude

Hatta, Birta, Niklas, Matthes und Gudrun,
Nachbarn und gute Freunde der Familie Kruse
Clemens (†), ehemaliger Zisterzienser-Mönch

Weitere handelnde (oder erwähnte) Personen in Ostfriesland:

Hanco Lodewig, Gräflicher Berater

Elger de Beer (†), Magdas Onkel

Heske de Beer, Magdas Tante

Fipko, Schmiedegeselle

Thijsso Bosmann, Kunstschmied

Nynke Bosmann, Malerin

Cornelius Watermann, ehemaliger Kapitän

Mathilda-Johanna Westerhusen,
Nichte von C. Watermann

Fayyad, Mitarbeiter von M.J. Westerhusen

Fulko, Gastwirt

Sina, Fulkos Ehefrau

Wunold, Sinas Sohn

Fokko, Fulkos Vater

Heere Harms, Bauernsohn

Heidje, Magd

Boje van der Leuy, Entführer der Familie Smeeder

*Gräfin Anna (Cirksena) von Ostfriesland

*Graf Johann (Cirksena) von Ostfriesland

*Balthasar Attena,
genannt Junker Balthasar, Herrscher des Harlingerlandes

*Pieter Aertsen, Maler 1509 -1575, hatte einen entscheidenden Einfluss auf die flämische Stilllebenmalerei

# Aufbruch

## Ostfriesland im Frühsommer 1537

Gemächlich zog die schlanke Fuchsstute den kleinen Leiterwagen über den sandigen Weg. Magda hockte neben Ulf auf dem Kutschbock. Sie zog die Zügel leicht an und schnalzte mit der Zunge: „Los Lisa, lauf!“ Das Pferd reagierte sofort und beschleunigte seine Schritte.
Wie so oft hatte es eine kleinere, alberne Rangelei zwischen den Eheleuten gegeben, um zu klären, wer den Wagen lenken durfte. Beide liebten sie Pferde und nichts gefiel ihnen besser, als mit diesen mächtigen, treuen Zugtieren zu arbeiten. Da Ulf seiner jungen Frau aber nichts abschlagen konnte, ließ er ihr meistens den Vortritt.
Ulf war ohnehin damit beschäftigt, die langsam vorbeiziehenden Ortschaften zu betrachten. Noch nie hatte er seine Heimat verlassen. Hude und Oldenburg kannte er und einmal war er im benachbarten Ammerland gewesen. Diese Strecke hatten sie auch heute wieder hinter sich gebracht und waren in Ostfriesland angekommen. Die Landschaft glich der oldenburgischen, lediglich der Baustil der einzelnen Höfe, die am Weg lagen, war ein anderer.
„Bei dem Wetter ist es ein Vergnügen, unterwegs zu sein.“
Mit einem strahlenden Blick bestätigte Magda seine Worte.
Es passte wirklich alles. Am Himmel wurde das vorherrschende Tiefblau nur von einzelnen Wolken unterbrochen, die, schneeweißen Daunen gleich, in unermesslicher Höhe langsam ihre Bahn zogen.
Die Menschen, die ihnen begegneten, grüßten freundlich und die Wege zeigten sich in einem guten Zustand.

Noch jemand war mit von der Partie: Auf der kleinen Ladefläche hinter dem Kutschbock hatte sich Magdas ältere Schwester in

eine Decke gehüllt und war auf dem rumpelnden Gefährt fest eingeschlafen.
„Kein Wunder, dass sie müde ist", sagte Magda zu Ulf, nachdem sie mit einem Blick über die Schulter Maria betrachtet hatte. „Schließlich ist sie gestern erst angekommen und die lange Reise aus Westfalen war zweifelsohne beschwerlich."
Im Gegensatz zu ihrem Mann war Magda einiges von der Strecke vertraut. Etwa vier Jahre war es her, da hatte sie diese in umgekehrter Richtung kennengelernt. Gut, dass sie sich diesmal einige Umwege sparen konnten. Die Wege konnte man jetzt im Frühsommer besser befahren als in jenem Jahr gleich nach der Schneeschmelze.
Magda erinnerte sich. Damals war Clemens an ihrer Seite. Clemens, dieser merkwürdige Mönch, dem sie in höchster Not begegnet war. Ihr brutaler Stiefvater war vor ihren Augen zu Tode gekommen und sie hatte die Gelegenheit zur Flucht ergriffen. Während sie keine Ahnung hatte, wie es in ihrem Leben weitergehen könnte, tauchte wie aus dem Nichts dieser Zisterzienser auf. Anders als sie hatte er einen Plan. Sein Weg sollte nach Frankreich führen. Zu einem Kloster in einem Ort mit einem für sie unaussprechlichen Namen. Zusammen waren sie weitergezogen und es war Clemens gewesen, der sie an den Ort gebracht hatte, wo ihr neues Leben beginnen konnte.
Es war sein Verdienst, dass sie auf diese lieben Menschen getroffen war: Hatta, die so konsequent und umsichtig die Geschicke der Grangie leitete, und in deren Herz so viel Liebe und Raum für ihre Mitmenschen war. Unter dem Schutz und der Anleitung dieser lebenserfahrenen Frau konnte sie lernen und neuen Lebensmut fassen. Hattas Kinder, Birta und Niklas mit ihren Ehepartnern Matthes und Gudrun, die ihr gute Freunde wurden. Und natürlich Ulf. Gleich an ihrem ersten Tag in Hude hatte sie ihn kennengelernt und sich Hals über Kopf in diesen schüchternen Jungen verliebt. Seit einem halben Jahr waren sie jetzt Mann und Frau. Sie war glücklich mit ihm.

Ja, es war viel passiert in den vergangenen Jahren. Das meiste war gut. Ihre lang verschollenen Eltern, verschleppt von gewissenlosen Gaunern, hatte sie wieder in ihre Arme schließen können. Auch ihre Schwester Maria hatte sie wiedergefunden. Nur war da auch die Bitterkeit darüber, was sie und ihre Liebsten hatten erleiden müssen. Allesamt waren sie unwürdig behandelt worden und Christiane, ihre wunderbare Schwester Christiane, weilte nicht mehr unter ihnen. Ihr qualvoller, sinnloser Tod und die immerwährende Frage nach dem Warum schienen sich unauslöschlich in Magdas Gedanken eingebrannt zu haben.
Für ihre Reise nach Ostfriesland hatte Magda einen guten Grund. Endlich konnte sie ihre Eltern besuchen. Im vorigen Jahr, nach deren Befreiung, hatte sie es versprochen. Nun hatten sie sich aufgemacht und bereits morgen würden sie ankommen. Magda lächelte in sich hinein. Sie hatte eine Überraschung zu verkünden. Wie würden Tyke und Kea Smeeder reagieren?
Ein weiteres Mal trieb sie das Pferd an: „Hü, Lisa, lauf schon!"
In einiger Entfernung erblickte sie ein kleines Gehöft. „Da ist es", rief sie aus.
Schlaftrunken fragte Maria: „Was meinst du?"
Ulf blickte sie ebenfalls fragend an.
Magda klärte auf: „Bei dem Bauern da drüben haben Clemens und ich übernachtet. Ich erinnere mich an das Haus. Wir sollten fragen, ob wir über Nacht bleiben können. Die Leute waren freundlich."
Widerspruch musste sie nicht erwarten. Der Tag neigte sich dem Ende zu und niemand hatte Lust, unter freiem Himmel zu übernachten. Zwar war das Wetter gut, aber die Nacht war die Zeit der Diebe und Herumtreiber. Besser, man hatte ein Dach über dem Kopf.
Der Bauer war einverstanden. Wie beim letzten Mal verlangte er einen Schap, damit sie das Pferd tränken konnten und selbst den Heuboden zum Schlafen nutzen durften. Ein Frühstück war auch im Preis enthalten.

Er hatte Magda erkannt: „Du warst schon vor Jahren hier, ich hab dich an deinem ..." Er hatte den Satz abgebrochen, es war ihm peinlich, aber Magda wusste, was sie unverwechselbar machte. Es war ihr Gesicht, das seit ihrer Geburt an einer Seite schiefe und faltige Züge hatte, während die andere Seite makellos erschien.

„Ich weiß, du meinst mein entstelltes Gesicht", half sie dem Mann aus seiner Verlegenheit.

Er nickte ein wenig verschämt, dann fragte er: „War damals nicht dein Vater bei dir?"

Magda korrigierte ihn: „Clemens ist nicht mein Vater. Er ist Mönch und ein Freund."

Dann zeigte sie auf die, die sie begleiteten: „Ulf ist mein Mann und Maria meine Schwester."

Während Ulf Lisa versorgte, suchten sich die Schwestern einen schönen Platz auf dem Hof. Im Halbschatten einiger Bäume konnten sie den Rest des Tages genießen.

Es gab so viel zu erzählen. Maria begann: „Es war gut, dass du mich letztes Jahr überredet hast, auf diese Grangie nach Westfalen zu ziehen. Ich kümmere mich um die Kinder von Simon, seit seine Frau gestorben ist. Es sind liebe Kinder und ich komme gut mit ihnen aus, aber sie sind manchmal traurig. Niemand kann ihre Mutter ersetzen und auch Simon kommt nicht darüber hinweg. Ich glaube, er ist so wie seine Mutter Hatta. Er verlangt viel, aber hat immer ein offenes Ohr für die Menschen, die um ihn herum sind. So einen möchte man gerne zum Freund haben."

Magda hakte nach: „Meinst du nur zum Freund oder mehr?"

Entschieden wehrte Maria ab: „Auf keinen Fall! Nach dem, was ich durchgemacht habe, könnte ich mit keinem Mann zusammenleben."

Im nachdenklichen Ton fügte sie hinzu: „Vermutlich gibt es da jemanden für Simon. Sie würde zu ihm passen, aber im Moment lässt er niemanden an sich ran. Er ist ein guter Vater und weiß, dass er und seine Kinder Zeit benötigen. Er hat so viel Verständnis."

„Wer ist diese Frau?", wollte Magda wissen.
Maria konnte sich ein Grinsen nicht verkneifen: ‚Es ist wie früher: Wenn die kleine Schwester etwas wissen will, lässt sie nicht locker, bevor sie alle Einzelheiten erfahren hat', dachte sie, um dann zu antworten: „Benedicta ist eine Cousine von Simons verstorbener Frau. Auch sie ist verwitwet. Ihr Mann war Soldat in der Armee des Grafen von Waldeck. Erst ein paar Monate waren sie verheiratet, dann ist er bei einem Kampf im Münsterländischen gefallen. Sie besucht uns öfter auf der Grangie und sie hat mir erzählt, wie sehr sie Simon mag. Im Moment lässt sie es sich ihm gegenüber nicht anmerken. Sie ist schlau genug, abzuwarten. Die Dinge müssen sich entwickeln."
Eine Frage lag Magda auf der Zunge: „Würdest du zurückkommen, wenn du dort nicht mehr gebraucht wirst?"
Maria lächelte: „Ja, das wäre schön. Ich möchte dich gerne in meiner Nähe haben oder Vater und Mutter. Weißt du, alle Menschen auf dem Hof sind freundlich und nett, aber ihr fehlt mir!"
Ein spitzbübisches Grinsen zeigte sich in Magdas Gesicht: „Dann sieh zu, dass du die beiden verkuppelst!" Sie knuffte ihre große Schwester in die Seite.
Nicht minder schelmisch antwortete Maria: „Was meinst du wohl, wer dort jetzt den Haushalt führt, während ich weg bin? Und wer, glaubst du, hat das eingefädelt?"
Gleichzeitig sprangen die jungen Frauen auf und fielen sich in die Arme. Dann hopsten und kicherten sie herum wie zwei kleine, alberne Kinder.
Ulf betrachtete sie aus der Ferne. Selten sah er seine Frau so glücklich und entspannt. Er freute sich mit ihr.
Der Abend war noch nicht zu Ende. Erst vor wenigen Tagen hatte die Sonne ihren höchsten Stand erreicht und es blieb lange hell.
Maria und Magda hatten sich so viel zu erzählen, es war ein Jahr her, dass sie sich zum letzten Mal gesehen hatten. Magda war nun eine verheiratete Frau. Eine Tatsache, die ihre Schwester erst

verinnerlichen musste. Sie hatte eine gute Wahl getroffen, befand Maria. Ihr Schwager Ulf war ihr auf Anhieb sympathisch.
Magda hatte aber auch über Schwierigkeiten zu berichten: „Es ist schwer, mit der kleinen Hofstelle über die Runden zu kommen. Vieles läuft nicht so, wie wir uns das vorgestellt haben. Es reicht gerade zum Überleben."
Ulfs Vater Borchard hatte die Landstelle übernommen, nachdem er als ehemaliger Mönch mit fünfzig Gulden abgefunden worden war. Das Kloster Hude war aufgelöst worden.
„Der Schwiegervater versteht nichts von der Landwirtschaft. Er kennt sich mit den Schriften aus, aber auf dem Hof ist er nach meiner Meinung am falschen Platz." Mit einem Lächeln fügte Magda hinzu: „Um ehrlich zu sein, er steht mehr im Weg, als dass er eine Hilfe wäre." Dann setzte sie noch hinzu: „Wir sind eben alle keine Bauern. Ulf hat früher in der Brauerei gearbeitet und wegen seines steifen Beines kann er nur leichte Arbeiten machen. Seine Mutter Anna, na ja, sie ist herzensgut und großzügig. Nur kann sie leider nicht vernünftig wirtschaften. Nicht selten lässt sie sich von fahrenden Händlern Dinge andrehen, die keiner braucht. Und es wird zu üppig aufgetischt. Früher musste sie sich in der Kloster-Brauerei nur um die Bierherstellung kümmern, das Finanzielle regelte der Cellerar des Klosters."
Maria verstand, hatte aber einen Einwand: „Du selbst hast aber doch auf der Grangie viel gelernt und vor der Arbeit drückst du dich schließlich auch nicht?"
„Das stimmt", entgegnete ihre Schwester. „Aber es gehört ein bisschen mehr dazu: das passende Saatgut aussuchen, richtig düngen – und dann sind da noch die Tiere. Mit Pferden kennen Ulf und ich uns gut aus, wichtiger sind aber die Kühe und die Schweine. Vor ein paar Monaten ist eine von unseren beiden Kühen verendet, vermutlich hat sie unverträgliches Futter gefressen."
Sie wollte nicht jammern, daher ergänzte sie: „Zum Glück haben wir aber Niklas in der Nähe. Der leitet das Gut in der Nachbar-

schaft, das bis zum letzten Jahr eine Grangie des Klosters war. Er ist ein guter Freund und gibt uns die nötigen Ratschläge. Er hat auch einmal jemanden geschickt, um uns zu helfen. Gemeinsam werden wir es schaffen."

Maria nickte: „Stimmt, viel wichtiger ist jetzt, dass wir morgen unsere Eltern wiedersehen. Du kannst dir nicht vorstellen, wie ich mich darauf freue!"

Erst spät am Abend verschwand die Sonne rotglühend hinter ein paar filigranen Wolken im Westen und überließ einer warmen Sommernacht das Feld.

Ulf hatte als einziger auf seinem Strohlager gut schlafen können. Die beiden jungen Frauen waren viel zu aufgeregt. Dennoch spürten sie keine Müdigkeit, als es früh am Morgen auf die letzte Etappe ging. Ohne Diskussion hatte Magda ihrem Mann die Zügel überlassen. Sie selbst setzte sich zu ihrer Schwester. Es gab reichlich Gesprächsstoff.

Ebenso verheißungsvoll wie die Sonne den letzten Tag beendet hatte, füllte sie den neuen mit ihren wärmenden Strahlen. Wie eine glühend rote Scheibe stieg sie hinter den niedrigen Büschen aus der flachen Landschaft empor. Letzte zarte Nebelschwaden tauchte sie in ein ganz besonderes Licht, bevor sie diese mit ihrer Wärme verzehrte.

Auf trockenen Wegen erreichten sie am frühen Nachmittag die kleine Schmiede von Tyke Smeeder. Noch sah sie ziemlich heruntergekommen aus. Erst nach und nach konnte das Ehepaar aus dem verwahrlosten Haus ein wohliges Zuhause machen. Immerhin hatten sie Grund und Boden in Besitz nehmen können, ohne dass sie jemand daran gehindert hätte.

Nachdem sie Töchter und Schwiegersohn begrüßt hatten, ließen sich alle unter dem großen Kastanienbaum im Garten nieder. Es war der schattigste und angenehmste Ort auf dem Grundstück.

Tyke Smeeder berichtete: „Unser Schwager hat das Haus irgendwelchem lichtscheuen Gesindel und Söldnern als Unterschlupf überlassen. Er selbst hat sich hier nur selten blicken lassen, sag-

ten uns die Nachbarn. Als wir hier im vorigen Herbst ankamen, war alles schmutzig und verkommen. Zum Glück hatten wir keine Probleme, in das Haus einzuziehen. Es war zu dem Zeitpunkt unbewohnt und alle wussten, dass wir die rechtmäßigen Besitzer sind. Die Schmiede war noch einigermaßen intakt und so habe ich als Erstes die Esse angeheizt. Alle in der Umgebung waren froh, dass wieder ein Schmied im Dorf ist. Es stört auch niemanden, dass wir jetzt die einzigen Katholiken sind. Ich habe so viel zu tun, dass ich bald einen Lehrjungen einstellen kann. Nebenbei wollen wir daran arbeiten, das Haus wieder herzurichten. Zuerst mussten wir in der Scheune schlafen. Inzwischen haben wir wenigstens eine Schlafkammer und eine Küche."
Dann waren ihre Mädchen an der Reihe. Alle hatten viel zu erzählen. Ein dunkler Schatten lag über diesem Fest des Wiedersehens. Immer dann, wenn über Vergangenes geredet wurde, war auch die Erinnerung an Christiane präsent.

Für Christianes Tod und das unsägliche Leid, das allen in der Familie widerfahren war, gab es Schuldige. Die Schwester von Kea Smeeder und deren Mann waren an dem Verbrechen beteiligt, daran hegte niemand einen Zweifel. Es gab keine Möglichkeit, den Schwager zur Rechenschaft zu ziehen, er hatte auf unwürdige Weise sein Leben ausgehaucht. Zumindest musste man davon ausgehen. Obwohl Tyke und Kea Smeeder darauf brannten, die Schwester und Schwägerin Heske, die ihren Kindern so viel Schmerzen zugefügt hatte, zur Rede zu stellen, hatten sie bislang abgewartet.
Diese wusste vermutlich nicht, dass die Familie zurückgekehrt war. Mehrere Stunden Fahrzeit mit einem Fuhrwerk lagen zwischen den Dörfern und Neuigkeiten sprachen sich nur in der unmittelbaren Nachbarschaft schnell herum.
Jetzt, zusammen mit den Töchtern, würden sie den Schritt wagen, die „Alte Hexe", wie Magda sie genannt hatte, aufzusuchen. Allen war bewusst, dass sie rechtlich nichts gegen die

Witwe ausrichten konnten. Wahrscheinlich würde sie die Unschuldige mimen und ihren vermutlich verstorbenen Mann Elger für alles verantwortlich machen.
Ihr Auftauchen mit der gesamten Familie sollte etwas anderes bewirken. Heske sollte ihren Opfern in die Augen sehen und diese wollten zeigen, dass ihre Bosheit niemals in Vergessenheit geraten würde. Ja, und falls die Schwester von Kea über nennenswerte Güter verfügen sollte, würden sie ihren Anteil fordern. Damit könnte sie ihre Verfehlungen nicht ungeschehen machen, aber zumindest die geschändeten Nichten entschädigen.

Der Schmied hatte seine Familie auf die Vorgehensweise eingeschworen: „Wir werden das selbst regeln, ohne Hilfe von den Gerichten. Ihr wisst, dass ich Gewalt verabscheue, also werden wir uns nur wehren, wenn uns jemand angreifen sollte. Vermutlich ist Heske aber alleine im Haus, somit wird es kaum dazu kommen." Alle nickten zustimmend. Dem Familienoberhaupt widersprach niemand und außerdem waren sie seiner Meinung. Somit war es beschlossen. „Gleich morgen bei Sonnenaufgang fahren wir hin", entschied Tyke Smeeder auch über den Zeitpunkt des Aufbruchs.

# Die Wolfsfährte

## Ostfriesland im Frühsommer 1537

Heske entriegelte die niedrige Haustür und starrte auf die Ankömmlinge. Schlagartig wich das letzte bisschen Farbe aus ihrem ohnehin fahlen Antlitz. Die Haube, unter der einzelne Haarsträhnen hervorlugten, sowie das dunkle Kleid mit der grauen Schürze darüber, verstärkten die Blässe zusätzlich. Der entsetzte Gesichtsausdruck verriet, was in ihrem Kopf vor sich ging. Wahrscheinlich befürchtete sie, dass ihre Familie als Vollstrecker-Kommando vor ihr stand. Ein kurzer Laut, einem „Oh" ähnlich, war von ihr zu hören, bevor sie einen Schritt zur Seite machte. Wortlos ging die Familie an ihr vorbei und wartete in der Küche. Mit Ausnahme von Ulf hatte sie alle sofort erkannt. Während sie hinter ihrem Besuch herschlurfte, hatte sie sich so weit gefangen, dass ihr ein paar Worte möglich waren: „Kea, du lebst und Tyke und die Kinder auch. Gott sei Dank. Ich hatte befürchtet, dass diese Schurken euch wie meinen Elger gemeuchelt ha …"
„Halt dein verlogenes Schandmaul, Heske!" Entgegen seiner sonst so besonnenen Art brüllte der Schmied seine Schwägerin an. Er war einen Schritt auf sie zugegangen und stand, anderthalb Kopflängen größer und mit wutverzerrtem Gesicht vor ihr. Entsetzt taumelte sie zurück und fiel in einen aus Korbweide geflochtenen Stuhl.
„Wa-was wollt ihr von mir?", wimmerte sie hilflos von unten und blickte in Gesichter von Menschen, die zum Äußersten entschlossen schienen.
„Das kann ich dir sagen!" Tykes Tonfall hatte sich nicht geändert. „Wir wollen, dass du uns zuhörst, genau zuhörst. Du wirst alles erfahren, was ihr mit eurer Habsucht und Unmenschlichkeit angerichtet habt, du und dein Elger."
„Aber ich habe doch nur …"

Wieder unterbrach ihr Schwager und herrschte sie an: „Ich habe gesagt, dass du ruhig sein sollst. Also kein Wort von dir, bevor wir fertig sind, verstanden?“
Lediglich ein Nicken und ein beschwichtigendes Handzeichen folgten als Reaktion von Heske.
Tyke Smeeder deutete auf die hölzerne Bank und zwei Stühle und gab so seiner Familie zu verstehen, dass sie sich setzen sollten.
Kea musste sich zwingen, in Richtung ihrer Schwester zu sehen, dennoch musterte sie die Frau. Sie war schlank und bleich wie früher. Ihre Kleidung war unauffällig, aber gepflegt. Es gab keine Anzeichen dafür, dass sie krank war oder es ihr an dem Notwendigen fehlte.
Tyke zog eine Kiste zu sich heran, hockte sich breitbeinig darauf und entließ die verängstigte Frau in dem Korbstuhl keine einzige Sekunde aus seinem Blickfeld.
„Das ganze Leid, das uns widerfahren ist, verdanken wir diesem elenden Elger und du hast nichts dagegen unternommen. Im Gegenteil, du selbst hast unsere Mädchen geschlagen, als sie hierher verschleppt wurden. Dein Mann war oft genug für lange Zeit außer Haus. Du hättest ihnen zur Flucht verhelfen können. Nichts davon hast du getan, hast ihnen nicht geholfen, als er sich an ihnen vergangen hat. Er hat sie verkauft und du hast geschwiegen. Willst du wissen, warum Christiane nicht hier ist?“
Die Angesprochene wagte nicht zu antworten.
In den Augen des Schmieds waren Tränen zu sehen und mit brüchiger Stimme fuhr er fort: „Sie ist verblutet, bei dem Hurenwirt, an den ihr beide sie verkauft habt. Eure Gier hat sie in den Tod getrieben.“
Er benötigte eine kleine Pause, dann sprach er weiter: „Und was uns angeht, Kea und mich: Zehn Jahre haben wir als Unschuldige Zwangsarbeit verrichtet. Wir wussten nie, was mit unseren Kindern passiert ist. Hast du eine Ahnung davon, was ihr uns angetan habt? Alles, was einen größeren Wert hatte, wurde aus

unserem Haus gestohlen. Sieh da, neben dem Herd stehen noch unsere guten Töpfe."

Stille.

Tyke trat beiseite und Kea baute sich vor ihrer Schwester auf. Während ihre Blicke wie glühende Strahlen auf die schmächtige Frau gerichtet blieben, war diese nicht in der Lage aufzuschauen. Ganz bedächtig sprach Kea, aber dennoch lag in ihrer Stimme etwas, was sich bedrohlich anhörte: „Schau mir in die Augen, Heske. Ich bin deine große Schwester, weißt du das noch? Wenn ich dich als kleines Kind nicht aus dem Dorfteich gerettet hätte, wärst du ertrunken. Mehr als einmal habe ich für deinen Unsinn die Schuld auf mich genommen und bin dafür von der Mutter bestraft worden. Und du? Bei Nacht und Nebel bist du mit diesem Verbrecher abgehauen, hast mich, deine Brüder und die Eltern traurig und ratlos zurückgelassen."

Es war ihrer Schwester immer noch nicht möglich, Blickkontakt aufzunehmen, aber Kea hatte noch Wichtiges zu sagen: „Tyke und ich waren glücklich, zusammen mit unseren Kindern. Alles das habt ihr zerstört. Jetzt sag mir, ob es das wert war. Und schau mich endlich an, du feige Schlange!"

Die völlig in dem Stuhl zusammengesunkene Frau bewegte ihre Lippen, aber kein Wort kam aus ihrem Mund. Dann fuchtelte sie hilflos mit den Armen herum, zog ihre Schultern hoch und endlich, nach quälend langen Minuten, gelang ihr eine Antwort. Verängstigt krächzte sie: „Es war vermutlich nicht alles richtig von mir, aber glaubt mir doch, dass ich keine Wahl hatte." Sie schaute zu Magda und Maria hinüber: „Ihr wisst doch, wie Elger war. Ich musste ihm gehorchen."

Zu gut kannten die jungen Frauen die brutale Seite des Onkels. Nicht nur auf sie hatte er eingeprügelt. Sie waren auch Zeugen davon geworden, wie er seiner Frau ins Gesicht geschlagen hatte. Heske hatte sich jedoch keinen Deut besser verhalten. Oft hatte sie, ging etwas nicht nach ihrem Willen, gedroht: „Wartet nur ab, ich werde alles eurem Stiefvater erzählen." Bei der Drohung blieb es nicht und fraglos genoss sie es, wenn sich ihr Mann später die Mädchen vorknöpfte. Auch sparte sie selbst nicht mit Schlägen ins Gesicht oder mit dem Besenstiel auf das Hinterteil. Vermutlich ging Maria das durch den Kopf, denn jetzt mischte sie sich ein: „Du hast uns ebenso schlecht behandelt wie er. Zuerst haben wir bei dir Schutz gesucht und dich angebettelt, uns zu helfen. Immer warst du auf seiner Seite und hast gesagt, dass wir eine harte Erziehung nötig hätten, weil unsere Eltern zu nachgiebig waren."

In dem Moment, als die Angesprochene antworten wollte, redete Maria weiter. Ihr Ton war voller Abscheu und Ekel: „Pah, Erziehung! Wir mussten ihm zu Willen sein und du hast es gewusst. Unsere Schreie hast du gehört und unsere blutigen Kleider gesehen, aber du hast uns befohlen, gehorsam zu sein. Wahrscheinlich warst du froh, dass er dich nicht mehr angefasst hat. Er war so widerlich."

Maria schüttelte sich und erneut trat eine bedrohliche Stille ein. Als müsste sie ihren verstorbenen Mann verteidigen, gab Heske leise zu bedenken: „Er hat aber teuer dafür bezahlt. Auf dem Weg in die Stadt hat man ihn erschlagen. Vermutlich waren es diese Söldner, die ihn immer unter Druck gesetzt haben."

„Davon stimmt nicht ein Wort!", Magda war aufgesprungen und blaffte die „Alte Hexe" an. Eigentlich erinnerte bei dieser Frau nichts an ein böses Wesen aus Kindermärchen. Sie hatte eine glatte, schöne Haut und eine schlanke Figur. Die Ähnlichkeit mit Kea, ihrer älteren Schwester, war nicht zu übersehen. Nur, dass sich bei Kea die ersten grauen Strähnen in dem dunklen Haar zeigten.

Magda hatte alle Blicke auf sich gezogen: „Ich war dabei, als er gestorben ist. Es war an dem Tag, an dem er mich in der Stadt an den Schinder verkaufen wollte. Dort sollte ich arbeiten und später den Sohn des Abdeckers heiraten. In der Nacht davor habe ich gehört, wie du das alles mit deinem Mann abgesprochen hast."

Auch wenn es unmöglich schien, das Gesicht von Heske war noch blasser geworden. Es glich einer Totenmaske, starr und weiß.
„Gleich außerhalb des Dorfes hat er Streit mit einem Mann bekommen. Sie haben sich geprügelt und der Onkel hat den Mann totgestochen. Dann ist er ausgerutscht und in den Graben gefallen. Dabei hat er sich den Kopf auf einem Stein eingeschlagen. Bevor der Mann erstochen wurde, hat er noch gesagt, dass Elger einen Bordellwirt getötet und ihm die Schuld in die Schuhe geschoben habe. Das ist passiert und nichts anderes."
Trotz ihrer misslichen Lage wagte die Tante den Widerspruch: „Du kannst viel sagen, beweisen kann es keiner. Wer weiß, vielleicht hast du ihn um die Ecke gebracht."
Jetzt reichte es Kea: „Wie kannst du nur solche Dinge sagen? Gott weiß, was das Kind alles durchgemacht hat. Eine solche Unterstellung ist unglaublich. Wie kann es sein, dass du so durch und durch verdorben bist?"
Sich bewusst, dass sie sich in einer ausweglosen Lage befand, holte Heske zum Gegenschlag aus: „Na und, was wollt ihr jetzt alle von mir? Wollt ihr mich umbringen? Ist ja richtig mutig – mit fünf gegen eine schwache Frau!"

Es klang nahezu mitleidig, als Kea antwortete: „So wie es aussieht, hast du nichts begriffen, auch nicht, dass wir niemals so handeln würden wie du. Mein Tyke ist von Gott mit der Kraft eines Bären gesegnet. Er nutzt sie aber, um Menschen zu helfen, nicht um ihnen zu schaden. Von dir wollen wir, dass du uns in die Augen siehst und darin das Unrecht erkennst, das du uns zugefügt hast. Wenn du noch einen Funken Anstand hast, dann gibst du den Mädchen großzügig davon ab, was du und dein Mann zusammengerafft haben."

„Was soll eine arme Witwe für Güter haben?", die Antwort klang hämisch.

„Das werden wir gleich feststellen!“ Zum ersten Mal hatte sich Ulf eingemischt. Normalerweise immer zurückhaltend, hatte das Gehörte ihn in Rage gebracht. Er schaute seinen Schwiegervater an: „Soll ich auf das Weib aufpassen, während du das Haus durchsuchst, oder umgekehrt?“

Tyke war überrascht: „Ich lasse sie nicht aus den Augen, ihr könnt dann gemeinsam suchen.“

Maria und Magda kostete es Überwindung, in die Räume zu gehen, die sie mit schlimmen Erinnerungen verbanden. Dennoch, es musste sein, schließlich kannten sie sich am besten aus. Viel hatte sich nicht verändert, nur schien alles ordentlicher und aufgeräumter als zu der Zeit, da der alte Widerling noch hier gehaust hatte. Maria ging zielstrebig auf den Schuppen zu. Sie hatte eine Vermutung. An der Tür blieb sie stehen: „Ich kann da nicht hineingehen. Da ist alles passiert. Sie rannte zu einem Busch und übergab sich. Blass und fahrig wirkte sie. Dann sprach sie ihren Schwager an: „Ulf, hinter einer kleinen Mauer müsste eine hölzerne Truhe stehen. Der Alte hat sich manchmal daran zu schaffen gemacht. Könnte sein, dass er dort etwas versteckt hat.“

Ulf schüttelte den Kopf, als er aus dem Gebäude kam: „Da ist eine Truhe, so wie du gesagt hast. Das Schloss ist aufgebrochen und sie ist leer.“

Alle anderen fanden auch nichts Wertvolles. „Du kannst uns nicht weismachen, dass du nichts hast. Jede andere Witwe wäre nach vier Jahren längst im Armenhaus gelandet.“ Kea hatte ihre Schwester durchschaut. „Irgendwo hat Elger etwas für dich hinterlassen, wovon du noch heute lebst. Tyke und ich werden noch einmal zurückkommen, bis dahin hast du es hoffentlich gefunden. Beim nächsten Mal wird jemand vom Gericht dabei sein, verstanden?“

Die Familie wandte sich zum Gehen. Maria beugte sich zu ihrer Tante hinunter. In ihrer sonst so klaren, hellen Stimme lag Unheimliches, nahezu Diabolisches: „Ich wünsche dir nicht den

Tod, sondern ein langes, langes Leben. Nacht für Nacht wird dir im Traum Christiane erscheinen und der Himmel soll sich rot färben, rot von ihrem Blut. Dann wird sie dir mit ihrer zärtlichen Stimme ins Ohr flüstern, dass du eine Mörderin bist. Nacht für Nacht, Tag für Tag soll sie um dich sein. Für jeden Schlag, den sie von dir bekommen hat, wird sie dir einen Kuss geben. Du wirst dich vor dir selbst ekeln, wirst versuchen, vor deiner Verderbtheit wegzulaufen, aber sie wird dich einholen. Es wird dich beschämen, dass deine Bosheit die Liebe nicht verdrängen kann. Du wirst dir den Tod wünschen, aber er wird auf sich warten lassen. Und wenn er dann doch einmal kommt, dann wirst du Christiane gegenüberstehen, Auge in Auge. Gib zu, es gibt nichts, wovor du dich mehr fürchtest."
Heske hielt sich die Ohren zu: „Hör auf, hör endlich auf!"

Ohne ein weiteres Wort verließ Maria den Raum und als letzte stieg sie auf das Fuhrwerk.
Kaum dass Ulf den Wagen auf den Weg gelenkt hatte, rannte eine junge Frau auf die Familie zu.
Völlig außer Atem rief sie: „Bleibt mal stehen, ich muss euch etwas sagen."
„Brr, Lisa", ein leises Kommando reichte, um das Pferd zu stoppen.
Jetzt schaute die Frau Magda an: „Du hast doch da drüben gewohnt?" Sie zeigte auf das Haus von Heske. Ohne eine Antwort abzuwarten, fügte sie hinzu: „Mein Großvater hat dich vom Fenster aus erkannt, als ihr gekommen seid. Er hat dir etwas zu sagen, kommt am besten alle mit."
Die Smeeders schauten sich an. Was konnte das sein? Der Gesichtsausdruck von Kea und Tyke verriet, dass sie verunsichert waren. Es war ihnen anzumerken, dass sie Bedenken hatten, sich mit den Nachbarn von Heske einzulassen. Dann aber entschied der Schmied für alle: „Gut, wenn es wichtig ist, dann hören wir uns das an."

In der kleinen Kate auf der anderen Seite des Weges saß ein alter Mann. Magda erkannte ihn. Wenn sie früher auf dem Feld arbeiten musste, hatte er oft auf dem gegenüberliegenden Acker gestanden und zu ihnen hinübergeschaut. Er hatte immer noch dieses gutmütig wirkende, verschmitzte Lächeln, das Magda in Erinnerung hatte. Zwischen den Zahnstummeln hielt er einen kurzen Stab, an dessen Ende sich eine offene Wölbung befand, aus der Rauch aufstieg. Ein seltsamer Geruch lag in der Luft. Auf die fragenden Blicke der Ankömmlinge hin erklärte er: „Ach, habt ihr das noch nicht gesehen? Ist eine Pfeife und das, was darin brennt, ist Tabak. Ist eine neue Mode und kommt aus einem dieser fremden Länder, mit denen die Seefahrer jetzt Handel treiben! Hab ich von meinem Jungen, der ist Steuermann. Er kommt viel rum. In den Häfen am Mittelmeer gibt es diese Dinge. Die einen sagen, es sei gesund und die anderen, es wäre schädlich. Egal, mir schmeckt es jedenfalls."
Dann sprach er Magda an: „Hab dich sofort erkannt, warst früher oft auf dem Feld zum Arbeiten."
Dann erblickte er Maria: „Und du bist die ältere Schwester, nicht wahr?" Eine Bestätigung wartete er nicht ab, er redete gleich weiter. „Setzt euch hin. Auf die Bank oder einen der Körbe, da, wo Platz ist." Er seufzte tief, um dann mit einem langen Monolog zu erklären, warum er die Mädchen aufgehalten hatte: „Ich habe nie so genau mitbekommen, was da drüben bei Elger so passierte. Immer wieder tauchten andere Gestalten auf, die meisten von denen machten keinen guten Eindruck. Besser, man kam ihnen nicht zu nahe. Irgendwann wart ihr da und ebenso plötzlich Jahre später wieder verschwunden. Alles sehr seltsam. Ihr habt mir leidgetan, ihr armen Würmchen. Die schwere Arbeit auf dem Feld und immer die geifernde Heske dabei. Ganz zu schweigen von Elger, dem Dreckskerl."

Er legte seine Pfeife zur Seite und fragte erst jetzt, wer die Menschen seien, die sie begleiteten.

„Umso besser“, befand er, als er die Familienmitglieder und die Namen zuordnen konnte. „Dann ist das, was ich zu sagen habe, für euch alle von Bedeutung. Zunächst kann ich dir sagen, Magda, dass der Alte noch lebte, als du mit dem Wagen geflohen bist.“
Sie sah ihn verwundert an. Woher konnte der alte Mann von dem Vorfall von vor vier Jahren wissen?
„Es gibt manchmal Zufälle“, erklärte er, als ob er ihre Gedanken lesen konnte. „Und zufällig war ich an dem kalten Wintermorgen auch unterwegs, hab den Wagen davonfahren sehen und mich gewundert, dass du die Zügel hältst. Zuerst hab ich gedacht, dass der Elger besoffen ist und hinter dir auf der Fuhre liegt, aber dann hab ich ihn gesehen. Er lag im Graben und hat gestöhnt. Gleich daneben in der Böschung lag Harm, dieser Herumtreiber, mausetot, mit aufgeschlitztem Bauch. Ich hab dann kurz überlegt, ob ich helfen soll. Elger helfen? Warum, hab ich dann gedacht. Tja und dann war da dieser Findling. Irgendwie ist er auf den Kopf von dem alten Säufer gefallen und er hat nicht mehr gestöhnt. Ich war vermutlich ein wenig unvorsichtig.“ Der Alte kicherte in sich hinein.
„Kurz und gut, Elgers Stündchen war gekommen. In seinen Taschen hab ich ein paar Münzen gefunden. Dachte mir, dass ich's als Trinkgeld behalten kann. Dann war da aber auch noch das.“
Der Greis nestelte in einer Schublade herum und zeigte eine kleine Schatulle mit einem auffälligen Muster – vier Pfotenabdrücke, die Fährte eines Wolfs! Aus der Schatulle beförderte er mit zittrigen Fingern einen Schlüssel hervor. Er war aufwendig gearbeitet und ebenfalls mit dem Fährten-Muster verziert.
Niemand hatte bemerkt, dass Maria bei dem Anblick kreidebleich geworden war. Sie konnte das Fundstück zuordnen, aber hier durfte sie nichts preisgeben.
Es nützte nichts, sie musste durchhalten, bis der alte Nachbar seine ganze Geschichte erzählt hatte. Daher hörte sie auch kaum

auf die weiteren Schilderungen, sondern versuchte das Mosaik in ihren Gedanken zu einem stimmigen Bild zusammenzufügen. Derweil redete der Mann mit der Pfeife weiter: „Wem hätte ich den Schlüssel geben sollen?

Dem Gericht in der Stadt? Die hätten mich doch verdächtigt. Oder dieser Heske? Sollte man mit diesem Schlüssel zu einem versteckten Schatz gelangen, sie hätte ihn nicht verdient. Ein Doppelleben hat das Weib geführt.

Ich habe auf dem großen Bauernhof da hinten bei dem Wäldchen gearbeitet. Die Bäuerin war über Jahre krank und bettlägerig. Diese Heske hat die barmherzige Samariterin gespielt und sie mit Essen versorgt und auch sonst geholfen. Nach und nach hat der Bauer ihr den wertvollen Familienschmuck geschenkt und auch auf eine andere Weise hat er sich bei ihr bedankt." Im Gesicht des Erzählers zeigte sich ein vielsagendes, leicht frivoles Grinsen.

„Meine Mittagsstunden habe ich meistens auf dem Heuboden gemacht. Der Bauer war der Meinung, ich sei nach Hause gegangen, aber was sollte ich da? Meine gute Alke war schon bei den Engeln zum Singen abkommandiert. Und während ich oben im Heu lag, haben die beiden sich, direkt unter mir – na wie soll ich's sagen? – sehr gut verstanden. Hat ihr vermutlich besser gefallen, als sich von dem alten stinkenden Elger besteigen zu lassen! Sah übrigens ganz appetitlich aus, die Heske, wenn sie blankgezogen hatte." Das Lachen hörte sich jetzt wie ein Grunzen an.

Der jungen Frau war es unangenehm: „Großvater, das tut doch nichts zur Sache, wen interessiert das?"

Sie erntete Widerspruch: „Nein, nein, lass man. Die sind alle erwachsen und können ruhig wissen, mit wem sie es da drüben zu tun haben. Also, was wollte ich noch mal sagen? Ach ja, der Schlüssel hat ganz bestimmt etwas zu bedeuten. War gut, dass ich ihn an mich genommen habe. Jetzt ist er bei euch gut aufgehoben. Sagt mir Bescheid, wenn ihr mehr wisst."

Überrascht von der Fülle der neuen Hinweise murmelte Tyke einen Dank und wand sich zur Tür. Seine Familie folgte. Als Letzte verließ Maria den Raum. Sie stolperte mehr, als dass sie lief. Beim Fuhrwerk angekommen, fand sie ihre Sprache wieder: „Ulf, fahr den Wagen gleich hinter die kleine Baumgruppe da drüben. Ich muss euch etwas sagen, aber die alte Hexe muss nicht sehen, dass wir noch in der Nähe sind."
Gleich nachdem sie Halt gemacht hatten, lüftete die älteste der Smeeder-Töchter das Geheimnis: „In dem alten Schuppen habe ich die schlimmsten Momente meines Lebens verbracht. Tagelang war ich dort eingesperrt oder dem alten Widerling ausgesetzt. Daher kenne ich jede Einzelheit. Dort habe ich das Wolfszeichen gesehen. Da gibt es einen hölzernen Pfeiler in einer Wand, auf dem dieses Zeichen eingebrannt ist. Es ist kaum noch zu sehen, da alles so verstaubt und verwittert ist, aber es ist diese Wolfsfährte. Eigentlich ist der Pfeiler viel zu breit für die kleine Wand. Er ist so breit wie eine – Moment mal – vielleicht ist es eine Tür zu einem Geheimfach oder Ähnlichem. Wir müssen das herausbekommen."
Magda hatte als erste erkannt, was jetzt vonnöten war: „Wenn da etwas dran ist und die Hexe davon weiß, haben wir sie aufgescheucht. Wir müssen sofort handeln."
Kurz berieten sie sich, dann wendete das Gefährt und stand unmittelbar danach wieder vor dem Haus, das sie vor einer kurzen Weile erst verlassen hatten.

Immer noch saß Heske regungslos in ihrem Stuhl. Der Besuch der Familie war, so hatte es den Anschein, nicht ohne Wirkung geblieben. Tyke kam gleich zur Sache: „Wir werden noch einiges von unserem Eigentum mitnehmen, Stühle, Töpfe und solche Sachen. Kea, schau du dich mal um. Ich gehe derweil mit Magda und Ulf in den Schuppen. In der Schmiede vermisse ich verschiedene Dinge, die sind sicher auch hier." Er hatte geschäftsmäßig und kalt mit seiner Schwägerin gesprochen.

Diese erwiderte resigniert: „Macht das, ich habe die Sachen ohnehin nur für euch aufbewahrt, damit sie nicht verloren gehen."
Wieder eine faustdicke Lüge, aber niemand ging darauf ein.
Während Kea sich in Küche und Speisekammer umsah und tatsächlich noch das eine oder andere als ihren rechtmäßigen Besitz erkannte, blieb Maria in der Nähe der Tante.
Es war ihr anzumerken, dass ausgerechnet diese Bewachung ihr Unbehagen bereitete. Marias Worte hatten sie, wie es schien, bis ins Mark getroffen.
In dem Schuppen waren die Männer und Magda schnell fündig geworden. Die unterste Tatze der Wolfsspur in dem Holz entpuppte sich als Schlüsselloch. Nach dem Entriegeln konnte die ganze Säule aus der Wand gelöst werden. Was sie dahinter erblickten, hätten die drei Eindringlinge niemals für möglich gehalten. Ein Hohlraum, geschickt durch eine doppelte Wand getarnt, bot Platz für eine ganze Wagenladung. An einer der Wände hingen in gerader Reihe verschiedene Waffen. Pistolen und Musketen, aber auch Messer, Degen und Dolche. Zwei unverschlossene Kisten waren bis obenhin mit Munition gefüllt. Darüber hinaus war der Raum angefüllt mit Kisten und Truhen, allesamt mit Schlössern gesichert. Die dicke, gleichmäßige Staubschicht gab Zeugnis davon, dass sich hier jahrelang niemand aufgehalten hatte. Heske wusste also nichts von dem Versteck.
„Wir können hier nicht alles überprüfen", ließ Tyke verlauten. „Waffen und Munition bleiben hier und den Rest nehmen wir mit. Zu Hause werden wir entscheiden, was damit geschehen soll. Finden wir die rechtmäßigen Besitzer, geben wir es zurück und alles andere wird sich ergeben."
Schnell waren die Behältnisse aufgeladen und das Versteck sicher verschlossen. Kea gab sich bescheiden. Einige Teller aus feinem Porzellan, an dem sie besonders hing und zwei schöne gepolsterte Stühle ließ sie auf den Wagen hieven. Alles andere mochte sie nicht mehr an sich nehmen. Zu oft hatte ihre verdorbene Schwester es angefasst.

Zu Hause wurden die Truhen unter dem Heu versteckt. Am nächsten Tag, bei Tageslicht, würde Tyke die Schlösser mit seinem Schmiedewerkzeug aufbrechen und die darin enthaltenen Gegenstände in Augenschein nehmen. Er durfte dabei nicht gesehen werden, also würde sich währenddessen jemand im Garten vor dem Haus aufhalten, der ihn warnen konnte.

Dieser Tag war so reich an Ereignissen gewesen, dass die Familie kaum in der Lage war, miteinander zu reden. Zu viele Gedanken warteten darauf, geordnet und verarbeitet zu werden.
Magda hatte auf den passenden Augenblick gewartet, eine ganz besondere Botschaft zu übermitteln. Dieser Moment wollte sich partout nicht einstellen. Sie beschloss, nicht länger zu warten. Mitten in die Sprachlosigkeit hinein erhob sie sich von der Bank und stellte sich neben Ulf. „Hört gut zu, Ulf und ich haben eine Überraschung für euch!"
Gespannt blickten alle auf das Paar.
„Unsere Familie wird sich vergrößern." Ein glückliches Lächeln war auf ihrem Gesicht zu erkennen.
Kea reagierte als Erste: „Du bekommst ein Kind?" Sofort glitt ihr Blick an der Figur der Tochter hinunter.
Diese lachte: „Nein, Mutter, da ist noch nichts zu sehen. Mein monatliches Unwohlsein ist erst zwei oder dreimal ausgeblieben, aber trotzdem bin ich mir sicher."
Alle waren jetzt aufgestanden, herzten sie und wünschten ihr alles Gute.
Dann kamen Kea Bedenken: „Die schwere Arbeit auf dem Hof, wie soll das gehen?"
Magda beschwichtigte: „Das Kind kommt in der Winterzeit, dann, wenn die Ernte eingefahren ist und die Tiere aufgestallt sind. Anna, Borchard und Ulf kommen dann gut zurecht."
Sie ergänzte: „Jetzt geht es mir gut, wochenlang war mir ständig übel, aber das ist vorbei. Deshalb hat mir die Reise auch nichts ausgemacht. Zu Hause ist das Heu eingefahren und bis das

Getreide reif ist, gibt es nicht so viel zu tun. Anna und Borchard können im Notfall auf Niklas zählen."
Sie blinzelte die immer noch grüblerische Kea an: „Nun freu dich mit mir, du wirst Großmutter!"
Kaum, dass die Sonne mit ihren ersten Strahlen auf die kleine Schmiede traf, wuchteten Tyke und Ulf eine der Truhen auf einen Schemel. Das Schloss war von einfacher Machart. Mit ein paar dünnen Eisenstäben konnte der Schmied es öffnen, ohne dass nennenswerte Spuren zurückblieben.
Die drei Frauen genossen die angenehme Kühle des Morgens in dem kleinen Blumen- und Kräutergarten vor dem Haus. Von hier aus konnten sie schon von Weitem jeden erkennen, der sich auf dem staubigen Sandweg dem Haus nähern würde.
Vorsichtig zog Ulf eine dünne Decke zur Seite, die den Truheninhalt schützte. Beide Männer erstarrten, als sie gewahrten, was diese verdeckt hatte. „Das sind Kelche und Leuchter aus einer Kirche. Sieh mal, da ist auch ein Lavabotablett. Wie um alles in der Welt ist Elger an solche Sachen geraten?"
Das sonnengebräunte Gesicht des Schmieds wurde aschgrau: „Die Sachen müssen aus einem Kirchenraub stammen. Was mag noch in den anderen Kisten stecken? Stell dir vor, bei uns findet jemand Diebesgut und Hehlerware. Nicht auszudenken."
In den weiteren Kisten fanden sie Schmuck, alte Orden, Besteck und eine nicht unbeträchtliche Anzahl von Münzen unterschiedlichster Prägung. Eine Eichenkiste, in der leichtsinnigerweise der Schlüssel steckte, war randvoll mit Dokumenten. Diese stellten sie erst einmal zur Seite. Zunächst mussten sie sich mit dem Fund auseinandersetzen. Niemand von den Anwesenden kannte den Wert von Edelmetallen und Edelsteinen. Sie waren einfache Leute und hatten Derartiges niemals besessen, abgesehen vom üblichen Bargeld – Stüber, Schap oder Gulden.
„Ich kenne nur den Preis für Eisen", kratzte sich Tyke am Kopf. „Auf jeden Fall ist das hier alles viel mehr wert. Nie und nimmer hat sich unser Schwager so viel auf ehrliche Weise erarbeitet."

Er wirkte unsicher: „Es liegt kein Segen darauf, dass sich diese Dinge unter meinem Dach befinden. Ich habe das Gefühl, dass es eine Prüfung ist, damit ich mich richtig entscheide."
Kea versuchte ihn zu beruhigen: „Überlege mal, niemand weiß von diesen Kisten. Selbst Heske hat nichts geahnt. Außerdem hat sie nicht mitbekommen, dass wir sie mitgenommen haben. Kein Mensch weiß, dass sie hier sind. Du kannst in Ruhe darüber nachdenken."
Ihr Mann überlegte, dann hellte sich seine Miene ein wenig auf: „Das stimmt. Wir werden alles unter dem Heu verstecken und dann gemeinsam überlegen, was zu tun ist."
„Aber die Dokumente", mischte sich Ulf ein. „Ich meine, wir sollten sie uns ansehen. Es kann doch sein, dass wir Hinweise finden."
„Dann müssten wir jemanden suchen, der lesen kann. Jeder Mitwisser ist einer zu viel", in Tyke Smeeders Gesicht zeigte sich Skepsis.
„Meinst du mit Mitwisser Ulf oder mich?", Magda grinste überlegen und genoss den verblüfften Blick ihrer Eltern.
Kea fragte: „Du, ähm, ich meine … ihr könnt lesen?"
Magda schränkte ein wenig ein: „Na ja, ich lerne noch, aber Ulf kann es sehr gut und der liest sogar Lapeinisch."
„Lateinisch", verbesserte ihr Ehemann.
Tyke fühlte sich berufen, als Hausherr eine Entscheidung kundzutun: „Also gut. Da das Ganze dauern wird und ihr morgen bereits zurückfahren müsst, werdet ihr die Kiste mitnehmen. Im nächsten Jahr wollen wir uns ohnehin wiedersehen. Bis dahin wisst ihr vermutlich, was die vielen Papiere zu bedeuten haben. Ich lasse die Kisten, wo sie sind und je nachdem, was ihr herausgefunden habt, entscheide ich."
Den Rest des Tages wollte die Familie möglichst noch gemeinsam verbringen. In den verbleibenden Stunden gab es noch viele Dinge, über die man sprechen musste.
Es sollte nicht dazu kommen.

# Ein unerwarteter Besuch

## Ostfriesland im Frühsommer 1537

Als sich alle in der Küche versammelt hatten, hörten sie das Geräusch von Pferdehufen auf dem Pflaster vor der Schmiede. Im nächsten Moment klopfte jemand an die Tür.

Mittlerweile lag der Überfall, der zu der Familientragödie geführt hatte, über zehn Jahre zurück. Trotzdem überkam alle eine panische Angst, wenn unerwarteter Besuch vor der Tür stand, insbesondere, wenn dieser zur Abendstunde anreiste. Ein Bauer, der sein Pferd beschlagen lassen wollte, würde tagsüber vorbeikommen.

Kea öffnete vorsichtig die Tür. Ein junger Mann in eleganter Kleidung und mit einer ledernen Schultertasche stand vor ihr. Er lüftete seine Kopfbedeckung und entschuldigte sich höflich für die Störung, die er verursachen würde. „Es handelt sich um eine Anzeige bei Gericht und ich hoffe, dass Ihr mir dabei weiterhelfen könnt."

Es war nicht zu übersehen, dass bei dem Wort „Gericht" allen der Schreck in die Glieder gefahren war. Vermutlich dachten alle darüber nach, ob ihr Fund doch bekannt geworden war. Ebenso schnell war aber auch im nächsten Augenblick die Tatsache offensichtlich, dass das unmöglich war. Erstens hatte Heske nichts mitbekommen und zweitens würde man bei einem Verdacht nicht einen einzelnen, unbewaffneten Staatsdiener schicken.

Für den Besucher war es nicht überraschend, dass er eine gewisse Unsicherheit bei der Familie Smeeder bemerkte. In Bezug auf Behörden waren die Menschen zurückhaltend, auf dem Land noch mehr als in der Stadt.

Der junge Mann sprach Tyke an, da er in ihm den Familienvorstand wähnte: „Mit wem habe ich das Vergnügen?"

„Tyke Smeeder."

„Oh, das ist erfreulich, dass ich Euch hier antreffe. Dadurch dürfte sich einiges leichter klären lassen."
Er ignorierte das verdutzte Gesicht seines Gegenübers und kam zum Kern seines Anliegens: „Könnt Ihr mir Näheres über den Verbleib eines gewissen Elger de Beer sagen?"
Die Nennung dieses Namens elektrisierte die Anwesenden.
Der Schmied ließ sich mit der Antwort auffallend viel Zeit. Vermutlich überlegte er, was er preisgeben sollte. Er musste nicht befürchten, dass ihm jemand ins Wort fiel. Fremden gegenüber hatte seine Familie nur zu sprechen, wenn er sie dazu aufforderte. So wie er es immer hielt, entschied er sich für die Wahrheit: „Elger lebt nicht mehr."
Der junge Mann schien überrascht: „Das erklärt einiges. Jedoch nicht, dass seine Frau ... ähm, seine Witwe, müsste ich sagen, mir dazu letzte Woche keine Angaben machen konnte. Lediglich, dass ihr Mann seit Jahren verschollen sei."
Mehr zu sich selbst als für seine Zuhörer gedacht, fügte er hinzu: „So erstaunlich eigentlich doch nicht. Bei der ganzen Sache ist so einiges undurchsichtig." Zu Tyke: „Ihre Aussage werdet Ihr sicher beweisen können."
Magda wollte sich bemerkbar machen, aber ihr Vater schüttelte den Kopf.
Der Mann, der noch immer seinen Namen nicht preisgegeben hatte, erklärte weiter: „Eure Identität und Eure Aussage werden wir beizeiten durch einige glaubhafte Zeugen überprüfen lassen. Das hat aber Zeit. Es gibt keinen Grund, Euch zu misstrauen. Aber ich bin Euch eine Erklärung schuldig. Dieser Herr de Beer hat vor zehn Jahren bei Gericht eine Erklärung abgegeben. Das Schriftstück habe ich nicht dabei, es ist sicher verwahrt, aber ich kenne den Inhalt. Er hat angegeben, dass er am Fronleichnamstag des Jahres 1527, das war der 20. Juni, seinen Schwager und seine Schwägerin, also Euch, besuchen wollte. Auf ihrem Anwesen habe er aber lediglich die Kinder der Familie angetroffen, von den Eltern habe jede Spur gefehlt. Die Kinder hätten ver-

ängstigt gewirkt, also habe er sie mitgenommen, um ihnen eine Unterkunft zu bieten. Trotz intensiver Suche habe er die Eltern auch in den Folgetagen nicht auffinden können."

Zum Glück registrierte der Besucher nicht, dass die gesamte Familie auf seine Schilderungen mit völlig ungläubigen Blicken reagierte.

Er redete zügig weiter, so als würde er ein Protokoll verlesen: „Jedenfalls hat sich de Beer bei Gericht dazu bereiterklärt, die Kinder während der Abwesenheit der Eltern aufzunehmen und den Besitz der Familie zu verwalten. Vom Gericht erhielt er die Zusage, dass ihm dieser nach Ablauf von zehn Jahren als Gegenleistung für den Unterhalt und die Erziehung der Kinder überschrieben werden sollte." Nach einer kleinen Pause: „Diese Frist ist nunmehr abgelaufen und Herr de Beer hat seinen Anspruch nicht geltend gemacht. Daher meine Nachforschungen."

Ulf hatte den Mann die ganze Zeit beobachtet. Er signalisierte seinem Schwiegervater mit Blicken, dass ihm eine Frage auf der Zunge lag. Dann sprach er: „Ich bin Ulf Kruse, Ehemann von Magda, der Tochter des Hauses. Würdet Ihr uns freundlicherweise Euren Namen und Eure Stellung bei Gericht verraten?"

„Wie unhöflich von mir!" Die Aussage des Gastes klang echt. „Ich bin Hanco Lodewig, Sekretär des Gerichtspräsidenten."

Ulf fragte weiter: „Ihr habt erwähnt, dass einiges, wie sagtet Ihr nochmal, undurchsichtig sei. Könnt Ihr Näheres dazu sagen?"

„Nur so viel", wand sich Lodewig: „Gegen diesen Mann liegt einiges vor. Sogar eine Anklage wegen Totschlags und trotzdem wurde jahrelang nichts unternommen, um ihn zu finden. Sehr seltsam. Vor kurzem hat es ein paar Neubesetzungen bei den gräflichen Behörden gegeben und seitdem …" Er hielt inne und fügte dann hinzu: „Ihr kennt vermutlich das Sprichwort, wonach neue Besen besser kehren."

Für einen gräflichen Bediensteten hatte er erstaunlich offen geredet. Gleichzeitig aber auch den Grund für das Misstrauen der Bevölkerung benannt. Vetternwirtschaft und Bestechung sagte

man den Regierenden und ihren Behörden nicht ohne Grund nach.
Lodewig räusperte sich: „Fürs Erste habe ich keine Fragen an Euch, habt vielen Dank."
Er stand auf und sprach den Hausherrn erneut an: „Eine Bitte wäre da noch. Könntet Ihr nach meinem Pferd schauen, es lahmt ein wenig, möglicherweise ist das Eisen locker?"
„Natürlich", entgegnete Tyke und wandte sich zur Tür. Er schaute sich alle Hufe genau an. Der Wallach verhielt sich ruhig, also konnte der Schmied in Ruhe prüfen, ob alle Hufeisen einen festen Sitz hatten. Er konnte nichts feststellen. Alles war in Ordnung, und so wie es schien, das Tier in fachmännischer Pflege.
„Also mit den Eisen gibt es kein Problem."
Das rief den Pferdeliebhaber Ulf auf den Plan. „Lasst ihn ein paar Schritte gehen", forderte er den Gerichtssekretär auf.
Ulf rieb sich das Kinn: „Mit der linken Vorderhand stimmt etwas nicht", befand er. Dann tastete er vorsichtig das gesamte Bein vom Ellenbogen bis zur Fessel ab. Er fand eine kleine Schwellung im Übergang vom Vordermittelfuß zum Fesselkopf.
„Vermutlich hat er sich gestoßen. Der sollte sich einmal einen Tag ohne Last bewegen, dann wird das wieder. Auf keinen Fall solltet Ihr ihn jetzt reiten."
Der Reiter protestierte: „Ich muss zurück in die Stadt, hier draußen finde ich nicht einmal ein Gasthaus."
Tyke bekräftigte die Aussage seines Schwiegersohns: „Ihr könnt ihm vertrauen, er hat in der Brauerei viel mit Pferden zu tun gehabt. Das Beste wäre, Ihr bliebet über Nacht hier. Allerdings kann ich Euch nur ein Lager im Stroh anbieten. Um zu einem Gasthaus zu kommen, müsstet Ihr in der Tat einen längeren Weg zu Fuß zurücklegen. Die Schänke im Dorf wird in diesen Tagen umgebaut, dort kann kein Gast übernachten. Der Wallach kann dann in der Zeit zu Lisa auf die Weide."
Der Angesprochene überlegte: „Wenn es besser für das Pferd ist, muss ich Euer Angebot annehmen. Es gibt Schlimmeres, als im

Sommer eine Nacht auf dem Strohlager zu verbringen."
Da es im Licht der neuen Erkenntnisse noch so viel zu bereden gab, störte ein fremder Gast erheblich. Dagegen stand, dass es geboten schien, jemandem, der in Schwierigkeiten steckte, zu helfen.
„Ich werde Euch nicht weiter stören. Wenn es recht ist, kann ich mir unter dem großen Baum bei der Weide noch ein paar Notizen machen. Er wirft reichlich Schatten. Feder und Tinte führe ich jederzeit bei mir." Hanco Lodewig hatte sehr wohl bemerkt, dass er störte. Der besagte Platz war so weit entfernt, dass Tyke und Kea ungestört mit den Kindern reden könnten.
„Nehmt noch einen Becher mit und schöpft für Euch am Brunnen frisches Wasser, Ihr kommt direkt daran vorbei." Maria reichte dem Gast das Gefäß mit einem Lächeln.
„Vielen Dank." Lodewig lächelte ebenfalls. Für einen Moment trafen sich ihre Blicke.
Der junge Mann schlenderte zu der großen Kastanie und setzte sich auf die Bank, die Tyke vor Jahren gefertigt hatte. Von hier aus betrachteten er und seine Kea gerne die untergehende Sonne, wenn sie allabendlich hinter dem kleinen, westlich gelegenen Gehölz abtauchte. Der Ausblick schien auch dem unfreiwilligen Gast zu gefallen, denn nur selten schaute er auf seine mitgebrachten Unterlagen oder fügte eine Notiz ein.
Die Frau des Schmieds war die Erste, die auf die Fülle neuer Informationen reagierte: „Alles, was wir gehört haben, spricht dafür, dass Elger damals hinter dieser Sache steckte. Unglaublich, mit welch dreisten Lügen er unser Haus an sich bringen wollte! Warum hat Heske seinen Tod verschwiegen? Schließlich wusste sie doch, dass ihr Mann nicht mehr lebt. So eine Beerdigung wird doch auch in den Kirchenbüchern vermerkt, oder?" Sie schaute sich fragend zu Magda und Ulf um.
Ulf überlegte kurz, aber seine Antwort warf eher neue Fragen auf: „Könnte doch sein, dass es keine Beerdigung gegeben hat, dann ist natürlich auch nichts in den Kirchenbüchern zu finden.

Aber warum hätte sie das machen sollen? Sobald sein Tod bestätigt ist, kann sie erben, so ist das Gesetz. Oder gab es einen männlichen Erben?"

„Kann sein", warf Magda ein. „Vor Jahren war ein junger Mann für ein paar Tage auf dem Hof. Der Onkel und er haben sich andauernd gestritten. Zum Schluss hat er den Onkel angebrüllt und gesagt, dass er ihm nichts mehr zu befehlen habe und dass er mit dem nächsten Schiff ins Ausland segeln würde. Er hat auch etwas von Spanien und einer ‚neuen Welt' gesagt, glaube ich. Möglicherweise war das sein Sohn."

„Dann wäre der erbberechtigt und sobald eine Todesurkunde vorliegt, würde man auch nach ihm suchen. Solange der Vater lediglich verschollen ist, passiert auch nichts."

„So eine verkommene, verlogene Bande – und meine eigene Schwester mittendrin!" Kea schüttelte angewidert den Kopf. „Und sie hat uns doch angelogen. Es muss noch ausreichend Geld vorhanden sein. Auf der kleinen Landstelle kann sie alleine nicht so viel erwirtschaften, dass sie davon leben könnte.

Magda mischte sich ein. In einem verächtlichen Ton sagte sie: „Habt ihr ihre Hände gesehen? Glatt und sauber, wie bei einer feinen Stadtfrau. Die schuftet nicht auf dem Feld oder im Stall. Hat sie noch niemals gemacht. Dafür hatte sie schließlich uns."

Sie schaute Maria an: „Was denkst du, Lämmi? Du wirkst so grüblerisch." Seit langer Zeit benutzte sie erstmals wieder ihren Kosenamen.

„Ich denke", antwortete Maria, „dass ich dem feinen Herrn da draußen ein wenig Gesellschaft leiste. Der weiß noch einiges mehr, und so, wie es mir vorkommt, redet er auch gerne."

Es fiel ihr immer noch nicht leicht, sich in der Gesellschaft eines Mannes aufzuhalten. Für das ganze Martyrium, das sie durchlebt hatte, waren Männer verantwortlich. Fast ein Jahr hatte sie Zeit gehabt, darüber nachzudenken. Zu wenig, um damit abzuschließen, genug, um zumindest einiges differenzierter zu sehen. Es gab auch die anderen Männer. Dazu gehörte ihr Vater, der ihnen und der Mutter niemals ein Haar gekrümmt hatte. Simon gehörte auch dazu. Über den Tod hinaus hielt er seiner Frau die Treue und umsorgte die Kinder. Und auch Ulf, Magdas Mann, merkte man an, mit wie viel Liebe und Rücksicht er an der Seite seiner Frau stand.

Auch körperlich waren die Wunden verheilt bis auf ein paar verblasste Narben, die sie vermutlich Zeit ihres Lebens an die gröbsten Misshandlungen erinnern würden, aber die schmerzten nicht mehr.

Die Schmerzen waren weitergewandert und hatten sich in ihrer Seele festgesetzt. Dort machten sie sich von Zeit zu Zeit wie lodernde Flammen bemerkbar. Sie bildeten das Pendant zu dem manchmal eher von Vernunft gesteuerten Verhalten, mit dem sie ihr Leben bewältigte.

So auch jetzt. Es schien vernünftig, dem Gerichtssekretär ein paar Informationen zu entlocken, auch wenn ein gewisses Unbehagen dabei war.

Hanco Lodewig bemerkte Marias Ankunft, als ein paar Äste, die auf dem grünen Moos lagen, unter ihren Schuhen mit einem leisen Knacken zerbrachen.

Er schien über ihre Anwesenheit erfreut zu sein. Wieder schaute er sie mit einem Lächeln an und es schien, als suchten seine Augen die ihrigen: „Schön, dass Ihr mir Gesellschaft leistet. Ein schöner Platz, so friedlich und dank des Baumes auch schattig kühl. Darf ich anmerken, dass Euch dieses Kleid ausnehmend gut steht? Man sieht so etwas meistens nur in den Städten.“

Das war eindeutig zu viel, fand sie. Nach Avancen stand ihr nicht der Sinn, auch wenn der junge Mann höflich war und sein Kompliment durchaus zutraf. Sie trug ein schlichtes Kleid, das aber aus einem guten Stoff gearbeitet war. Es stammte noch aus ihrer Zeit in Oldenburg. Es gab kaum noch Kleider, die sie an diese Stadt erinnern sollten. Vieles hatte sie verschenkt. Dieses Kleid war eine Ausnahme. Sie hatte es getragen, als sie aufgebrochen

war, um im Münsterland ein neues, besseres Leben zu beginnen. Geschäftsmäßig und kühl antwortete sie: „Das habt Ihr gut erkannt. Ich habe tatsächlich früher in der Stadt gewohnt. Übrigens, ich bin Maria Smeeder, die älteste Tochter."
„Schön, dann sagt Hanco und ich nenne Euch Maria, einverstanden?"
Etwas in Marias Inneren löste einen Alarm aus: „Herr Lodewig gefällt mir besser." Sie hatte es so betont, dass die Botschaft ankommen musste: keine Vertraulichkeiten!
„Wie Ihr wollt, Jungfer Smeeder." Hanco Lodewig blieb freundlich.
Maria begann: „Ihr habt gesagt, dass mein Onkel auch noch wegen anderer Dinge beschuldigt wurde. Wisst Ihr mehr darüber? Was sind das für Anschuldigungen? Waren da auch noch andere beteiligt?"
Die Gesichtszüge des Angesprochenen verschoben sich in der Art, dass sein Lächeln zu einem Grinsen mutierte: „Hui, so viele Fragen! Aber Ihr habt nicht unrecht mit Eurer Vermutung. Genaues kann ich nicht sagen, nur so viel – es ist von Betrug und falschen Urkunden die Rede und ja, es gab Mitwisser oder Mittäter." Mit einem entschuldigenden Achselzucken fügte er hinzu: „Mehr kann ich wirklich nicht preisgeben. Eigentlich ist das schon zu viel. Jetzt müsst Ihr mir aber auch noch eine Frage beantworten: Wenn ich alles richtig verstanden habe, gehört Ihr zu den Kindern, die dieser … dieser de Beer zu sich genommen hat. Ihr habt deshalb so ein großes Interesse an der Sache?"
Maria nickte zögerlich.
Der juristische Ehrgeiz in ihrem Gegenüber machte sich bemerkbar: „Angenommen, de Beer würde noch leben, hättet Ihr auch Anschuldigungen gegen ihn vorzubringen?"
Er sah Maria ihre Unsicherheit an. Nicht die spitzfindige Fragestellung irritierte sie, das Thema erzeugte Unwohlsein.
Es störte Lodewig nicht, dass sie lange überlegte, um dann eine gut durchdachte Antwort parat zu haben: „Auch ich kann nicht

alles sagen. Außer, dass er uns Kindern üble Dinge angetan hat. Ich kann nicht mit Euch darüber sprechen. Es ist sehr persönlich, versteht Ihr?"
Der Gast zögerte und zunächst sah es so aus, als würde er nichts sagen wollen. Dann schaute er Maria direkt an und begann mit seiner Antwort. Bedächtig formte er seine Worte: „Das ist bereits sehr viel. Viele Menschen haben schlagartig alles vergessen, wenn einer von uns sie befragt. Sie trauen uns nicht. Leider oft zu Recht. Diese ‚Sache', wie ich es genannt habe, belegt das nur zu gut. Es stecken viele mit drin und auch solche, die Verbrechen vertuscht haben. Was Ihr gesagt habt, passt zu den Beschuldigten. Sie waren allesamt rücksichtslose Zeitgenossen. Ich erzähle Euch das alles, weil ich das Gefühl habe, dass ich Euch vertrauen kann. Wenn Ihr mir ebenfalls vertraut, könnten Eure Aussagen möglicherweise den einen oder anderen Übeltäter seiner gerechten Strafe zuführen. Im Moment ist es dafür zu früh. Sagt mir, wo ich Euch finde."
„Ich lebe auf einer Grangie im Westfälischen, der Ort heißt Gravenhorst."
Der Sekretär sog die Luft hörbar ein: „Ganz schön weit weg. Die Gerichtsbarkeit endet an den Grenzen der Grafschaft. Allerdings als Zeugen können wir auch Auswärtige benennen, wenn es von Belang ist." Dann fragte er: „Und Eure Schwestern?"
Maria hatte Mühe mit der Antwort: „Es gibt nur noch eine Schwester, Magda, Ihr habt sie vorhin gesehen. Sie lebt bei Hude. Wir sind im Moment zu Besuch bei unseren Eltern. Unsere Schwester Christiane lebt nicht mehr. Dieser Dreckskerl hat sie auf dem Gewissen." Unkontrolliert, wie einen heiseren Schrei hatte sie die letzten Worte durch ihre Lippen gepresst. Mit so viel Ruhe und Überlegung hatte sie das Gespräch hinter sich gebracht und jetzt das! Weder ihre Gefühlsregung noch die Aussage hätte Lodewig mitbekommen sollen. Sie wandte sich zur Seite und strich mit dem Handrücken Tränen von ihren Wangen.
Hanco Lodewig war aufgesprungen. Für einen Moment sah es

so aus, als wollte er seine Hand beruhigend auf die Schulter von Maria legen. Dann schien er zu begreifen, dass er der jungen Frau nicht zu nahe kommen sollte und blieb einen Schritt entfernt stehen.
Mit ruhiger Stimme versicherte er ihr seine Verschwiegenheit: „Glaubt mir, Jungfer Smeeder, dieses Gespräch unter der Kastanie wird in keinem Protokoll erscheinen. Wir haben uns doch ohnehin nur über das schöne Sommerwetter unterhalten, nicht wahr?"
Er zwinkerte seiner Gesprächspartnerin zu und dieser entwich ein erleichtertes: „Danke, hab's verstanden."

Am frühen Morgen konnte Hanco Lodewig den Rückweg antreten. Sein Pferd hatte sich, auch dank einer Kräutertinktur, mit der die schmerzende Stelle versorgt worden war, von der Blessur erholt. Es lief unauffällig, aber Ulf ermahnte den Reiter, es möglichst nur im Schritt gehen zu lassen.

Bald danach war es auch Zeit, dass sich Eltern und Töchter verabschiedeten. Lange Zeit würden sie nichts voneinander hören. Nachrichten zu übermitteln war äußerst teuer und unsicher. Der Gegenbesuch bei Magda und Ulf sollte im Frühjahr erfolgen. Kea und Tyke hofften, dann ein Enkelkind in ihren Armen halten zu können. Die beiden blieben am Wegesrand stehen, bis von dem kleinen Fuhrwerk nur noch ein winziger Punkt in der Ferne zu sehen war.

# Erkenntnisse

## Hude im Sommer 1537

In Hude angekommen, wartete bereits der Knecht, mit dem Maria angereist war. Ein gemeinsames Mahl blieb noch, dann fuhren beide wieder Richtung Münsterland. Allen hatten die gemeinsamen Tage gutgetan. Auf Magda und Ulf wartete eine arbeitsreiche Zeit. Das gute Wetter hatte den Getreidefeldern bereits eine goldene Farbe verliehen.
Wie zu erwarten, war Ulfs Vater Borchard keine Stütze bei der bevorstehenden Ernte. Dafür hatte er jetzt eine spezielle Aufgabe: Er sichtete den Berg an Dokumenten, die Sohn und Schwiegertochter von ihrer Reise mitgebracht hatten.
Die Frage, die sich geradezu aufdrängte, warum ein Landbewohner, vermutlich Analphabet, die ganzen Schriftstücke gesammelt hatte, war schnell geklärt. Mehrere Aufzeichnungen waren in derselben Handschrift verfasst wie die schwungvolle Unterschrift de Beers oder zumindest wie die seiner Initialen E d B.
Er war also des Lesens und Schreibens kundig gewesen! Wieso hatte das keiner gewusst?
Borchard fand einige Schuldscheine. Magdas Onkel hatte bei seinem Ableben, so wie es schien, nicht unbeträchtliche Forderungen an verschiedene Bürger in Emden und Aurich. Dann waren da noch Besitzurkunden über Anteile an verschiedenen Häusern in der Seehafenstadt Emden.
Vieles musste noch gesichtet werden.
„Ich habe noch nicht viel gelesen, zuerst versuche ich das Ganze zu ordnen“, entschuldigte sich Ulfs Vater. „Vieles ist sehr alt und zudem nicht von bester Handschrift, das dauert noch.“
Magda war das egal, eine Sache interessierte sie jedoch: „Hast du etwas über uns gefunden?“, wollte sie wissen.
Ihr Schwiegervater schüttelte den Kopf: „Bisher noch nicht, aber du siehst selbst, da liegt noch einiges.“

Die junge Frau war ungeduldig: „Wenn nachher im Stall alles erledigt ist, helfen Ulf und ich."
Der ehemalige Mönch wehrte ab: „Ihr bringt mich damit durcheinander, ich habe da meine eigene Methode. Auf einen Tag kommt es doch wirklich nicht an."
Es schien vernünftig. Magda lenkte ein: „Aber du sagst sofort Bescheid, wenn du fündig wirst?"
„Jo", Borchard redete nicht gerne. Seine vollständige Antwort vorhin konnte man da durchaus als Ausnahme werten. Die beiden verstanden sich. „Ist schon gut, ich weiß, dass ich dich in Ruhe lassen soll." Magda vollführte mit ihren erhobenen Händen eine gespielte Abwehrbewegung und lächelte den wortkargen Mittfünfziger an.
Als am nächsten Tag um die Mittagszeit Ulf und Magda verschwitzt vom Feld kamen, um sich an Annas reichlich gedeckter Tafel eine Stärkung zu holen, kam Borchard ihnen schon in der Tür entgegen. Er wedelte mit einem Schriftstück und rief: „Ihr werdet nicht glauben, was ich gefunden habe! Kommt mal beide her!"
So aufgeregt hatten sie ihn noch niemals erlebt.
Anna wagte einen Einwand: „Aber das Essen?"
„Später, Mutter, später!" Auch Ulf wollte erst mehr wissen.
„Also hier steht, dass Elger de Beer die Kinder der Eheleute Smeeder in einem verwahrlosten Zustand aufgefunden hat. Trotz intensiver Suche habe er die Eltern nicht finden können. Diese seien dann von einem gewissen Boye van der Leuy aufgegriffen worden. Sie hätten sich, ohne auf das Wohl ihrer Kinder zu achten, außer Landes begeben wollen. Es lag der Verdacht nahe, dass der Schmied Tyke Smeeder vorhatte, sich einem aufrührerischen Verband anzuschließen, der in der Grafschaft Unfrieden stiften wollte."
Magda war entsetzt: „Alles gelogen, genau wie das, was uns der Tuchhändler letztes Jahr erzählt hat. Demnach hatte man Vater beschuldigt, uns, seine Kinder, umgebracht zu haben."

„Es geht noch weiter." Borchard wurde plötzlich richtig redselig. In einem weiteren Dokument war festgehalten, dass van der Leuy beauftragt worden war, das Ehepaar an einen ausbruchsicheren Ort zu bringen, bis die Anschuldigungen geklärt seien. Sein Aufwand wurde ihm großzügig aus dem beschlagnahmten Barvermögen des Beschuldigten erstattet.
‚Mit einem Mal passt alles zusammen', dachte Magda. ‚Ein fahrender Händler hat mich im letzten Jahr ungewollt auf die Spur meiner vermissten Eltern gebracht. Er würde seine Waren auf einem Hof kaufen, auf dem Beschuldigte, die noch nicht verurteilt waren, arbeiten mussten, hat er ausgeplaudert. Auf dem geschmiedeten Teil des Zuggeschirrs habe ich ein eindeutiges Zeichen erkannt: die Initialen meines Vaters! Diese Spur führte zu den Eltern und mehreren anderen Verschleppten und letztlich zu deren Befreiung. Bei der Entführung hatte ein gewisser Boje von der Leuy das Kommando.'
Magda ergänzte laut, was in ihren Gedanken deutlich Konturen angenommen hatte: „Und Elger sollte das Haus bekommen, weil er ja so gut für uns gesorgt hat." In der ironischen Bemerkung war ihr Abscheu nicht zu überhören.
„So wie es aussieht, seid ihr kein Einzelfall. Aber das erkläre ich Euch nach dem Essen. Da haben verschiedene zusammengearbeitet und gut verdient." Borchard war aufgestanden und begab sich in die Küche. Magda und Ulf folgten.
Hätte man Magda später gefragt, was sie gegessen habe, ihr wäre die Antwort nicht eingefallen. So sehr beschäftigte sie das soeben Gehörte.
So schnell wie möglich erledigten die jungen Leute die Hofarbeit. Dann ließen sie sich von Vater Borchard vortragen, was er herausgefunden hatte. Das Thema interessierte ihn so sehr, dass man ihm nicht wie üblich jedes Wort aus der Nase ziehen musste.
„Es gibt da mindestens noch eine weitere Familie, mit der man so ähnlich verfahren ist wie mit Euch. Allerdings hat ein anderer

davon profitiert. Dann bin ich auf mehrere Dokumente gestoßen, nachdem Mütter ihre Kinder in die Obhut von anderen Menschen gegeben haben. Als Grund wurde entweder Krankheit angegeben oder das Fehlen von finanziellen Mitteln, um die Kinder zu versorgen. Die Mütter haben diese Vereinbarungen unterschrieben."

„Sie haben unterschrieben?", Ulf hakte nach.

„Wie man es nimmt, sie haben Kreuze oder Zeichen hingekritzelt. Allerdings wurde das von Geistlichen bestätigt."

„Moment mal. Hast du ‚Geistliche' gesagt, also Priester oder Mönche?" Magda stützte ihre Ellenbogen auf den Knien ab, legte ihre Daumen unters Kinn und die Zeigefinger an die Nasenwurzel. Sie dachte angestrengt nach. Man konnte ihr ansehen, dass sie in Erinnerungen kramte und versuchte, diese Fragmente zu einem schlüssigen, sinnvollen Ganzen zusammenzuführen.

„Also", begann sie, „ihr wisst ja, dass Elger mich verkuppeln, oder sagen wir besser, verkaufen wollte. Ich habe am Abend vorher mitbekommen, dass Heske herumgejammert hat, dass dann niemand mehr für die Hofarbeit da wäre."

Alle schauten sie gebannt an.

„Elger hat sie ausgelacht und gesagt, er könne schnell jemanden besorgen. Er redete von Bastarden, die die Pfaffen in die Welt gesetzt hätten. Die wären froh, wenn jene auf eine Art verschwinden würden, dass die eigene Seele keinen Schaden nähme. Ich erinnere mich ganz genau an seine Worte. So hat er es gesagt. Ja, und dann meinte er noch, die würden sogar dafür bezahlen."

Anna schaute verständnislos von einem zum anderen.

Borchard und Ulf sah man an, dass die bisherigen unzusammenhängenden Ergebnisse von Borchards Durchsicht sich zu einem Bild fügten. Je klarer dieses Bild wurde und damit die Dimension des Verbrechens, desto blasser wurden ihre Gesichter.

Ulf war als Erster in der Lage, sich zu artikulieren: „Dann müssen wir annehmen, dass Elger und seine Kumpanen unerwünschte Kinder von Priestern vermittelt haben. Im besten Fall, damit kinderlose Bauern oder Handwerker billige Arbeitskräfte bekamen. Alle weiteren Möglichkeiten mag ich mir überhaupt nicht vorstellen."

Borchard ergänzte: „Früher haben die Gemeinden es billigend in Kauf genommen, dass nicht alle zölibatär lebten. Es wurde totgeschwiegen. Bei uns war es damals nicht anders. Jetzt, in Zeiten der Reformation, schaut man ihnen genauer auf die Finger."

Magda reichte das als Erklärung nicht aus: „Warum haben sie sich denn nicht zu ihren Frauen und Kindern bekannt, so wie du, Borchard?"

„Vermutlich haben das viele auch gemacht, ich hoffe, die meisten von ihnen. Die zum neuen Glauben konvertiert sind, konnten das ohnehin. Sie haben geheiratet und eine Pfarrstelle angenommen. Aber es gab auch genügend Feiglinge oder solche, die es in der Kirche noch zu höheren Weihen bringen wollten."

Mit verächtlicher Miene warf Ulf ein: „Ja, und Frauen und Kinder, die Schwächsten, haben sie geopfert."

Alle Dokumente zu überprüfen, würde noch eine geraume Zeit in Anspruch nehmen. Aber erste Erkenntnisse gab es bereits. Elger hatte seinen Reichtum, wie erwartet, nicht mit seiner Hände Arbeit erworben. Dass unter den gefundenen Dingen auch sakrale Gegenstände waren, legte nahe, dass Geistliche ihn für seine Dienste mit gestohlenen Kirchengütern entlohnt hatten.

Immer tiefere Abgründe taten sich auf.

Völlig im Unklaren blieb jedoch, warum diese Schriftstücke aufgehoben worden waren. Schließlich war darunter belastendes Material.

„Wer kann so dumm sein, Dokumente aufzubewahren, mit denen man ihn beschuldigen kann?" Borchard schüttelte verständnislos den Kopf.

Auch die Quelle war nicht auszumachen. Vieles sprach dafür, dass Originaldokumente aus den gräflichen Behörden entwendet worden waren.

Borchard Kruse hatte einen Vorschlag: „Ich habe noch Kontakt zu Johann von Haselünne, dem ehemaligen Prior des Klosters. Der hatte viel mit Behörden zu tun und kann mir einiges erklären."
„Auf keinen Fall!", widersprach Magda energisch. „Wir haben Vater versprochen, dass es keine Mitwisser außerhalb der Familie geben wird."
Ihr Schwiegervater hob beschwichtigend die Hände: „Keine Angst. Ich werde ihm keine Unterlagen zeigen und auch keine Namen nennen. Mein Gedächtnis ist noch ganz in Ordnung. Die wichtigen Fragen werde ich mir merken können und auch die Antworten."
Magda und Ulf waren zufrieden. Borchard war der richtige Mann für die Nachforschungen. Sie beide hatten mehr als genug zu tun.
Frühestens im nächsten Jahr, wenn die Eltern zu Besuch kommen würden, konnten sie gemeinsam überlegen, ob und wie sie mit ihren Entdeckungen dazu beitragen sollten, das Gericht bei den Ermittlungen zu unterstützen. Das wollte gut überlegt sein. Wer wusste schon, was Hanco Lodewig im Schilde führte?

# Neues Leben

## Hude im Jahr 1538

Mit den Jahreszeiten wechselten auch die erforderlichen Arbeiten auf dem kleinen Hof der Familie Kruse. Das Korn wurde eingefahren, Gemüse geerntet und die Felder für das Wintergetreide wurden neu bestellt. Als dann im Spätherbst die Kuh und das Rind aufgestallt waren, stand auf dem Feld nur noch der Winterkohl.

Trotz ihrer Schwangerschaft hatte Magda ihren Teil zur Arbeit beitragen können. Von den möglichen Komplikationen und Unpässlichkeiten, von denen ihre Schwiegermutter zu berichten wusste, blieb sie weitgehend verschont. Anna machte das nicht aus Boshaftigkeit. Unbedarft, wie sie war, plauderte sie drauflos, ohne zu überlegen, ob es nicht manchmal angebracht sein könnte, Wissen für sich zu behalten.

Eines Abends, als Borchard von einem Besuch bei Johann von Haselünne zurückkam, wirkte er bedrückt. Später sprach er seine Schwiegertochter an: „Du hast mich doch mehrfach gefragt, ob ich etwas über Bruder Clemens herausfinden kann. Dieser Mönch, mit dem du vor Jahren hier angekommen bist. Ich habe heute erfahren, dass er von uns gegangen ist.“

Borchard und Magda machten das Kreuzzeichen.

Ein paar Tränen traten in Magdas Augen: „Wie hast du es herausbekommen?“ Ihre Stimme klang brüchig.

„Bruder Johann hat noch Kontakte zu einigen Klöstern. Ich habe ihn gebeten, sich zu erkundigen. Mehr als ein halbes Jahr hat es gedauert, bis er eine Antwort bekommen hat.“

„Weißt du mehr?“

Ihr Schwiegervater räusperte sich: „Die Brüder vom Kloster Clairvaux haben geschrieben, dass man ihn tot aufgefunden hat. In unmittelbarer Nähe des Klosters.“

„Hat man ihn … ich meine … gab es Gewalt?“ In Magdas Frage schwang die Hoffnung mit, dass es eine andere Erklärung gab. Sie spürte, dass sich Borchards Hand beruhigend auf ihre Schulter legte. Bedächtig wiegte er den Kopf: „Nein, es war, so vermuten die Brüder, Erschöpfung und er ist friedlich eingeschlafen. Man hat Clemens auf dem Friedhof des Konvents beerdigt.“

Es wurde ein stiller Abend. Abgesehen von Gebeten, die für die Seele des Verstorbenen gesprochen wurden, gab es keine Unterhaltung.

Mitten in der Nacht weckte Magda ihren Mann: „Du Ulf, ich habe über Clemens nachgedacht. Zuerst war ich so traurig, dass ich um ihn geweint habe. Du hast es nicht mitbekommen. Dann bin ich eingeschlafen und habe geträumt. In dem Moment als ich aufgewacht bin, glaubte ich ihn zu sehen. Um ihn herum war alles ganz hell und er hat gelächelt. Glaubst du auch, dass es ihm gut geht?“

„Ganz bestimmt geht es ihm gut.“ Ulf rührte die Anteilnahme seiner jungen Frau und er war beruhigt, dass sie einen Weg gefunden hatte, mit ihrer Trauer umzugehen.

An Schlaf war nicht mehr zu denken. Magda kuschelte sich an Ulf und begann zu erzählen. Es waren Erinnerungen: „Clemens hat nie viel gesagt. Einmal jedoch, als es mir abends in der abgelegenen Hütte, in die wir uns geflüchtet hatten, besonders schlecht ging, hat er aus seinem Leben erzählt. Ich glaube, er hat versucht, mich abzulenken.

Jedenfalls war in seinem Kloster ein alter Mönch, ein guter Freund. Er hieß Lazarus. Ein paar Tage, bevor alle das Kloster verlassen mussten, starb dieser Mönch und wurde auf dem Klosterfriedhof beerdigt. Dann hat Clemens gesagt, dass es ein großer Wunsch von ihm ist, nach seinem Tod dort zu ruhen, wo auch die Brüder sind.“

Ganz vorsichtig nahm Ulf seine Magda in den Arm. Als ihre Körper sich berührten, spürte er ganz deutlich, wie sich ihr ungeborenes Kind bewegte. Er liebte diese Frau, die trotz allem, was sie

durchgemacht hatte, so viel Liebe schenken konnte. Sie würde eine wunderbare Mutter sein.
„Clemens' Wunsch hat sich erfüllt; ich glaube, er will nicht, dass ich um ihn weine."
Magdas Worte rissen Ulf aus seinen Gedanken. Er konnte nur zustimmen.
Sie schmiegten sich eng aneinander. Ganz behutsam und zärtlich liebten sie sich. Erst als der Morgen nahte, sanken sie glücklich in einen kurzen Schlaf.

Je mehr ihr Bauchumfang zunahm, umso schwerer fiel Magda die Hofarbeit. Sie tauschte mit Anna die Aufgaben. Während sich die Schwiegermutter mit dem Vieh abmühte, kümmerte sich Magda um den Haushalt. Sie achtete darauf, dass mit den Vorräten ein wenig sparsamer umgegangen wurde. Der knappen Haushaltskasse tat diese Maßnahme gut.
In einer bitterkalten Januarnacht war es so weit. Gegen Morgen setzten die Wehen ein. Vorsorglich war die Hebamme, die auch Magdas Freundin Birta bei der Niederkunft zur Seite gestanden hatte, bereits Wochen vorher informiert worden. Jetzt machte sich Borchard auf den Weg, um die Frau zu holen. Da der Boden steinhart gefroren, aber schneefrei war, konnte er ohne Umwege, über Felder und zugefrorene Gräben, zu ihrem Haus gelangen.
Schwiegermutter Anna, die eigentlich nur schwer aus der Fassung zu bringen war, lief herum wie ein aufgescheuchtes Huhn. Der Gebärenden war sie kaum eine Hilfe.
Ganz anders Ulf, der seiner Frau nicht von der Seite wich und ihr Mut zusprach.
Obwohl die Hebamme sich sofort auf den Weg gemacht hatte, schaffte sie es lediglich noch rechtzeitig in die Schlafkammer, um Magda bei den letzten Presswehen Hilfestellung zu leisten. Im Vorbeigehen hatte sie Anna ein paar Anweisungen zugerufen und Ulf des Zimmers verwiesen. Doch es dauerte nicht lange, bis sie zuerst den Vater und dann die Großmutter herbeiholen

konnte. Völlig erschöpft, aber glücklich hielt die junge Mutter ihr erstes Kind im Arm.
„Er möchte seinen Vater kennenlernen", sagte sie mit schwacher Stimme zu Ulf. Die Hebamme lachte, als der frischgebackene Vater überängstlich das kleine Bündel auf den Arm nahm: „Der ist gut eingepackt, hab keine Angst, dass du etwas kaputt machst."
Mit ihrer resoluten, aber durchaus herzlichen Art war sie für junge Familien eine große Stütze.
Am nächsten Tag stand trotz des eisigen Nordostwindes Magdas mütterliche Freundin Hatta in der Tür. Schwer beladen mit Leckereien aus der Gutsküche und handgestrickten Kinderkleidern überbrachte sie ihre Glückwünsche. Sie kamen von Herzen. Ungefragt tauchte sie auch in den folgenden Tagen immer wieder bei den Kruses auf. Sie half in der Küche und unterstützte Anna. Die Schwiegermutter wirkte fahrig und ein wenig chaotisch. Die neue Rolle als Großmutter musste sie erst lernen. Doch das Wichtigste an Hattas ungefragten Besuchen war, dass sie für Magda da war. Mit ihrer Erfahrung als Mutter und Großmutter wusste sie, was diese brauchte. Sie hörte zu, beantwortete Fragen und nahm sie immer wieder in den Arm. Magda hätte sich so sehr ihre Mutter Kea an ihrer Seite gewünscht. Da war es gut, dass zumindest diese Frau, der sie sich bedingungslos anvertrauen konnte, in ihrer Nähe war. Den Unsicherheiten der jungen Mutter begegnete sie mit einer Lebensweisheit: „Wenn du dein Kind von ganzem Herzen liebst, wirst du auch nichts falsch machen."
Wie recht sie hatte! Jakob fühlte sich im Schutz dieser kleinen Familie sichtlich wohl. Er entwickelte sich prächtig. Bald achteten alle Erwachsenen darauf, dass sie auch ja lange genug den kleinen Kerl in ihren Armen halten durften.
Magda gab die Reihenfolge vor: „Ich darf ihn so lange halten, wie ich will und dann ist Ulf dran. Ihr beide, Anna und Borchard kommt ganz zum Schluss." Alle lachten.

In den ersten Apriltagen, und damit früher als gedacht, polterte ein Fuhrwerk auf die gepflasterte Auffahrt: Kea und Tyke waren da! Sie hatten nicht länger warten können. Die Neugier hatte sie, kaum dass die Wege passierbar waren, aus dem Haus getrieben. Mit einer Mischung aus Hoffen und Bangen betraten sie das Haus. Wie ging es ihrer Tochter? Hatten sie ein Enkelkind? Zu hören war davon zunächst nichts. Die Windeln, die neben dem Herdfeuer zum Trocknen hingen, nährten neue Hoffnungen. Zu sehen war aber noch niemand.
Dann öffnete sich die Tür zum Stall und Anna trat in die Küche. Kurz begrüßte sie die Ankömmlinge, dann deutete sie auf die Holzbank: „Setzt euch, ich sage Magda, dass ihr da seid. Ich glaube, sie stillt den kleinen Jakob."
„Jakob! Also doch!" Dem hünenhaften Schmied traten Tränen der Freude in die Augen und man sah ihm an, dass er sich dessen nicht schämte.
Kea war aufgesprungen und gratulierte Anna. Dann fragte sie: „Geht es beiden gut? Wann wurde er denn geboren? Ist er schon getauft?"
Anna musste lachen, diese überfallartige Flut an Fragen konnte sie nicht so schnell beantworten. Das war auch nicht notwendig. In diesem Augenblick kam Magda aus der Kammer, auf dem Arm ein sattes, zufriedenes Kind. Sie strahlte ihre Mutter und ihren Vater an und beantwortete damit die drängendsten Fragen auf ihre Weise.
Nachdem auch Ulf und Borchard eingetroffen waren, konnte man das Wiedersehen feiern. Nach rauen, bitteren Jahren zog Zuversicht bei den Familien Smeeder und Kruse ein. Das Gerangel um die Schmuse-Zeiten mit Jakob trat in eine neue Runde. Allerdings wurden Kea und Tyke vorrangig behandelt. Denn in einigen Tagen mussten sie wieder abreisen.
Tief in Gedanken versunken betrachtete Magda, wie ihr kleiner Sohn von ihrem Vater in den Arm genommen wurde. Sie wusste, was ihr Kind jetzt spürte. Bilder aus glücklichen Kindertagen

streiften das innere Auge. Dieses Gefühl von Geborgenheit, das die muskelbepackten Arme ihr gaben, die zärtlichen Berührungen der riesigen Hände. Niemals gab es eine Spur des Zweifels, dass dieser Schutz sie je verlassen würde.
Die Bilder änderten sich, hässliche Szenen von Gewalt und Brutalität mischten sich in die Idylle, machten sich breit und breiter, um letztlich alles Friedliche verzehren zu wollen.
Magda fröstelte. Sie und Ulf würden alles tun, um ihr Kind zu beschützen. Aber reichte das aus, wenn nicht einmal die Bärenkräfte eines Tyke Smeeder imstande gewesen waren, seine Familie vor den Attacken einer Horde von Fanatikern und Schurken zu schützen?
Schon bei der Taufe hatte Magda sich darüber Gedanken gemacht. Wie sehr hatte sie sich damals gewünscht, ihre Eltern an ihrer Seite zu haben. Doch mitten im Winter war eine lange Reise nicht möglich. Und es war nicht üblich, monatelang mit der Taufe eines Neugeborenen zu warten.
Dennoch hoffte sie, dass eine höhere Macht diesen Schutz bieten könne. Sie faltete ihre Hände. Ohne ihre Lippen zu bewegen, bat sie Gott flehentlich, diesem Kind, das er ihr anvertraut hatte, ein Leben lang beizustehen.
Die Stimmen ihrer Familienmitglieder, die im angeregten Gespräch lauter wurden, holten sie zurück aus ihren Gedanken. Zu dem mysteriösen Fund im Haus von Elger und Heske de Beer hatten alle Beteiligten Neuigkeiten zu berichten.
Borchard war aufgefallen, dass viele der amtlichen Schriftstücke von ein und derselben Person genehmigt oder beglaubigt worden waren. Es handelte sich wahrscheinlich um einen gräflichen Bediensteten mit hohem Rang.
„Diese Dokumente müssen aus der Behörde entwendet worden sein. Vermutlich hat sie jemand in die Hände bekommen, um diesen Mann zu erpressen. Allerdings konnte dieser Elger nicht der Erpresser sein, schließlich steckte er mit drin. Es passt alles nicht zusammen."

Ulf kam eine Idee: „Was, wenn noch weitere Personen einen Schlüssel hatten? Dann wäre nach Elgers Tod dort das sichere Versteck gewesen. Niemand würde an diesem Ort die Dinge vermuten. Noch eine Sache: Dass Versteck und Schlüssel mit demselben Symbol versehen wurden, muss einen Grund haben. Wollte zum Beispiel ein Bote etwas hinterlegen oder abholen, wäre so ein unauffälliger Hinweis wie die Wolfsfährte sinnvoll. Der müsste nicht lange suchen."
Tyke überlegte: „Keiner kann sagen, ob nicht zwischenzeitlich jemand in den letzten Jahren dort war. Auch in ein oder zwei Jahren bildet sich genug Staub."
Dann bemerkte er noch: „Übrigens, ich habe die ganzen Kisten dort verstaut, wo wir sie ursprünglich gefunden haben. Mit dem Zeug unter meinem Dach konnte ich nicht ruhig schlafen. Heske hat davon nichts mitbekommen, weil Kea sie abgelenkt hat."

Magdas Mutter mischte sich ein: „Ja, ich habe sie zur Rede gestellt. War nicht einfach für mich, mit der Frau zu sprechen. Sie hat eingeräumt, dass sie von der Pacht lebt, weil die Felder von einem benachbarten Bauern genutzt werden. Es ist der verwitwete Mann, von dem der Nachbar erzählt hat." Sie verzog ihr Gesicht: „Der ist, wie ich vermute, in ihrem Alter und die beiden sind noch befreundet." Das letzte Wort sprach sie gedehnt und mit einem abschätzigen Unterton aus. „Vermutlich ist es auch nur die halbe Wahrheit. Aber was soll's. Wir können nichts gegen sie unternehmen und sie ist es nicht wert, dass wir uns weiter mit ihr beschäftigen."
Magda hatte aufmerksam zugehört: „Wenn Ulf recht hat, dann kann doch jetzt jeder, der noch einen Schlüssel hat, an das Versteck?"
Tyke Smeeder grinste: „Ihr wisst doch, was ich für einen Beruf habe. Selbstverständlich gibt es da jetzt ein zweites Schloss. Ganz unauffällig an der Seite der Säule angebracht. Wer da ran will, muss die Wand aufbrechen."

Die Schilderungen von Borchard, wonach Elger in einen Menschenhandel, dazu noch mit unschuldigen Kindern, verwickelt gewesen war, machte Magdas Eltern fassungslos.
Alle erachteten es als sinnvoll, den Gerichtssekretär Lodewig mit ihren Aussagen zu unterstützen, sollte dieser weitere Hintermänner zur Anklage bringen. Zwischenzeitlich hatte er die Smeeders ein weiteres Mal aufgesucht, allerdings hatten diese ihm den mysteriösen Fund verschwiegen.
Lodewig hatte preisgegeben, dass er einen Auftrag von „ganz oben" erhalten hatte, Bestechungen in den gräflichen Behörden aufzudecken.

Magdas Eltern sahen sich nicht als Gäste. Kea packte im Haushalt kräftig mit an und für Tyke gab es genug Arbeit in den Stallungen und anderen Gebäuden. Vieles musste repariert werden.
Am dritten Tag kam erneut unerwarteter Besuch. Plötzlich stand Maria, Magdas große Schwester vor der Tür. Dass sie auch ihre Eltern antreffen würde, hatte sie nicht geahnt. Umso größer war die Freude.
Simon hatte sich zusammen mit seinen Kindern auf den Weg gemacht, um seine Mutter Hatta zu besuchen. Veränderungen standen an: Benedicta, die Cousine von Simons verstorbener Frau, hatte sein Herz erobert. Sie hatten vor, zu heiraten und Benedicta wollte den Kindern „die beste Freundin" werden. Genau so hatte sie es gesagt, wissend, dass ihr die Mutterrolle nicht zustand. Folglich hatte sie sich auch mit auf den Weg gemacht, um sich bei der künftigen Schwiegermutter vorzustellen.
Kaum hatte Maria den ersten Fuß über die Türschwelle gesetzt, wurde sie von ihrer kleinen Schwester Magda stürmisch begrüßt: „Lämmi, wie ich mich freue! Komm schnell ins Haus!"
Maria löste sich langsam aus der Umarmung. Sie musterte ihre Schwester eingehend, um dann erleichtert festzustellen: „Du siehst gut aus, Hühnchen, wie eine glückliche Mutter!"

„Das stimmt, es geht mir gut und ich bin wirklich glücklich“, strahlte Magda. „Dass du jetzt auch da bist, macht alles noch besser.“ Wie damals, als sie noch Kinder waren, hatten sie sich wieder mit ihren tierischen Kosenamen angesprochen.
Minuten später, nachdem Maria ihre Eltern ebenso herzlich begrüßt hatte, legte ihr Tyke den kleinen Jakob in den Arm. Mit einer Behutsamkeit, als wäre alles an ihm zerbrechlich, wiegte sie den kleinen Neffen. Sie konnte nicht verhindern, dass Tränen in ihre Augen traten und wie kleine Rinnsale über ihre Wangen liefen.
Ein langer Abend und ein weiterer Tag blieben der Familie noch, um wichtige Dinge zu besprechen. Schnell war geklärt, wie Marias Zukunft aussehen würde. „Ich werde übermorgen zurück nach Gravenhorst reisen. Allerdings nur für ein paar Monate. Wenn die beiden im Sommer geheiratet haben, wird Benedicta den Haushalt übernehmen. Sobald ich ihr alles gezeigt habe, werde ich so schnell wie möglich wiederkommen. Simon wird sich bestimmt darum kümmern, dass ich sicher reisen kann.“
„Wir möchten, dass du zu uns kommst.“ Tyke entschied, ohne sich vorher mit Kea abgesprochen zu haben, doch in diesem Moment spürte er vermutlich, dass es auch der Wunsch seiner Frau war. Dass er sich nicht geirrt hatte, bestätigte diese umgehend: „Vater hat recht, wir haben so lange um euch gebangt. Wir können die Zeit nicht zurückdrehen, aber es wäre schön, dich um uns zu haben.“
Mit einem Blick auf die jüngste Tochter fügte sie hinzu: „Natürlich werde ich Magda auch vermissen, aber ich weiß sie hier bei Ulf an einem guten Ort.“
„Wenn Gott will, werden wir uns über die Jahre noch öfter sehen können, das wird uns ein Trost sein“, machte Tyke allen deutlich, dass es möglich war, die große Entfernung zwischen ihnen zu überwinden, wenn man es ernsthaft wollte. Schon mehrfach hatte die Familie die lange Strecke hinter sich gebracht.

Nur einen Tag nach Marias Aufbruch machte sich auch der Schmied mit seiner Frau auf den Heimweg. Im Gepäck hatten sie nicht nur die vielen guten Wünsche ihrer Töchter, sondern auch die Dokumente, die Borchard durchgelesen hatte. Neben den Urkunden über die Adoptionen, die die ganze Niedertracht Elgers offenbarten, waren es im Wesentlichen Schuldscheine und Vereinbarungen von Personen, die der Familie Smeeder nicht bekannt waren. Elger de Beer war in irgendeiner Form immer beteiligt. Manchmal als Gläubiger, dann als Zeuge oder als Partner einer Vereinbarung. Einige Briefe hatte er selbst mit einer gestochenen Schrift verfasst.
Alles in allem offenbarten die Schriftstücke das Doppelleben, das der Schwager der Smeeders geführt hatte. Hinter der Fassade des gewalttätigen und ungebildeten Dorfbewohners versteckte sich ein abgebrühter Geschäftsmann mit ebenso zweifelhaften wie einflussreichen Kontakten.
In der Familie war ein Entschluss gefasst worden. Tyke Smeeder würde den Behörden alles, was Elger de Beer hinterlassen hatte, übergeben. Er wusste, dass ein Risiko damit verbunden war. Was, wenn jemand bei Gericht ein Interesse daran hatte, den Verdacht auf ihn zu lenken?
Dagegen stand, dass Tyke und Kea auf ihre Menschenkenntnis vertrauten und in dem ermittelnden Lodewig einen Ehrenmann erkannten.
Die Wertsachen für sich zu behalten, kam für den gläubigen Schmied ohnehin nicht in Betracht. „Unrecht Gut gedeiht nicht!“: Dieser alte Leitspruch hatte für ihn einen hohen Stellenwert. Erpresstes oder Geraubtes, Hehlerware und sakrale Gegenstände mit zweifelhafter Herkunft – damit wollte er nichts zu tun haben.

Der Alltag zog allmählich bei den Familienangehörigen ein. Mit Hofarbeit und Mutterpflichten waren Magdas Tage voller Anstrengung, aber es waren erfüllte Tage. Ein Lächeln des Kleinen gab ihr mehr zurück, als sie je erahnt hatte.

Maria mühte sich auf der westfälischen Grangie ab. Im besten Zustand wollte sie der künftigen Hausfrau alles überlassen.
Bei Tyke Smeeder gab es reichlich Arbeit. Schon in den wenigen Tagen seiner Abwesenheit war er von den Dorfbewohnern vermisst worden.

# Wagen und gewinnen?

## Ostfriesland 1538

Der Frühling wich dem Sommer. Eher als gedacht, stand Maria mit einem Bündel an Kleidern und sonstigen Habseligkeiten in der kleinen Schmiede ihres Vaters. Ihr Schwager Ulf begleitete sie. Für den kleinen Jakob wäre die lange Reise noch zu anstrengend gewesen, somit verweilten er und seine Mutter im heimischen Hude.

So sehr alle diesen Moment erhofft und herbeigesehnt hatten – Maria benötigte einige Zeit, um erneut heimisch zu werden. Es war so viel Zeit vergangen, seit sie als Kind gewaltsam aus dieser Umgebung gerissen worden war. Zeiten der Hoffnungslosigkeit hatte sie durchlebt. Seit ihre Schwester Christiane in ihren Armen gestorben war, hatte sie oft keinen Sinn mehr in ihrem Dasein erkennen können. Die letzten Jahre aber hatten eine Veränderung herbeigeführt. Mehr und mehr kehrte ihr Lebensmut zurück, aber auch die Erkenntnis, dass es da noch so vieles zu verarbeiten gab.

Ähnlich erging es ihren Eltern. Da war diese Lücke! Eine erwachsene Frau war zurückgekehrt, die sie doch gefühlt gerade gestern erst als Kind verloren hatten. Schlimmer noch war die vage Vorstellung, was ihre Tochter durchlitten hatte.

Da gab es Ereignisse, über die Maria nicht reden konnte, sie waren so abscheulich, dass sie dafür keine Sprache hatte. Sie waren noch da, in ihren Gedanken, jedoch wie eingeschlossen in einer Truhe, die nichts nach außen dringen ließ. Manchmal träumte sie, es gäbe da eine zweite Maria, eine weitere Person, die all das Geschehene mit sich nahm, davonlief und sie ein für alle Mal in Ruhe ließ. Ein Traum, der unerfüllt bleiben würde, sagte ihr Verstand. Sie würde es mit sich selbst ausmachen müssen. Im besten Fall sorgte die Zeit dafür, dass Erinnerungen verblassten, die offenen Wunden der Seele vernarbten und der

Schmerz nachließ. Mit ihren Eltern, ihren vertrautesten Menschen, würde sie nie darüber reden können. Sie konnte es ihnen nicht zumuten, auch wenn sie spürte, wie die Ungewissheit Vater und Mutter quälte. Das Wort „Unaussprechlich“ war fest mit vielen von Marias Erinnerungen verbunden.

Der Zufall wollte es, dass Maria alleine zu Hause war, als unvermittelt Hanco Lodewig vor der Tür stand. Vater und Mutter Smeeder waren mit dem Fuhrwerk in die Stadt gefahren. Tyke hatte fertiggestellte Schmiedearbeiten abzuliefern und Kea wollte die Gelegenheit nutzen, Stoffe zu kaufen. Das Haus war inzwischen wieder recht wohnlich, konnte aber mit den passenden Decken und Gardinen noch ein wenig schöner gestaltet werden.

„Oh, wie erfreulich, Euch zu sehen – sagtet Ihr nicht, dass Ihr im Westfälischen beheimatet seid?“ Lodewig war sichtlich erstaunt, Maria anzutreffen.

„Seit Kurzem wohne ich wieder hier.“ Maria gab freundlich Auskunft, fügte aber gleich hinzu: „Ihr wollt doch vermutlich zu meinem Vater? Leider ist er nicht zu Hause. Ich befürchte, er kommt erst gegen Abend zurück.“ Es war ihr anzumerken, dass sie den Wunsch hegte, der Besucher würde nach dieser Mitteilung wieder gehen.

Lodewig überlegte kurz: „Vielleicht könnt Ihr mir auch weiterhelfen, dann war der Weg nicht vergebens.“

Maria entgegnete: „Wenn es um die Angelegenheit de Beer geht, da gibt es vermutlich einiges zu sagen, aber das müsst Ihr mit meinem Vater besprechen. So etwas ist Männersache.“ Tatsächlich bestand Tyke, ein durchaus umgänglicher Mensch, darauf, dass er in wichtigen Familienangelegenheiten das Wort führte.

Wieder dauerte es ein wenig, bis sich der Besucher zu einer Antwort durchrang. „Wenn es Euch nicht stört, könnte ich auch warten. Sollte es zu spät werden, kann ich jedoch nicht zurück. In der Dunkelheit kann ich nicht reiten.“ Er machte erneut eine Pause: „Glaubt Ihr, Euer Vater würde mir für diesen Fall wieder einen Schlafplatz in der Scheune anbieten? Aber bitte nur, wenn es keine Umstände macht."

Die hartnäckige Freundlichkeit machte es Maria schwer, eine passende Antwort zu finden. Zwar machte ihr der Besucher keine Angst, aber es war ihr unangenehm, sich mit einem Mann in dem einsam gelegenen Haus, weitab von der Dorfmitte, aufzuhalten. Etwas spröde fiel daher auch ihre Antwort aus: „Ich denke, er hätte nichts dagegen. Tränkt am besten erst einmal Euer Pferd, es wird Durst haben."

Schnellen Schrittes ging sie voraus zum Brunnen und schöpfte einen Eimer Wasser für das Tier. „Wartet, ich hole Euch auch einen Krug", wandte sie sich an Lodewig und verschwand im Haus. Das war eine Gelegenheit, die Gedanken zu ordnen. Kurz darauf trat sie mit zwei Bechern in der Hand wieder durch die Tür, füllte diese mit frischem Brunnenwasser und reichte dem jungen Mann einen davon. Mit einem Kopfnicken deutete sie auf die Kastanie am Rande der Wiese und sagte: „Habt Ihr etwas dagegen, wenn wir ein wenig Schatten suchen?"

Ein zustimmendes Nicken folgte und beide bewegten sich auf den Baum mit seinem riesigen grünen Blätterdach zu. Hier in Gottes freier Natur war die Anwesenheit des Mannes für Maria wesentlich erträglicher, als sie es im Haus gewesen wäre.

Die junge Frau hoffte, dass Mutter und Vater bald zurückkehren würden. Sie hatte keine Ahnung, worüber sie mit dem Besucher reden könnte.

Diese Sorge war unbegründet. Kaum hatte Hanco Lodewig einen kräftigen Schluck aus dem Becher genommen, eröffnete er das Gespräch: „Es trifft sich gut, wenn Euer Vater auch Neuigkeiten über den Verstorbenen zu berichten hat. Ich für meinen Teil habe auch durch einen glücklichen Zufall viele offene Fragen klären können." Der Gerichtssekretär besann sich kurz, um dann im entschuldigenden Ton hinzuzufügen: „Aber es ist ja Euer Wunsch, dass ich über diese Dinge mit dem Vater reden soll. Eines möchte ich Euch aber wissen lassen – Ihr habt Euch vermutlich gefragt, warum ich so viel Interesse an dieser Sache habe, die bereits lange zurückliegt?"

In der Tat war Maria verwundert, warum ein gräflicher Bediensteter sich mehrfach auf den Weg machte, um die Schandtaten eines längst verstorbenen Schurken aufzudecken.

Hanco Lodewig sprach weiter: „Wisst Ihr, Maria, wir haben, wenn man so will, gewisse Gemeinsamkeiten."

Beim letzten Gespräch vor gut einem Jahr war man übereingekommen, die Vornamen auszusparen. Es irritierte die junge Frau, dass Lodewig nun doch die unerwünschte, zu vertraut wirkende Ansprache wählte. Der zweite Teil des Satzes machte sie jedoch neugierig. Fragend sah sie ihr Gegenüber an.

Dieser begann, zunächst langsam und jedes Wort abwägend, mit einer Erklärung. Körperhaltung und Mimik deuteten darauf hin, dass es eine umfangreiche Erzählung werden könnte.

„Ich bin ab dem siebten Lebensjahr nicht bei meinen leiblichen Eltern aufgewachsen. Erst als mein Vater, besser gesagt Stiefvater, nicht mehr unter uns weilte, hat meine Mutter mir Genaueres über meine Herkunft gebeichtet. Ich wurde gekauft, weil die Ehe ungewollt kinderlos blieb. Den Handel haben ähnliche Kreise wie die um de Beer eingefädelt. Meinem leiblichen Vater war ich im Weg, er war verheiratet und ich war das Ergebnis eines außerehelichen Verhältnisses, von dem keiner wissen durfte."

Als hätte er ein Geständnis abgelegt, das befreiend wirkte, atmete Lodewig durch. Dann sprach er weiter: „Ich habe es gut getroffen. Die Menschen, die für mich Vater und Mutter waren, gehörten zu den gehobenen Kreisen. Da sie zugezogen waren, ahnte niemand, dass der kleine Junge an ihrer Seite nicht das eigene Kind war. Mutter war eine gutherzige Frau und der Vater war streng, aber gerecht. Er war Advokat und ein Vertrauter der Grafenfamilie. Aus diesem Grund war ich auch des Öfteren mit ihm auf den gräflichen Anwesen in Greetsiel, Aurich oder Emden. Es waren Treffen, bei denen der frühere Graf Edzard den Rat meines Vaters suchte, also keine offiziellen Anlässe. Schließ-

lich waren wir keine Adeligen. In den Höfen der Burgen habe ich als Kind mit den jungen Grafen gespielt. Kinder sind eben Kinder, sie unterscheiden nicht nach Stand oder Herkunft."
Maria hörte aufmerksam zu. Nach einem weiteren Schluck fuhr der Besucher fort: „Insbesondere mit dem jungen Grafen Enno habe ich mich gut verstanden. Die Grafenfamilie hat dann meinen Vater ermutigt, mich auf den besten Universitäten die Rechte studieren zu lassen. Schon Graf Edzard hatte den Wunsch, dass ich in seinen Dienst trete. Sein Sohn Enno wünscht, dass ein frischer Wind in die Gerichtsbarkeit kommt. In seiner Gemahlin, Gräfin Anna, hat er dabei eine starke Verbündete. Eine fromme, kluge Frau, die für Ordnung und Gerechtigkeit eintritt. Als Sekretär habe ich einen guten Überblick und berichte dem Grafen alles Wesentliche. Wer weiß, vielleicht wartet auf mich bald eine Beförderung."
Hanco Lodewig sah auf und konnte den fragenden Gesichtsausdruck der jungen Frau deuten, die ihm gegenübersaß. ‚Warum, um Himmels willen, erzählt ein gräflicher Bediensteter einem einfachen Mädchen vom Land nahezu seine ganze Lebensgeschichte, die zudem noch pikante Einzelheiten enthält?'
Lodewig erklärte: „Wisst Ihr, Jungfer Smeeder, in den Kreisen, in denen ich mich bewege, muss ich meine Worte abwägen. Ihr hingegen habt Ähnliches erlebt, allerdings umgekehrt. Bei mir waren die ersten Lebensjahre die Hölle auf Erden. Meiner leiblichen Mutter war ich ein Dorn im Auge und sie hat mich das täglich spüren lassen. Näheres will ich Euch ersparen."

Die Schilderungen hatten Maria aufgewühlt und unversehens traten Tränen in ihre Augen. In rasend schneller Abfolge zeigten sich die Bilder der schlimmsten Zeit ihres Lebens vor ihrem inneren Auge. Ein Blick zu ihrem Gesprächspartner löste eine weitere Befürchtung aus.
Sie spürte, dass Lodewig ihre Reaktion wahrgenommen hatte. Seine Körpersprache verriet, dass er im Begriff war, sie trösten

zu wollen. Würde er sie anfassen? Da war keine Angst vor Gewalt, aber die Vorstellung, er würde ihre Hand ergreifen oder ihre Schulter berühren, ließ sie schaudern. Dabei wusste sie, wie wohltuend Berührungen sein konnten. Nahezu täglich nahm ihre Mutter sie unvermittelt in den Arm, etwas, das sie früher kaum gemacht hatte. „Ja, du bist da, du bist wirklich wieder da", schien diese Geste auszudrücken. In den Momenten, wenn die Traurigkeit sie übermannte, ergriff Vater Tyke mit seinen großen Händen ihre Schultern und richtete sie auf. Dann wartete er, bis ihr Blick nach oben wanderte und ihre Augen sich trafen. Ein Ritual, das die immer noch fragilen Säulen, auf die ihr Vertrauen gründete, wieder stabilisierte. Alles das wusste sie und ihr Verstand signalisierte ihr, dass von dem Besucher keine Gefahr ausging. Doch welche Macht hatte der Verstand, wenn er von einem Gefühl, das von einem Schleier aus bösen Erfahrungen gebildet wurde, zugedeckt war? Berührungen fremder Männer bedeuteten für sie Schmerz und Erniedrigung, sie erzeugten Ekel und Angst.

Wild und zerstörerisch hatten diese Gedanken Marias Kopf durchzogen und das alles in wenigen Sekunden. Sie hatte Signale ausgesandt und diese hatten den aufmerksamen Lodewig erreicht.

Er war bereits aufgestanden, jetzt setzte er sich, wahrte den erforderlichen Abstand.

Maria war dies nicht entgangen und sie fand ihre Fassung wieder.

Gequält lächelte sie und stammelte entschuldigend, indem sie auf ihre Augen zeigte: „Ist nur die Sonne."

„Die Sonne?" Ein Lächeln, dem eine Spur Belustigtes anhaftete, traf Maria.

Sie sah ein, dass es unglaubwürdig klang. Die Sonne sorgte zwar für eine angenehme Wärme, konnte das dichte Dach aus Kastanienblättern aber nicht durchdringen.

„Ich muss mich entschuldigen, mit meinem Gerede habe ich Euch traurig gemacht. Das ist unverzeihlich!“ Der Besucher fand die richtigen Worte, aber das Gespräch war verebbt.
Erlösung nahte in dem Moment, als unter dem Grün des Baumes Sprachlosigkeit drohte. Ein lautes Rumpeln von Wagenrädern auf der gepflasterten Hofeinfahrt kündigte die Heimkehr des Hausherrn und seiner Frau an.
Da die Zeit drängte, kamen Tyke Smeeder und Hanco Lodewig schnell auf das entscheidende Thema zu sprechen. Der Schmied berichtete über den Fund im Haus von de Beer und über seine Vermutung, dass es sich um Diebesgut handeln würde. „Wir können morgen nach Sonnenaufgang aufbrechen, dann könnt Ihr Euch selbst ein Bild machen“, bot er an.
Der Gerichtssekretär winkte ab: „Dafür braucht es Zeugen, die über jeden Verdacht erhaben sind. Stellt Euch vor, Ihr oder ich würden in den Verdacht kommen, Wertgegenstände an uns genommen zu haben! Ich werde um eine Begleitung nachsuchen. Da es sich, so wie Ihr vermutet, um beträchtliche Werte handelt, muss auch der Transport gesichert werden. Vermutlich wird er von bewaffneten Kräften begleitet.“
Diese Aussage bestärkte Tyke darin, dass er sich richtig entschieden hatte. Das Wissen um den schmutzigen Nachlass seines Schwagers hatte ihn belastet. Ob die rechtmäßigen Besitzer gefunden und entschädigt wurden, lag nicht in seiner Hand. Dafür hatte ein ordentliches Gericht zu sorgen. Lodewigs umsichtige Handlungsweise beruhigte ihn ebenfalls. Er konnte davon ausgehen, dass man ihn nicht zu Unrecht beschuldigen würde.
Nunmehr war es an dem Besucher, nicht minder Überraschendes preiszugeben. Wie so oft, wenn er etwas zu erklären hatte, begann er mit abgewogenen Worten: „Zunächst ist da die Tatsache, dass es sich bei dem Mann, über den wir sprechen, nicht um Elger de Beer handelt. Ein Mann mit diesem Namen ist bei Streitereien im Groningerland vermutlich zu Tode gekommen und

Euer Schwager hat aus naheliegenden Gründen dessen Identität angenommen."
Hanco Lodewig unterbrach sich selbst. Er schaute um sich und blickte in drei verständnislose Gesichter. Er erkannte, dass man Erklärungen von ihm erwartete. Also sprach er weiter: „Den richtigen Namen darf ich nicht nennen, aber dieser Mann hatte ursprünglich eine gehobene Position bei Gericht. Er galt als scharfsinnig und erfolgreich, zeigte aber auch eine unbarmherzige Härte, hatte er jemanden in seinen Fängen. Allerdings war er auch gierig und ließ sich auf unseriöse Geschäfte ein. Als man ihm auf die Schliche kam, ist er vermutlich in einer spektakulären Art und Weise abgetaucht. Eines Tages stand sein Haus in Flammen und in den Trümmern fand man eine verkohlte Leiche. Jeder musste annehmen, dass der Hausherr tot sei. Wahrscheinlicher ist, dass auf einem Friedhof in der Nähe ein leerer Sarg beerdigt wurde und es sich somit um eine fremde Leiche handelte. Der Mann, den Ihr Elger nennt, hatte gerade geheiratet und seine Frau war schwanger. Sie heiratete kurz nach dem vermeintlichen Ableben ihres Mannes einen angesehenen Bürger. Der Sohn, der wenig später geboren wurde, war somit ein leibliches Kind Eures Schwagers. Man muss davon ausgehen, dass der neue Ehemann Kenntnis davon hatte. Weitere Kinder gingen aus dieser Ehe nicht hervor. Als dieser Mann Jahre später starb, stellte sich heraus, dass seine üppige Lebensweise auf einem Berg von Schulden gegründet war. Gläubiger fielen über die arme Frau her wie ein Schwarm Heuschrecken und sie war gezwungen, alles zu veräußern, was einen größeren Wert hatte. Sie hat dann den Lebensunterhalt für sich und den Sohn dadurch verdient, dass sie Gesellschafterin einer betuchten Bürgerin wurde.

Bevor sie vor einigen Wochen starb, hat sie die Tochter dieser Dame mit einer, wie sagt man, Lebensbeichte, überrascht. Diese wollte das Geheimnis nicht mit sich herumtragen und hat den

Behörden alles berichtet. Ohne diese Aussage hätte das Gericht möglicherweise niemals die Machenschaften aufgedeckt."
Stille breitete sich aus. Alle mussten das Gehörte erst einmal zuordnen.
Kea hatte das, so wie es schien, als Erste geschafft und stellte eine Frage: „Woher weiß man denn, dass es sich dabei um Heskes Mann handelte?"
„Er wurde erkannt. Nachdem er sich vermutlich jahrelang außerhalb der Grafschaft herumgetrieben hatte, kehrte er mit neuem Namen zurück. Mindestens doppelt so schwer wie früher und mit einem vernarbten Gesicht glaubte er wohl, er könne unerkannt bleiben. Statt eines feinen Gehrockes trug er nun Bauernkleidung und lebte auf dem Land. Allerdings führte er ein Doppelleben. In der Stadt traf er sich mit einer alten Seilschaft von zwielichtigen Gestalten. Dabei soll er wiederholt im feinen Zwirn gesehen worden sein – eben von seiner früheren Frau."
„Und sie hat ihn nicht angezeigt?", Kea hakte nach.
„Nein, sie hatte vermutlich die Hoffnung, für den Sohn ein Erbteil retten zu können. Den hat sie eingeweiht und er hat seinen leiblichen Vater zur Rede gestellt. Ich vermute, dass er dabei nichts erreicht hat. Er wurde dann Seemann."

Tyke überlegte laut: „Erinnert Ihr Euch, dass Magda sagte, sie habe einen jungen Mann auf dem Hof gesehen, der mit Elger in Streit geraten ist? Vermutlich war das der Sohn. Daher hat Heske auch nicht zugegeben, dass ihr Mann tot ist, aus Angst, das Erbe zu verlieren."
Lodewig lachte auf: „Der wird sich hüten, sein Erbe geltend zu machen. Auch über den wissen wir einiges. Er hat das Kommando über ein Piratenschiff des Junkers Balthasar bekommen, obwohl er nicht über die nötige Erfahrung verfügte! Mehrere Bremer Handelsschiffe hat er aufgebracht und dabei gegen nahezu alle Gesetze verstoßen – Seerecht, Kriegsrecht – um nur ein paar zu nennen. Falls er noch lebt, ist er vermutlich in den

spanischen Kolonien. Seine Spur verliert sich im Hafen von Amsterdam. Von dort aus soll er sich auf den Weg nach Spanien oder Portugal gemacht haben. Sicher ist aber auch das nicht. In dem Moment, in dem er auch nur einen Fuß auf ostfriesischen Boden setzt, besiegelt er sein eigenes Todesurteil."

Da es bereits später Nachmittag war, machte Lodewig sich auf den Weg. Das Tageslicht würde noch ausreichen, um die Stadt ohne Gefahr zu erreichen. Fürs Erste war alles geklärt. Seine eindringliche Warnung, auf keinen Fall die Witwe des vermeintlichen de Beer zu unterrichten, war überflüssig. In einigen Tagen würde er in Begleitung wiederkehren, dann könnte zumindest das Thema des fragwürdigen Erbes von Elger de Beer abgeschlossen werden.

# Dunkle Wolken

## Hude im Herbst 1538

Während bei der Familie Smeeder im Ostfriesischen eine gewisse Anspannung um sich griff, weil man die Übergabe des Diebesgutes hinter sich bringen wollte, plagten die jüngste Tochter Magda im fernen Hude ganz andere Sorgen.
Nacheinander erkrankten alle Familienmitglieder an einer rätselhaften Infektion, die mit Husten und hohem Fieber einherging. Zuerst erwischte es Magda, die jedoch die Krankheit schnell überwand. Ihre größte Sorge, dass bei ihr der Milchfluss versiegen könne, erwies sich als unbegründet. Der kleine Jakob nahm zwar schon zusätzliche Nahrung zu sich, aber zum Entwöhnen war er noch nicht groß genug. Kaum konnte die junge Mutter wieder mit Mühe ihren Haushalt versorgen, lagen Ulf, Anna und Borchard wochenlang danieder. Nicht selten, wenn Magda ihren Mann im Fieberwahn fantasieren hörte oder sein nassgeschwitztes Bettzeug wechseln musste, befürchtete sie das Schlimmste. „Lieber Gott, lass ihn nicht sterben!", flehte sie ein ums andere Mal. Als ihre Schwiegereltern sich bereits erholten, war Ulfs Zustand noch immer bedrohlich. Dann griff die Krankheit auch noch nach dem Sohn. Tagelang wurde sein kleiner Körper von Fieberkrämpfen durchgeschüttelt, die jedes Mal damit endeten, dass er, vor Hitze glühend, nahezu regungslos in seinen Kissen lag.
In ihrer Verzweiflung suchte die Familie Rat bei einem Bader. Dieser entpuppte sich als raffgieriger Quacksalber. Seine Kräuter und Tinkturen erwiesen sich allesamt als wirkungslos. Für die überteuerten Mittel wurden die letzten Ersparnisse aufgebraucht.

Auch Gott schien für die verzweifelten Hilferufe einer jungen Mutter unerreichbar zu sein.

Als niemand mehr ernsthaft Hoffnung für den Kleinen hegte, besserte sich sein Zustand. Magda sah das als eine Bestätigung, dass ihre Gebete doch erhört worden waren.

Noch von der Krankheit geschwächt und viel zu spät machte sich die Familie daran, die Felder abzuernten. Das Korn, das zu Garben aufgestellt, auf dem Feld trocknen sollte, wurde von Regengüssen durchnässt und wuchs aus. Als es Wochen später eingefahren werden konnte, war es nahezu wertlos. Auch die übrige Ernte brachte in diesem Jahr lediglich einen geringen Ertrag.

Ein gemästetes Schwein musste verkauft werden, um Schulden zu begleichen und ein Fuchs suchte bei Nacht und Nebel den Hühnerstall heim. An einem frühen Herbsttag kam Ulf vor Verzweiflung weinend aus dem Stall: „Die Sau hat einen ganzen Wurf toter Ferkel geboren", schluchzte er. „Zwei davon haben sich noch kurz bewegt, aber dann sind auch sie verendet."

Die Lage war schlichtweg zum Verzweifeln. Nur ein Wunder konnte noch dafür sorgen, dass die kleine Hofstelle zu halten war. Im Winterhalbjahr waren keine Erträge mehr zu erwarten. Die Erntevorräte würden kaum für das noch verbliebene Vieh ausreichen.

Familie Kruse musste sich darauf einstellen, dass es für Monate nur Rüben und Hülsenfrüchte zu essen gab. Deftige Einlagen, die Anna so gerne auf den Tisch brachte, würden die Ausnahme bleiben.

Spätestens im Frühjahr galt es zu entscheiden, wie es weitergehen sollte.

„Wir werden Niklas um Rat fragen müssen", sprach Magda aus, was den anderen Familienmitgliedern wahrscheinlich auch durch den Kopf gegangen war.

Es fiel Borchard und Ulf nicht leicht, ihr Scheitern einzugestehen, aber dennoch machten sie sich auf, um bei dem Verwalter des benachbarten Gutes um Rat zu fragen.

Niklas war ein guter Freund, aber als Verwalter war er auch gehalten, die Interessen des Gutsbesitzers zu wahren. Er tat sich schwer mit der Antwort: „Ich kann euch einen Kredit verschaffen, wenn ihr dem Gut Eure Ländereien verpfändet, da würde sich der Besitzer nicht sträuben. Allerdings verschafft euch das auch nur eine Verschnaufpause."
Es war Niklas anzusehen, dass er angestrengt über andere Lösungen nachdachte. Sein mehrfaches Kopfschütteln war ein Beleg dafür, dass ihm sein Gehirn diese nicht offenbarte. „Ihr seid gute Freunde, also ein ganz offenes Wort", begann er, sorgsam abwägend, seine Überlegungen kundzutun.
„Magda hat hier schon früher gearbeitet, als das Gut noch zum Kloster gehörte. Ich könnte ihre Hilfe auch jetzt gut gebrauchen, aber ..." die längere Pause signalisierte den anderen, dass sich Niklas schwertat, offen zu reden. Er sah Ulf direkt an: „Damals war sie alleine, jetzt hat sie ein Kind und es geht um eine ganze Familie. Ich kann dem Besitzer nicht vermitteln, fünf Mäuler zu stopfen, weil ich eine Arbeitskraft gebrauchen kann. Es tut mir leid, Ulf, aber da du humpelst, kannst du bei den anderen nicht mithalten. Und du, Borchard bist ein kluger Kopf, aber leider kein Landarbeiter. Was Anna angeht – für eine Frau in ihrem Alter habe ich keinen Platz. Es klingt alles sehr furchtbar, aber denkt einmal darüber nach, Euren Hof zu verkaufen. Vielleicht könnt ihr zusammen etwas Neues anfangen."
Betretene Stille füllte den Raum, bevor Borchard eine Antwort fand. Seine Stimme klang brüchig: „Es stimmt, du bist wirklich ein Freund. Du hast klare Worte gewählt. Wir haben auch alle zusammen über diese Möglichkeit nachgedacht. So eine Entscheidung fällt schwer. Umso mehr, wenn man nicht weiß, wie es danach weitergeht. Danke!"
Niklas räusperte sich: „Gudrun und ich fahren nächste Woche ins Westfälische, wir wollen meinen Bruder Simon und seine Familie besuchen. Simon kommt viel herum, möglicherweise hat er einen Rat für euch. Ich halte die Ohren offen, auch hier bei den

Leuten im Umland. Noch eins – niemand soll sagen, dass ich meine Nachbarn verhungern lasse! Wenn es zu arg wird, dann meldet euch bei mir."

Die Monate, die auf „r" endeten, waren angebrochen. Die länger werdenden Abende, die sie teils im Dunkeln, teils vom schwachen Talglicht erhellt verbrachten, drückten aufs Gemüt. Bei den Kruses kam kaum ein Gespräch auf und die wenigen Worte, die gewechselt wurden, drehten sich meistens um eine Frage: War die Hofstelle noch zu retten? Magda war bewusst, dass sie die Stärkste in ihrer Runde war. An ihr war es, den anderen Mut zu machen. Tagsüber meisterte sie diese Aufgabe in der Regel mit Bravour; reichlich Arbeit sorgte zudem dafür, sich abzulenken. Nachts jedoch übermannten sie düstere Gedanken, ließen sie stundenlang wachliegen. Wieder und wieder rechnete sie, ging alle Möglichkeiten durch und kam dennoch jedes Mal zu dem Ergebnis, dass es am Ende nicht reichen würde.

Ein paar quälend lange Wochen waren so vergangen, als an einem frühen Nachmittag Niklas mit seiner Frau Gudrun und ihren beiden Kindern der Familie einen Besuch abstattete. Sie hatten die Reise nach Gravenhorst gesund hinter sich gebracht und warteten mit Neuigkeiten auf.

Der dreijährige Anton und seine anderthalbjährige Halbschwester bestaunten den kleinen Erdenbürger Jakob, der friedlich in Großmutter Annas Arm schlummerte. Für die anderen ergab sich so die Gelegenheit für ein Gespräch. Erneut dauerte es eine gefühlte Ewigkeit, bis Niklas kundtat, was er in Erfahrung gebracht hatte.

„Ihr wisst doch, dass Simon und Benedicta eine Grangie leiten", so lautete sein wenig überraschender einleitender Satz. Ahnend, dass wichtigere Informationen folgen würden, warteten seine Zuhörer gespannt auf die weiteren Ausführungen. „Die Grangie gehört zum Kloster Gravenhorst, einem Nonnenkloster. Wie früher hier in Hude, gehört auch eine Braustätte zum Kloster."

Eine Vorahnung, in welche Richtung sich das Gespräch entwickeln würde, ließ die Familie aufmerksam werden. Die knisternde Spannung übertrug sich sogar auf die eben noch fröhlich plappernden Kinder. Alle starten gebannt auf Niklas, der nun weiterredete: „Der jetzige Brauer ist sehr betagt und seine Helfer sind nicht gut ausgebildet. Die Äbtissin findet aber keinen Nachfolger. Anna und Ulf kennen sich in der Bierbrauerei aus und zusammen mit Magda könnten sie die Braustätte wieder auf Vordermann bringen." Im ersten Moment fiel niemandem auf, dass er Borchard mit keinem Wort erwähnt hatte. Erst als sein Blick den ehemaligen Mönch traf, ergänzte er: „In den umliegenden Bauernschaften suchen die Menschen immer mal jemanden, der ihnen amtliche Schreiben vorliest oder Schriftstücke aufsetzt. Ich denke, auch für dich gäbe es genügend zu tun."

Niklas' Mitteilungen verfehlten ihre Wirkung nicht. Die gesamte Familie dachte nach.

Immer wieder war die Möglichkeit, den Hof aufgeben zu müssen, in ihren Köpfen gewesen. Bislang eine vage Vorstellung, die jetzt reale Züge annahm. Auch das „Danach" – ein bislang verschwommenes Gebilde – hatte nunmehr eine klare Form angenommen. Eine Chance tat sich auf. Eine Wendung zum Besseren könnte es sein. Nur ging diese Möglichkeit auch mit neuen Befürchtungen einher. Ein Neuanfang in der Fremde, das hatte bislang in ihren Überlegungen noch keinen Platz gehabt. Allesamt waren sie bodenständige, sesshafte Menschen.

Borchard hatte vor seinem Eintritt in den Orden im benachbarten Bremen gelebt. Für seine Frau Anna und Sohn Ulf war Hude und das nahe Umland der Heimatort seit ihrer Geburt.

Lediglich Magda, in Ostfriesland geboren, war zugezogen. Dabei war es ausgerechnet sie, bei der sich neue zarte Triebe der Verbundenheit mit ihrer neuen Heimat ausbildeten, die sich am meisten vor einer solchen Veränderung fürchtete. Dass sie hier geliebt und gebraucht wurde, hatte ihr ermöglicht, weitab von ihrem Zuhause neue Wurzeln zu schlagen. Die Eltern und ihre

Schwester höchstens einmal im Jahr zu sehen, war unter diesen Umständen noch erträglich. Was aber, wenn sich der Plan von Niklas umsetzen ließe? Bereits jetzt benötigte sie für eine Reise zu den geliebten Menschen bis zu drei Tage. Von Westfalen aus dauerte sie vermutlich eine Woche. Länger, gefährlicher und beschwerlicher und vor allen Dingen seltener wäre sie dann nur noch möglich.

Die Stille im Raum wirkte drückend. Alle Anwesenden hatten ähnliche Überlegungen wie Magda angestellt.

Ausgerechnet der wortkarge Borchard ergriff das Wort: „Vorausgesetzt, es kommt so, wie du es gesagt hast, Niklas, bis wann müssen wir uns entscheiden?"

„Ein Bote wird in gut einer Woche aufbrechen", sagte Niklas. „Er muss verschiedene Dokumente für Simon mitnehmen. Dabei könnte er die Äbtissin darüber informieren, ob ihr überhaupt diesen Schritt gehen wollt. Wäre gut, wenn er ein Schriftstück dabei hätte. Je nachdem, wie sie entscheidet, müsstet ihr im Frühjahr aufbrechen. Vorher muss noch viel geregelt werden. So lange wird die Brauerei wie bisher weiterlaufen können. Simon stellt notfalls noch einen Knecht bereit, der dort aushilft."

„Gut", antwortete Borchard in einem sachlichen Ton, „in spätestens drei Tagen hörst du von uns. Wenn wir bis dahin nicht zu einer einheitlichen Meinung kommen, heißt die Antwort Nein."

Nicht drei, sondern nur einen Tag hatte es gedauert, bis die Familie Kruse sich entschieden hatte. Keine erfolgversprechende Alternative vor Augen, würden sie das Wagnis eingehen und ihrer Heimat den Rücken kehren.

Ein Schriftstück, aufgesetzt von Johann von Haselünne, dem ehemaligen Prior des Klosters, wurde Simon tags darauf übergeben. Es war eine Art Empfehlung, mit der die Äbtissin sich ein Bild über die Familie machen konnte. Neben den charakterlichen Eigenschaften lobte von Haselünne auch ausdrücklich die Qualität des von Anna und Ulf Kruse gebrauten Gerstensaftes.

Der reitende Bote bekam die Order, sich zu beeilen. Somit konnte man die Antwort in ein bis zwei Wochen erwarten.

Da sich der Herbst von seiner sonnigen Seite zeigte, fassten Ulf und Magda einen kühnen Entschluss. Sie wollten Tyke und Kea Smeeder besuchen und sie auf die möglichen Veränderungen vorbereiten. Auf die Rückkehr des Boten konnten sie dabei nicht warten. Das Risiko, dass ein Wetterumschwung sie auf dem Weg in Schwierigkeiten bringen würde, war zu groß.
Schon im Morgengrauen des nächsten Tages war die Stute Lisa angespannt und der kleine Wagen rollte in nordwestliche Richtung.

# Abschied

## Ostfriesland im Herbst 1538

Alles ging zügig und gegen Mittag des dritten Reisetages erblickte Magda die kleine Schmiede. Aber was war das, was sie zu sehen bekam? Vom Haus weg bewegte sich eine Schar von dunkel gekleideten Menschen – ein Trauerzug!

Alles war schnell gegangen. Tyke Smeeder hatte vor seiner Schmiede ein Pferd beschlagen, ein gutartiges Tier, dem er schon öfter neue Hufeisen verpasst hatte.

Urplötzlich hatte es ausgeschlagen. Vermutlich, weil eine Bremse, die noch in der Herbstsonne ihre Bahnen zog, dem Wallach einen schmerzhaften Stich versetzt hatte. Der Schmied wurde so unglücklich an der Schläfe getroffen, dass er Minuten später verstarb. Ein Schicksalsschlag, den weder Kea noch Maria bislang in seiner vollen Tragweite begriffen hatten. Ein Bote war auf dem Weg nach Hude, aber er war nicht rechtzeitig vor der Abreise der jüngsten Tochter eingetroffen.

Nun folgte diese zusammen mit ihrem Ehemann und dem kleinen Sohn ihrem Vater auf seinem letzten Weg. Über Konfessionsgrenzen hinweg bildete sich eine große Trauergemeinde, um sich von dem beliebten Schmied zu verabschieden.

Als alle anderen gegangen waren, saßen die Witwe, ihre Töchter und der Schwiegersohn in der kleinen Küche zusammen. Obwohl es so viel zu regeln gab, fiel es allen schwer, Worte zu finden. Ohne eine Vorwarnung war das Unfassbare über sie hereingebrochen.

Dabei hatte sich in den Wochen vor Tykes Tod so Vieles zum Besseren gewendet.

So war der Gerichtssekretär Lodewig zusammen mit einem Gefolge aus Bediensteten vor einigen Wochen eingetroffen, um die Hinterlassenschaften von Elger de Beer abzuholen. Gräfliche Behörden sollten über die Verwendung entscheiden. Insbeson-

dere der Hausherr selbst hatte darauf gebrannt, diese Angelegenheit ein für alle Mal hinter sich zu bringen.
Lodewig hatte die Vorgehensweise erläutert: „Wir fahren zusammen zu dem besagten Haus. Ich werde die Witwe davon in Kenntnis setzen, dass wir dort Güter vermuten, die durch Straftaten beschafft wurden.“ Dann hatte er sich direkt an den Schmied gewandt: „Ihr müsst uns zu dem Versteck führen und dafür sorgen, dass es geöffnet wird. Alles, was es mit der Witwe zu bereden gibt, überlasst Ihr mir.“
Stunden später erreichte der Tross das Haus von Heske. Beim Anblick der ankommenden Männer hatte sie sich derart erschrocken, dass sie sich nur mit Mühe auf den Beinen halten konnte. Nachdem sie die Tür entriegelt hatte, stützte sie sich im Türrahmen ab. Hanco Lodewig ließ sich nicht von der jämmerlichen Erscheinung beeindrucken. Seine Anordnungen trug er im deutlichen, aber auch scharfen Ton vor. Ein zaghaftes Kopfnicken reichte ihm als Bestätigung, dass er verstanden worden war.
An die Fülle der Schätze, die sich in den Truhen befand, musste sich selbst der erfahrene Sekretär gewöhnen. Sonst jederzeit zu einer Ansprache mit geschliffenen Worten imstande, fehlten ihm diese in diesem Moment. „Damit habe ich nicht gerechnet“, entfuhr es ihm.
Ein Herr in einer noblen Uniform, der sich nicht namentlich vorgestellt hatte, nahm Tyke zur Seite.
„Es ehrt Euch, dass Ihr nicht der Versuchung erlegen seid, das Diebesgut an Euch zu nehmen.“ Dann fügte er hinzu: „Außerdem war es eine kluge Entscheidung: Mit Ausnahme von einigen gängigen Münzen hättet Ihr nichts davon in Umlauf bringen können. Ihr hättet Euch damit verdächtig gemacht.“
Lodewig stellte sich dazu und bemerkte: „Würde man den wahren Eigentümer kennen, hättet Ihr mit einem Finderlohn rechnen können. So wie es aussieht, wird alles in Obhut der gräflichen Verwaltung gegeben werden. Wie soll man die Eigentümer ermitteln?“

Der Schmied hatte es nicht anders erwartet. Eine Sache beschäftigte ihn dennoch: „Was ist mit den geweihten Sachen? Wird die Kirche sie zurückbekommen?"
Lodewig sah den anderen Mann fragend an. Dieser räusperte sich vernehmlich, bevor er achselzuckend antwortete: „Das liegt nicht in meiner Entscheidung. Es ist zu vermuten, dass diese Dinge dort verwahrt werden, wo sich auch andere Kirchengüter befinden."
Selbst beim einfachen Volk hegte man den Verdacht, dass sich die Grafenfamilie und deren Günstlinge an den beschlagnahmten Kirchengütern bereichert hatten. Durch die Antwort wurde das nicht bestätigt, aber zumindest in den Raum gestellt.
Um möglichst schnell vom Thema abzulenken, wandte sich der Uniformierte erneut an Smeeder: „Ihr seid ein tüchtiger Handwerker. Ich kann Euch versichern, dass es Euch künftig nicht an Arbeit mangeln wird."
Sein Gegenüber verstand. Aufträge aus dem Umfeld der Verwaltung zu erhalten, war nicht das Schlechteste. Vermutlich müsste er auch nicht, wie mit den Bauern, um jeden halben Schap feilschen. Er hatte sich richtig entschieden. Ehrlichkeit und solide Arbeit zahlten sich am Ende aus.
Als alles verladen war, hatte Lodewig jedoch noch eine Frage: „Wie seid Ihr auf das Versteck gestoßen und woher hattet Ihr diesen sonderbaren Schlüssel. Ich meine den mit den Pfoten?"
Tyke Smeeder erzählte mit knappen Worten von der Begegnung mit dem älteren Nachbarn.
Lodewig glaubte ihm: „Gut, den alten Mann kann ich auch noch befragen, aber das hat keine Eile. Der Fund hier spricht ohne Zweifel für sich und alles andere wird sich regeln lassen."
Aus der Reaktion konnte man entnehmen, dass er keine Lust verspürte, einen alten Mann zu verhören, der sich womöglich dabei noch selbst belastete.
Mehr zu sich selbst als zu seinem Gesprächspartner murmelte er dann: „Alle Schriften und auch die Gegenstände werden genau-

estens begutachtet. Möglich, dass sie uns dabei helfen, weitere Straftaten aufzudecken."

Die noblen Herren schienen Wort zu halten. Eine Woche später brachte ein Fuhrknecht eine ganze Wagenladung hölzerner Truhen. Der Auftrag für die Schmiede: Sie sollte massive Bänder und Schlösser für die Behältnisse fertigen. Tyke nannte den Preis für seine Arbeit und erntete keinen Widerspruch. Ohnehin gut mit Arbeit versorgt, konnte der Schmied mit Zuversicht in die Zukunft blicken.

Auch Hanco Lodewig ließ sich einige Tage später erneut blicken. Er hatte einen kleinen Lederbeutel mit einigen beschädigten Schmuckstücken dabei, Ketten und Ringe, überwiegend aus Silber. „Ihr könnt diese kleine Anerkennung unbesorgt annehmen", ermutigte er den Schmied. „In dem Zustand hat das Geschmeide für die rechtmäßigen Eigentümer keinen besonderen Wert. Ihr als Fachmann könnt die Metalle bestimmt sinnvoll verwenden."

Zur Bestätigung überreichte er auch ein behördliches Schreiben und las dieses der Familie vor. Somit schien alles in Ordnung zu sein. Wer die neuen „rechtmäßigen Eigentümer" waren, blieb indes im Dunkeln. Tyke Smeeder hatte da so einen Verdacht …

Seine muskulösen Schmiedehände waren für die Bearbeitung der filigranen Schmuckstücke denkbar ungeeignet. Dennoch wusste er, wem er mit dem besonderen Finderlohn eine Freude machen könnte.

Der Alltag, die ganz normalen Abläufe, hatte die Familie fest im Griff. In der Schmiede arbeiteten neben dem Meister auch noch ein Geselle und ein Lehrjunge. Nicht selten gesellte sich Maria zu den Männern. Wie früher als Kind half sie ihrem Vater gerne. Geschickt fertigte sie die kleineren Werkstücke wie Kettenglieder und Ringe für die Zügelführung beim Pferdegeschirr. Erstaunte Blicke von Kunden, die sich über eine junge Frau am Amboss wunderten, quittierte der Vater mit einem verschmitzten Grinsen. Vermutlich hatte er sich einen Sohn gewünscht, einen Nachfolger für den Handwerksbetrieb. Niemals hatte er das jedoch auch nur mit einer Silbe erwähnt. Er freute sich über die Gegenwart der großen Tochter. In dem kleinen Haushalt war ohnehin nicht genug Arbeit für zwei erwachsene Frauen. Kea hatte ihre eigene Ordnung und ließ sich nicht gerne in ihre Aufgaben hineinreden.

Mitten in diese nahezu idyllische Normalität war sie hereingebrochen: die Tragödie, die mit ihrer zerstörerischen Wucht die ganze Familie in Leid, Fassungslosigkeit und Trauer stürzte.
Dass Magda zusammen mit Mann und Kind den Kreis der Trauernden komplettierte, tröstete Kea und Maria, aber der Grund ihres Auftauchens bereitete auch Sorgen.

Weit entfernt voneinander würden die Familienmitglieder künftig leben. Zumindest stand diese Möglichkeit im Raum. Ob sie sich in dieser Runde wiedersehen würden, lag in der Hand des Allmächtigen. Schwer lastete diese Vorstellung auf den Seelen. Gerade jetzt hätten sie alle die liebende und verbindende Hand des Ehemanns und Vaters gebraucht. Das stärkste Glied in ihrer Kette fehlte. Diese traurige Gewissheit wurde von Stunde zu Stunde deutlicher.
Traurig, aber versorgt mit Segenswünschen, nahm Magda Abschied von Mutter und Schwester. Sie spürte die Kraft der sie begleitenden Gebete. Anstrengende Tage lagen vor dem jungen Paar. Das Erlebte ließ kein Gespräch aufkommen. Gerne hätte Ulf seine Frau getröstet, aber kein geeignetes Wort wollte seine Lippen passieren. Lediglich die staunenden Blicke und Laute in noch unverständlicher Sprache des kleinen Jakob sorgten hier und da für ein kleines Lächeln bei Magda. Ihr Sohn spürte aber wahrscheinlich auch, dass sich Magda verändert hatte. Noch enger als sonst schmiegte er sich mit seinem zarten, wärmenden Gesicht an das seiner Mutter. Eine rührende, liebevolle Geste, die ihre Wirkung nicht verfehlte.

Auf dem langen Weg zurück nach Hude zeigte sich die Natur noch einmal von ihrer schönsten Seite. Im besonderen Licht eines lauen Frühherbstes hob sich rötliches und goldfarbenes Laub vom intensiven Blau des Himmels ab, an dem einzelne graue Wolken eilig vorüberzogen. Indes konnte diese Farbenpracht die Gemüter der Reisenden nicht erreichen. Dunkle Wolken, geformt aus Sorge und Trauer, trübten den Blick für die Farbenpracht der Schöpfung. Nach zwei Tagen sonnigen, warmen Wetters zeigten sich am Horizont Regenwolken. Als sie die junge Familie erreichten und ihre nasse Fracht über ihr zu entladen begannen, war der heimatliche Hof zum Glück in Sichtweite. Ein weiteres Mal hatten alle, Mensch und Tier, die anstrengende Tour schadlos überstanden.

Es gab auch im Herbst noch reichlich Arbeit. Auf einigen Feldern stand die Ernte an, andere wurden für die Bestellung mit Wintergetreide vorbereitet. Letzteres unabhängig davon, ob die Familie selbst im nächsten Jahr die Ernte einbringen würde oder ein Nachfolger. Eine ordentlich geführte Landstelle würde sich gut verkaufen lassen.

Mitten in dieses geschäftige Treiben platzte Niklas mit der Nachricht, dass im Kloster Gravenhorst eine Entscheidung gefallen war. Die Äbtissin hatte die Zusage gemacht, Familie Kruse als Betreiber der Braustätte zu verpflichten. Ein Bote hatte die schriftliche Nachricht überbracht.
Magdas Gefühle schwankten zwischen zwei Polen. Da war Hoffnung, aber auch Furcht. Sie vertraute ihre Zweifel Ulf an: „Glaubst du, dass wir das gemeinsam schaffen?“
Ihr Mann sprach ihr Mut zu: „Es kann alles nur besser werden. Wenn wir die Brauerei betreiben, werden wir vom Kloster versorgt. Es wird nicht üppig sein, aber es reicht, um gut zu leben.“
Dabei ging es Magda nicht ausschließlich um das leibliche Wohl. So viele Veränderungen standen an!

Neue Tätigkeiten würde sie lernen müssen. Andere Menschen würden sie umgeben. Über die Westfalen hatte ihre Schwester Maria einiges berichtet. „Das sind bodenständige und ehrliche Leute“, so ihr Urteil. Dann hatte sie ergänzt: „Manchmal sind sie sehr direkt, sagen einem mit wenigen Worten deutlich ihre Meinung.“ Auch über die Landschaft hatte Maria gesprochen: „In der Nähe gibt es Berge.“ Berge – Magda hatte gehört, dass es sich um eine Landschaftsform handelte, die nicht so glatt und eben war wie im Oldenburgischen oder in Ostfriesland. Aber wie würden diese „Berge“ aussehen? Da war zu viel Ungewisses und das ängstigte sie.

Dann gab es da noch etwas. Mehrmals täglich horchte sie in ihren Körper hinein. Er sandte bekannte Signale aus. Zuerst noch selten und schwer zu bestimmen. Mit der Zeit aber immer deutlicher. Erst als sie keine Zweifel mehr hegte, vertraute sie sich Ulf an: „Ich bin schwanger!“
Normalerweise hätte ihn diese Nachricht zu Jubelstürmen hingerissen, aber er hatte einen besorgten Unterton bei seiner Frau gehört. Daher fragte er verunsichert nach: „Geht es dir nicht gut? Meinst du, dass mit dem Kind etwas nicht in Ordnung ist?“
Magda schüttelte den Kopf: „Nein, natürlich sollte ich mich freuen, aber doch nicht jetzt …“ Sie machte eine Pause. „Gerade, wenn wir umziehen müssen, bin ich hochschwanger. Ich werde dick und unbeweglich sein. Und das Kind kommt gerade dann, wenn wir einige Wochen in unserem neuen Zuhause sind. Dann, wenn ihr mich am nötigsten braucht, bin ich keine Hilfe. Schlimmer noch, ihr müsst auf mich Rücksicht nehmen. Das passt alles gar nicht gut.“

Ulf musste ihr insgeheim zustimmen. Gerne wollte er eine große Familie. Der Zeitpunkt war jedoch denkbar schlecht. Sein „Mach dir keine Sorgen, es wird alles gut“ klang somit auch nur bedingt glaubwürdig.

Der Herbst hielt seinen Einzug und überließ nach ungemütlichen, stürmischen Wochen dem Winter die Regentschaft. Im Alltag auf der kleinen Landstelle passierte nichts Spektakuläres. Borchard war damit beschäftigt, Gespräche mit möglichen Käufern zu führen. Zum Glück hatte neben dem Besitzer des Gutes, dessen Ländereien direkt angrenzten, auch noch ein weiterer Landnachbar sein Interesse kundgetan. Daher musste er nicht das erstbeste Gebot akzeptieren. Letztendlich einigte er sich mit dem Gutsbesitzer und erzielte einen akzeptablen Preis. Dieser lag auf dem Niveau dessen, was er vor mehr als zwei Jahren selbst bezahlt hatte.

Wie beim ersten Mal blieb Magdas Schwangerschaft ohne Komplikationen. Alle anderen Familienmitglieder kamen ebenfalls gesund durch die kalten Monate. Ein Segen, denn bei der andauernden Flaute in der Haushaltskasse hätten Ausgaben für Arzneimittel oder einen Bader kaum aufgewendet werden können. Es reichte, um satt zu werden, auch wenn auf den hölzernen Tellern meistens Eintönigkeit vorherrschte.

# Aufbruch ins Ungewisse

## Hude im Frühjahr 1539

Mit dem Frühjahr kam die Zeit des Aufbruchs. Ein Fuhrwerk des Gravenhorster Brauhauses und das eigene reichten aus, um Menschen und deren Hab und Gut zu transportieren. Üppig war der Haushalt ohnehin nicht ausgestattet. Alles, was am neuen Wohnort nicht gebraucht wurde, hatte die Familie verkauft oder verschenkt. Zum Glück war sie über Boten darüber informiert worden, welche Räumlichkeiten und Einrichtung sie vorfinden würde.

Mit Organisationstalent und den Kontakten eines Johann von Haselünne hatte Borchard einen Weg gefunden, eine Nachricht an Magdas Mutter und Schwester auf den Weg zu bringen. So wären diese auch über die Veränderungen im Bilde, zumindest, wenn der Bote sich als zuverlässig erweisen und heil ankommen sollte.

Mit gemischten Gefühlen, aber überwiegend von Zuversicht getragen, begann der Weg in die Zukunft. Fünf Menschen brachen auf, um ihr Leben neu zu gestalten. Mit Gottes Hilfe würden sie am neuen Ort bald zu sechst sein. Ulf hatte dafür gesorgt, dass Magda auf dem unbequemen Gefährt einen mit Kissen und Decken ausgepolsterten Platz bekam. So sollte sie auf der beschwerlichen Reise einigermaßen vor Erschütterungen geschützt sein. Sie nahm das Angebot dankbar an. Jakob, der zu einem quirligen kleinen Kerl heranwuchs, kuschelte sich eng an den immer runder werdenden Bauch seiner Mutter.

Eine ungewöhnliche Stille herrschte auf den beiden Fuhrwerken, die sich langsam auf den vom ersten Frühlingsgrün gesäumten Wegen in südliche Richtung bewegten. Anna, die sonst kaum eine Gelegenheit ausließ, jede Kleinigkeit ausgiebig zu kommentieren, hockte still neben ihrem Borchard und ließ den Blick über

die vorbeiziehende Landschaft streifen. Beide hatten auf dem Fuhrwerk des Klosters Platz gefunden, das von einem ebenfalls schweigsamen Knecht gelenkt wurde.
Magda, ebenfalls nicht mundfaul, redete nur gelegentlich im Flüsterton auf ihren kleinen Sohn ein. Dabei zeigte sie auf Häuser, Buschgruppen und verschiedene Tiere am Wegesrand. Jakobs Augen folgten ihren Fingern mit der staunenden Neugier, zu der einzig kleine Kinder in der Lage sind, die versuchen, ihre Umwelt zu begreifen. Lediglich die Tatsache, dass er die ganz normalen Dinge aus einem anderen Blickwinkel als sonst, wenn er auf seinen kurzen Beinchen die Welt bestaunte, zu Gesicht bekam, ließ ihn diese Welt, so hatte es den Anschein, wundersam und neu erscheinen. Ohne Frage war die Reise für ihn ein aufregendes Erlebnis.
Magdas Blick war meistens nach hinten gerichtet. Auf diese Weise verschwand zunächst der eigene, kleine Hof, danach die ihr bekannten Felder und Wege und auch die Ortschaft Hatten aus ihrem Sichtfeld.
Zwiespältige Gefühle stiegen in ihr auf. Mit jedem Schritt, den die Pferdehufe im gleichmäßigen Takt auf den Weg setzten, wurde ihr bewusster, was der Ort, den sie vermutlich nie wiedersehen würde, für ihr Leben bedeutete. Die massiven Umrisse des Klosters und der Klosterkirche als unverrückbaren Orientierungspunkt vor Augen, hatte sie so vieles gefunden. Die verlässlichen Menschen, denen sie vertrauen konnte und die ihr vertrauten. Sie hatte Ulf gefunden und mit ihm das wunderbare Gefühl, geliebt zu werden. Vater, Mutter und Maria konnte sie nach Jahren wieder in die Arme schließen und sie hatte sich selbst gefunden. Misshandelt, verängstigt hatte sie, fast noch ein Kind, vor Jahren die Klosterbrauerei betreten. Nun verließ sie den Ort als verheiratete Frau, gefestigt und selbstsicher. Das Wichtigste jedoch war, dass sie den Weg nicht alleine gehen musste. Ihre Liebsten waren bei ihr, Ulf und Jakob begleiteten sie, die Ehefrau und Mutter.

Als die kleine Gruppe in der Nähe des Gutes Lethe, nahe der Ortschaft Großenkneten eine kleine Rast einlegte, sprach Magda das aus, was ihr zuletzt durch den Kopf gegangen war: „Wir müssen dankbar sein. Wir haben uns, und dort, wo wir hingehen, werden wir erwartet und gebraucht!" Obwohl der Rücken von der unbequemen Fahrt schmerzte, schnappte sie den kleinen Jakob und hob ihn auf Ulfs Schultern, seinen Lieblingsplatz. Sie hielt ihren Ehemann fest umfangen und flüsterte ihm ins Ohr: „Es wird gut, lass uns auf Gott vertrauen." Tränen waren in ihre Augen getreten. Sie selbst hätte nicht sagen können, ob es Freudentränen waren oder ob der Abschiedsschmerz sie übermannt hatte. Vermutlich war es eine Mischung aus beidem.

Auch wenn sie leise gesprochen hatte, die Umstehenden hatten ihre Worte mitbekommen. Auf Anna wirkten sie wie ein willkommenes Signal, die Stille der letzten Stunden zu beenden. Nach anfänglichem Räuspern kam ihr gewohnter Redefluss allmählich in Fahrt. Sie hatte in der Zeit des Schweigens, wie es schien, bereits konkrete Pläne, die Arbeit im Brauhaus betreffend, geschmiedet: „Es gibt ganz bestimmt viel zu tun. Wenn der jetzige Brauer alt und schwach ist, hat er auch nur das Nötigste gemacht. Ich denke, wir müssen erst einmal ordentlich aufräumen", schloss sie ihre Ausführungen.

Nachdem alle wieder auf den Fuhrwerken Platz gefunden hatten, ging die Fahrt weiter. Sie folgten dem Reuteweg, vorbei an der Siedlung Emesticke [Emstek; d. Verf.]. An diesem ersten Tag wollten sie noch Cappeln passieren, um dann auf einem Bauernhof zu nächtigen.

Auf der Hinfahrt hatte der Knecht ganze Arbeit geleistet. Die beiden erforderlichen Rastplätze waren festgelegt, ebenso die Schlafstätten und die Versorgung der Zugtiere. Proviant für die Weiterfahrt stand ebenfalls rechtzeitig bereit.

Frisch gestärkt und mehr oder weniger ausgeruht machten sich die Reisenden am nächsten Morgen wieder früh auf den Weg. Es galt, die nächste Etappe bis in die Nähe von Ankum zu bewältigen. Kaum, dass die ersten Häuser der Siedlung Quokenbrügge [Quakenbrück; d. Verf.] in Sicht kamen, stürmte eine wilde Horde furchterregender Reiter auf die beiden beladenen Leiterwagen zu. Vermutlich dachten alle in diesem Moment das gleiche: Ein Raubüberfall. Im nächsten Moment würden sie – all ihrer Habseligkeiten beraubt – hilflos am Wegesrand stehen. Im besten Fall wären sie körperlich unversehrt. Wahrscheinlich hatte die lärmende Truppe jedoch einen Auftrag oder ein lohnenderes Ziel im Visier. Jedenfalls stoben die Reiter im wilden Galopp an der verängstigten Familie Kruse vorbei und waren nach wenigen Augenblicken außer Sicht. Der Schreck, der Magda in die Glieder gefahren war, wollte den ganzen Tag nicht weichen. Zunächst musste sie aber ihre ganze mütterliche Fürsorge aufbringen, um ihren Sohn zu beruhigen. Dröhnende Hufe, schnaubende Rösser und die laut gebrüllten Befehle der Männer hatten ihn zutiefst verängstigt. Aus den vor Schreck weit aufgerissenen Kinderaugen quollen dicke Tränen und er klammerte sich angsterfüllt an seine Mutter. Nicht nur ihr Sohn, sondern auch das ungeborene Kind in ihrem Bauch hatte Magdas Angst gespürt. Heftiger als je zuvor spürte sie die Tritte in ihrem Inneren.

Erneut war allen Beteiligten deutlich geworden, welche Gefahren eine lange Reise für eine ungeschützte Familie barg.

Es war bereits später Nachmittag, als der zweite und letzte Ort für eine nächtliche Rast in Sicht kam: Ankum.

Jetzt erblickte Magda das, worauf sie während der ganzen Reise so gespannt gewartet hatte. „Sind das Berge?“, fragte sie den Wagenlenker des Klosters, nachdem sie vom Wagen gestiegen war und zeigte auf die vor ihr liegende Landschaft. In einer sanften Wellenform präsentierten sich dort Felder, teilweise bereits für die Frühjahrsbestellung umgepflügt, aber auch noch unberührte Flächen und kleine Wälder. Eine Landschaftsform, die keiner in der Familie je gesehen hatte.

„Das sind nur kleine Hügel“, erklärte der Angesprochene. Mit dem Zeigefinger deutete er auf einen in der Ferne schimmernden blaugrünen Streifen am Horizont. „Wenn du ganz genau hinsiehst, kannst du dort hinten die ersten richtigen Berge erkennen. Man nennt die Gegend dort Osning [Anm.: Der Osning wurde erst 1616 umbenannt in Teutoburger Wald]. Morgen werden wir dicht herankommen."

Der Mann hatte nicht zu viel versprochen. Nachdem sie am nächsten Tag größtenteils ebene Landschaften und unter anderem den Ort Recke passiert hatten, konnten sie im Vorbeifahren den dicht bewaldeten Dickenberg bewundern. „Wir kommen jetzt noch nach Püsselbüren und gleich danach erreichen wir bereits Gravenhorst." Je näher sie dem Kloster kamen, umso auskunftsfreudiger zeigte sich der Wagenlenker. Es war ihm deutlich anzusehen, dass er froh war, seinen Auftrag bald erledigt zu haben. Eine Familie mit ihrem Hab und Gut über so eine weite Strecke unbeschadet ans Ziel zu führen, brachte eine große Verantwortung mit sich. Als auf einem nahezu flachen Gelände bereits der imposante Klosterbau in Sicht kam, schnalzte er mit der Zunge und trieb die Pferde zum Traben an.

Nach drei Tagen auf holprigen Wegen stiegen alle mit müden, schmerzenden Gliedern von den Fuhrwerken. Für die hochschwangere Magda war es am anstrengendsten gewesen. Soweit es die Körperfülle der Schwangeren zuließ, streckte sie sich und ging auf der Wiese vor dem Kloster ein paar Schritte auf und ab. Anna blieb in ihrer Nähe, während die Männer sich zur Pforte begaben. Erst nachdem die Äbtissin über ihre Ankunft informiert war, durften die Ankömmlinge das Klostergelände betreten. Eine durchaus angebrachte Sicherheitsmaßnahme, denn in der Vergangenheit war der Konvent mehrfach von marodierenden Horden angegriffen worden. Magda sprach ihre Schwiegermutter an: „Weißt du eigentlich, dass Ulf und ich jedes Mal gutes Wetter hatten, wenn wir länger unterwegs waren? Wenn wir meine Eltern in Ostfriesland besucht haben, schien immer die Sonne, wie in den letzten Tagen. Nicht auszudenken, wenn wir die ganze Zeit im Regen oder bei Sturm gefahren wären."

Anna, der man üblicherweise Gefühlsregungen kaum ansehen konnte, wischte sich verstohlen eine Träne aus dem linken Auge: „Dann wollen wir das mal als gutes Zeichen für die Zukunft sehen!"
Sie umfasste ihre Schwiegertochter. Dabei schien es, als bräuchte sie selbst eine Stütze, um auf neuem Grund Halt zu finden.
Magda wusste, dass sie nicht auf dem Klostergelände wohnen würden. Ein kleiner, verlassener Hof, nur einen Steinwurf entfernt, sollte ihr neues Zuhause werden. Es machte ihr nichts aus, einige Augenblicke auf die Rückkehr der Männer zu warten. Sie ließ die neuen Eindrücke auf sich wirken: Das grüne Band des Osning im Hintergrund, das grobe Mauerwerk der Klosterkirche aus Naturstein, die hohen Wände und die spitzen Giebel der Klostergebäude. Tief sog sie die milde Frühlingsluft ein. Sie hatte einen anderen Geschmack als die in ihrer bisherigen Heimat.

Magda hatte das Gefühl, dass ihr erst jetzt richtig bewusst wurde, was dieser Augenblick bedeutete. Hier und heute sollte ein neuer Abschnitt ihres Lebens beginnen. Ihr noch nicht geborenes Kind würde seine ersten Schritte auf diesem, für sie noch unbekannten Grund machen. Andere Menschen würde sie kennenlernen. Ob neue Freunde unter ihnen waren?

# Neue Ordnung

## Ostfriesland 1539

An jedem Tag, außer an Sonntagen und Feiertagen, wurde in der kleinen Schmiede in Ostfriesland die Esse angeheizt und rotglühendes Eisen auf dem Amboss geformt. Außer den Eingeweihten nahm niemand wahr, dass die uralte Melodie der Hammerschläge einen anderen Klang bekommen hatte. Sie erinnerte an den Mann, der über viele Jahre ihren Takt dirigierte, machte traurig, ließ die Gedanken nicht zur Ruhe kommen.

Klaas, der Geselle, fertigte zusammen mit dem Lehrjungen Fipko Ketten und Pflugscharen, beschlug Pferde und schmiedete Bänder für Fässer und Truhen. Es gab Arbeit in Hülle und Fülle. Wie in früheren Tagen versorgte Kea alle mit Essen. Wann immer es möglich war, half Maria in der Schmiede, damit möglichst alle Kunden zufrieden waren. Blieb dann noch freie Zeit, machte sie sich daran, Silberschmuck zu fertigen. Noch zu Lebzeiten hatte ihr der Vater die vom Gerichtssekretär überlassenen Stücke geschenkt. Zwei schöne Halsketten hatte sie bereits hergerichtet, sodass ihre Liebsten, Mutter und Schwester, sich damit schmücken konnten. Dann machte sie sich daran, weitere Teile einzuschmelzen und fertigte passende Anhänger.

Eines Tages würde der Moment kommen, an dem sie alle zusammenkommen und fröhlich sein könnten. Diese Vorstellung machte ihr Mut, trieb sie an und ließ unter ihren Händen Kunstvolles entstehen. Was würden die beiden für Augen machen, wenn sie ihnen den filigran gearbeiteten Schmuck anlegte?

Das waren die Momente, die ihr Lebensmut gaben, Sorgen verdrängten.

Etwas anderes belastete sie jedoch mehr und mehr. Unausgesprochen stand es im Raum.

Sie war die Tochter des Schmieds. Sie war in einem heiratsfähigen Alter. Sie hatte eine Verpflichtung! Sie hatte zu heiraten!

Niemand würde verstehen, wäre die Tochter des Schmieds nicht bald die Frau des neuen Schmieds. Den geeigneten Kandidaten musste man nicht lange suchen. Klaas, der Geselle, war ein fleißiger, anständiger Kerl. Ohne Murren hatte er nach dem Tod seines Meisters die Arbeit weitergeführt. Er rackerte, als ob es um die eigene Schmiede ging. Bei seiner Arbeit ging er mit großer Sorgfalt vor und er führte ein anständiges Leben. Klaas war ledig und im besten Mannesalter.

So wichtig alle diese Eigenschaften dafür waren, dass der Betrieb weiterbestehen konnte, so sehr ängstigten sie Maria. Sie nahmen ihr jeden vernünftigen Grund, diesen Mann zu verschmähen.

Ihrer Familie hatte sie so viel zu verdanken. Als ihr eigenes Leben auf den Abgrund zusteuerte, hatte ihre kleine Schwester beherzt eingegriffen und ihr eine neue Richtung gewiesen. Nach einer langen Odyssee konnte sie sich in die Geborgenheit des Elternhauses zurückziehen.

Konnte man nicht von ihr, der ältesten Tochter erwarten, dass sie für klare Verhältnisse sorgte?

Jetzt, im Trauerjahr, wurde darüber noch nicht gesprochen. Maria schauderte es bei dem Gedanken, dass jedoch in naher Zukunft von ihr eine Entscheidung zu erwarten war.

Männer hatten ihr Leben ruiniert. Nicht Männer wie Hanco Lodewig, den sie fraglos sympathisch fand und der sich ehrenhaft verhalten hatte. Auch nicht Männer, die pflichtbewusst und ehrlich ihren Weg gingen; ihr Vater, der stärkste und zugleich zärtlichste Mensch, den sie je kennengelernt hatte oder ihr Schwager Ulf, der ihre Schwester von Herzen liebte. Maria wusste, dass es keinen Grund gab, sich vor solchen Männern zu fürchten. Im Gegenteil, die Frauen an deren Seite konnten sich glücklich schätzen. Vermutlich wäre auch Klaas ein guter und verlässlicher Ehemann.

Würde nur die Vernunft entscheiden, gäbe es kein Hindernis! Alles, was sie ihr so deutlich vor Augen führte, zerfiel zu Staub, sobald ihr Inneres die Erfahrungen der Vergangenheit hochwürgte. Bilder von schmierigen, grapschenden Händen, die sich jeder Zone ihres Körpers bemächtigten, tauchten auf. Ihren Leib, der nur ihr gehörte, ihr heilig war, konnte sie nicht vor deren Zugriffen beschützen. Sie sah gierige Blicke, fühlte Ohnmacht, spürte Schmerzen, erkannte die Täter: Männer, allesamt waren sie Männer!

Wie würde es weitergehen? Je mehr Zeit verging, um so belastender wurde die Frage nach ihrer Zukunft und dem Fortbestand der Schmiede. Sie war wie mit Händen zu greifen.

Wer würde als erster dem Druck nicht mehr standhalten und sie aussprechen?

Kea, ihre Mutter, die sich verpflichtet fühlte, das Lebenswerk ihres Mannes zu bewahren?

Klaas, der vermutlich schon lange daran dachte, um ihre Hand anzuhalten?

Würde sie selbst am Ende die angespannte Atmosphäre nicht mehr aushalten und sich ihrer Mutter anvertrauen?

Quälende Wochen und Monate gingen so ins Land. Längst waren Herbst und Winter vergangen und die Sonne schraubte ihre tägliche Bahn am Frühlingshimmel mit jedem Tag ein wenig höher.

Ein Bote aus dem Oldenburgischen überbrachte eine Botschaft. Familie Kruse und somit auch Magda hatten entschieden, Hude den Rücken zu kehren. Ihr Lebensmittelpunkt würde künftig Westfalen sein. „Es ist besser so, im Schutz des Klosters werden sie alle gut versorgt sein“, verwies Kea Smeeder auf den wirtschaftlichen Vorteil. Der Versuch, sich damit selbst und auch Maria über die Nachteile hinwegzutrösten, war offenkundig. Diese waren nicht von der Hand zu weisen. Weit, weit entfernt von ihnen lebten künftig Tochter und Enkel. Menschen, die sie nach dem schweren Verlust so dringend um sich gebraucht hätte. Tagelang drehten sich die Gedanken und Gespräche um dieses Thema. Ein wenig lenkten sie Maria davon ab, ständig an ihre eigene Zukunft denken zu müssen. Mutter und Tochter, die üblicherweise offen und ehrlich miteinander umgingen, erlagen der Versuchung, sich die Situation schönzureden: „Magda hat es dort besser. Die Hofarbeit war viel zu schwer für sie." Oder auch: „Wir werden einen Weg finden, dass wir sie einmal besuchen können." Die Wahrheit war, dass niemand erahnen konnte, was die Zukunft ihnen bringen würde. Eines wurde deutlich: Die Trennung war durch den Umzug noch größer geworden. Wann und ob es ein Lebenszeichen geben sollte, lag im Ungewissen.

Ein weiteres Mal stand unerwarteter Besuch vor der Tür. Hanco Lodewig, der Mann vom Gericht, nutzte offenbar einen Vorwand, um mit einem Ritt bei angenehmen frühsommerlichen Temperaturen für ein paar Stunden der Stadt zu entfliehen. Das, was er berichten konnte, hätte der Mühe nicht bedurft. Maria beschlich der Verdacht, ihm verlangte eher nach einem Plausch mit ihr unter der schattigen Kastanie. Da diesmal ihre Mutter zugegen war, hatte diese Vorstellung jedoch nichts Beängstigendes.

Darüber in Kenntnis gesetzt, dass der Familienvater nicht mehr am Leben war, rang der Gerichtssekretär um Worte. Sichtlich betroffen drückte er wortreich sein Beileid aus.

Erst langsam kam ein Gespräch auf, das den Grund für Lodewigs Besuch offenbarte.

Der „Fall de Beer", wie er es nannte, war so gut wie aufgeklärt. Noch ein paar Handlanger hätte man ihrer gerechten Strafe zuführen können. Einer von denen hatte einen weiteren Schlüssel mit der Wolfsfährte in seinem Haus aufbewahrt. Andere Beteiligte seien verstorben oder außerhalb der Grafschaft untergetaucht. Der Tod von Elger de Beer, besser: der des Mannes, der sich als solcher ausgab, war amtlich bestätigt. „Lediglich die Frage seines Nachlasses ist noch zu klären", erklärte Lodewig. „Da er nicht derjenige war, für den er sich ausgab, ist vermutlich die Ehe ungültig."

Kea überlegte: „Dann kann Heske vermutlich auch nicht erben?"

Der Besucher antwortete: „So wird es sein, zumal unter diesen Umständen auch die Identität des Hauseigentümers unklar ist. Bis zur endgültigen Klärung hat das Gericht verfügt, dass sie weiterhin ein Wohnrecht hat. Das alles ist aber so verworren, dass Jahre ins Land gehen können. Man hat dort über den Nachlass eines Menschen zu entscheiden, der zwar existierte, den es offiziell aber nicht gab."

Die Zukunft ihrer Schwester war für Kea das, was sie am wenigsten umtrieb. Niemals könnte sie ihr vergeben, aber sie hatte einen Weg gefunden, sich nicht selbst vom Hass auffressen zu lassen. Die kleine Schwester war tot für sie, sie hatte sich selbst durch ihre Bosheit zerstört.

„Den alten Nachbarn habe ich auch noch befragt", kam Lodewig zum Glück auf eine andere Person zu sprechen. Er lächelte in sich hinein: „Er war uns eine Nasenlänge voraus. Freimütig hat er erzählt, dass er am Ableben Eures Schwagers nicht ganz unschuldig war. Zu diesem Zeitpunkt wusste er vermutlich, dass die irdische Gerechtigkeit ihn nicht mehr einholen konnte. Während er recht amüsant die Ereignisse schilderte, die ihn selbst belasteten, war da so ein Glanz in seinen Augen. Mir schien, als würde er in eine andere Wirklichkeit schauen, obwohl seine Worte klar und unmissverständlich waren." Man merkte Lodewig an, dass die Begebenheit ihn innerlich berührte. Leise und heiser sprach er weiter: „Nach der Aussage war das Gericht gezwungen zu handeln, aber wir haben uns Zeit gelassen. Mehrere Wochen später war ich erneut vor Ort, ich hatte eine Anklage dabei. Die Enkelin berichtete, dass der Großvater am Vortag friedlich entschlafen sei. ‚Gut, dass alles gesagt ist', hatte er noch ein paar Tage vorher gesagt."

Dass der Gerichtssekretär gerne und viel redete, wusste Maria bereits. Nach dem ersten Schock war es auch diesmal nicht anders. So kam er dann zum Schluss noch auf Privates zu sprechen.

Wie so oft machte er viele Worte und begann mit einer Floskel: „Das Leben ähnelt einem Boot, das im Fluss treibt, fortwährend bewegt es sich und gleitet in neue Wirklichkeiten." Seine Zuhörerinnen vermochten dem Gesagten keinen Sinn zuzuordnen, aber Lodewig präzisierte seine Ausführungen: „Auch in meinem Alltag stehen Veränderungen an. Künftig werde ich mich neuen Herausforderungen stellen müssen. Meine Aufgabe bei Gericht wird enden. Ich habe es als meine Pflicht angesehen, Euch vorher noch über das zu berichten, was wichtig ist. Eure Familie hat einen großen Anteil daran, dass der Gerechtigkeit zum Sieg verholfen wurde oder sagen wir besser, dass Unrecht auch als solches erkannt wurde."

Es war klar erkennbar, der junge Mann aus der Stadt hatte eine besondere Sympathie für die Familie des Schmieds entwickelt. Ihre bescheidene und bodenständige Art, aber auch das unbeirrte Festhalten an überlieferten Werten hatte ihre Wirkung auf ihn nicht verfehlt. Nur so war es zu erklären, dass sich jemand in seiner Position sich für ein Gespräch mit Dorfbewohnern auf den Weg machte.

Ihm selbst würde diese Haltung, auch Menschen außerhalb seines gewohnten Umfeldes Beachtung zu schenken, sicherlich bei seiner neuen Berufung von großer Hilfe sein. Welche das sein würde, darüber setzte er seine erstaunten Zuhörerinnen in Kenntnis: „Seine Erlaucht, der Herr Graf hat mich zu einem seiner Berater ernannt. Dieser Tage müssen viele Dinge mit komplizierten Verträgen und Vereinbarungen geregelt werden. Ich habe das Glück, dass seine Erlaucht mir vertraut. Somit wird mein Platz künftig am gräflichen Hof sein."

Kea und Maria hörten aus den Ausführungen heraus, dass es sich um eine Beförderung handeln würde, auch wenn sie nicht darüber zu urteilen vermochten, wie die Rangunterschiede zu bewerten waren. Ein wenig unbeholfen gratulierten sie dem Gast, der die Glückwünsche mit einem Lächeln entgegennahm.

Noch ein paar belanglose Sätze wurden ausgetauscht, dann ritt Lodewig wieder in Richtung Stadt. Die beiden Frauen atmeten auf. Hanco Lodewig war zwar ein umgänglicher und allem Anschein nach auch ehrlicher Mensch, in der Gegenwart dieses akademisch gebildeten Mannes waren sie jedoch gehemmt.
Für Maria kam noch eine zusätzliche Erleichterung hinzu. Die galante Art, die er in ihrer Gegenwart an den Tag legte, hatte sie bisweilen so gedeutet, als hätte er ein persönliches Interesse an ihr. Wenn er künftig bei Hof ein und aus ging, war ein Mädchen vom Land mit Sicherheit nicht der geeignete Umgang. Besser so, dachte sie. Im Moment machte sie sich bereits genug Gedanken darüber, wie sie sich einem anderen Mann gegenüber verhalten sollte: Klaas, dem Schmied.
Jeden Abend, wenn das Feuer in der Esse erloschen war und die Nacht sich über das flache Land senkte, grübelte sie über ihre Zukunft. Wie sollte sie sich verhalten? Würde sie ihrem Bauchgefühl folgen, gäbe es niemals wieder einen Mann in ihrem Leben. Da waren nicht nur die eigenen bitteren Erfahrungen aus der Zeit, als sie gezwungen war, wildfremden Männern zu Willen zu sein. Auch in den nach außen hin so „normalen" Ehen gab es Gewalt und Unterdrückung. Maria wusste davon.

Da gab es Sina, die Frau des jungen Gastwirts von der Dorfschänke. Mit ihren fünfundzwanzig Jahren war sie bereits seit neun Jahren verheiratet und hatte sechs Kindern das Leben geschenkt. Sina hatte Maria mehrfach anvertraut, wie ihr Alltag aussah. An den Tagen, wenn sie mit ihrer hölzernen Karre das bestellte Bier und die Würste aus der Gasthausküche in der Schmiede anlieferte, nutzte sie die Gelegenheit, mit der wenige Jahre älteren Maria zu sprechen. „Außer dir hört mir ja niemand zu", hatte Sina zu ihr gesagt, mit Resignation in ihrer Stimme. Maria war eine gute Zuhörerin und so kannte sie nahezu alle Details der Leidensgeschichte der jungen Wirtin. Sie wirkte alt. Der trübe, ängstliche Blick hatte ihren einstmals schönen Augen jeglichen Glanz genommen. Mager von Gestalt und mit einer grau schimmernden Haut ähnelte sie eher einer betagten Frau. Nicht einmal, wenn sie neues Leben geschenkt hatte, ließ man ihr genügend Zeit, sich zu erholen. Wenige Tage nach der Niederkunft stand sie wieder in der Küche, um die Gäste zu versorgen.

Fulko, ihr Ehemann, war ein grobschlächtiger, gefühlloser Kerl, der das Wesen seines Vaters hatte. In seiner Kindheit waren Prügel und Misshandlungen an der Tagesordnung gewesen. Jetzt, selbst Familienvater, schikanierte er Frau und Kinder im gleichen Maße. Nur mühsam konnte Sina die blauen Flecken, die ihre geschundene Haut verunstalteten, verdecken. Maria hatte sie vieles anvertraut: „Wenn er doch wenigstens die Kinder in Ruhe lassen würde.“ Es hatte sich angehört, als würde sie ihr eigenes Leiden billigend in Kauf nehmen. Sina erwartete offenbar nichts Sinnvolles mehr von ihrem Leben. Sie lebte es nur noch für die Kleinen.

„Mein Größter ist nicht Fulkos Sohn“, war eines der intimen Geständnisse, die Sina ihrer Freundin anvertraut hatte. „Der Alte hat mich andauernd bedrängt, wenn seine Frau nicht zu Hause war. Als er mir Gewalt angedroht hat, habe ich nachgegeben. Damals war ich Magd in dem Gasthaus. Als meine Schwangerschaft dann nicht mehr zu übersehen war, hat er Fulko gezwungen, mich zu heiraten. Natürlich weiß der alles und er hasst mich und unser Kind deswegen. Weil er aber gegen seinen Vater nichts ausrichten kann, lässt er seine Wut an mir aus. Besonders, wenn er betrunken ist.“

Es war jedoch nicht nur Fulko, der Sina das Leben zur Hölle machte. Die Schwiegermutter, wissend um die Untreue ihres Mannes, sah in ihr den Grund für dessen Seitensprung. Sie behandelte die Schwiegertochter schlechter als eine Dienstmagd und ließ kein gutes Haar an ihr. Damit nicht genug – Maria hatte sie unter dem Siegel der Verschwiegenheit gestanden: „Der

alte Fettwanst grapscht immer noch nach mir, wenn es keiner sieht. Er ist so unglaublich ekelig."
Maria hatte das Bild vor Augen und konnte Sinas Abscheu nachempfinden. Fulkos Vater war ein schmieriger, vulgärer Mann mit einem überdimensionalen Bierbauch. Wenn sie ihm zufällig im Dorf begegnete, roch er nach Schweiß, seine Kleidung und die Haare troffen vor Fett und dem Mund mit den braunen Zahnstummeln entströmte der Gestank von Bier und Zwiebeln.
Immer, wenn Maria sich mit dem Gedanken anfreundete, dass ein Eheleben vielleicht auch Vorteile hätte, kam ihr Sinas Schicksal in den Sinn. Dabei wusste sie, dass es nicht gerecht war, Menschen wie Klaas und Fulko zu vergleichen. Dann tröstete sie sich mit dem Gedanken, dass Klaas möglicherweise gar nicht daran interessiert war, sie zu ehelichen. Schließlich hatten sie noch nie darüber geredet. Nur – die Art, wie er sie ansah, wenn sie in der Schmiede half, war anders zu deuten. An diesem Punkt angekommen, setzte sich Marias Karussell der Gedanken erneut in Bewegung und eine weitere nahezu schlaflose Nacht folgte.

Wie aus heiterem Himmel kam Kea, ihre Mutter, auf das Thema zu sprechen, das Maria und sie in den letzten Monaten immer umgangen hatten. Wissend, dass über die Zukunft der Schmiede geredet werden musste, hatten sie dieses Gespräch trotzdem gemieden wie die Katze den heißen Brei. Nun aber benutzte Kea klare Worte. „Ich habe mit Klaas gesprochen. Er würde die Schmiede gerne weiterführen." Das Gesprochene stand im Raum, erzeugte Spannung, denn ein „aber" schwang unausgesprochen mit. Auf den fragenden Blick der Tochter hin ließ Kea weitere Erklärungen folgen. „Er hat genügsam gelebt und ein wenig zur Seite gelegt. Sein Erspartes reicht aber nicht aus, um die Schmiede zu kaufen. Er würde sie pachten, jedoch von der Pacht könnten wir beide nicht auskömmlich leben. Ich kann verstehen, dass Klaas nicht mehr zahlen kann, als dass am Ende so viel übrig bleibt, um eine Familie zu ernähren."

Maria ließ das Gehörte auf sich wirken. All das stimmte! Momentan bekam Klaas seinen Gesellenlohn und der Ertrag reichte, sie und die Mutter versorgt zu wissen. Als selbstständiger Schmied müsste er deutlich mehr verdienen. Vor allen Dingen dann, wenn er eines Tages Frau und Kinder zu ernähren hätte. Außerdem wusste niemand, ob es auch künftig so gut um die Schmiede bestellt sein würde. Eine Missernte schon könnte bewirken, dass viele Aufträge von den Bauern ausblieben. Sie würden nur noch die unumgänglichen Reparaturen machen lassen. Eine neue Egge oder einen Pflug zu bestellen, das müssten sie dann nach Möglichkeit unterlassen. Die zusätzlichen Arbeiten, die von Städtern in Auftrag gegeben wurden, könnten ebenso wegbrechen. Sie kamen schließlich aus dem Umfeld von Hanco Lodewig. Der hatte, wie sie nun wusste, neue Aufgaben. Und obendrein wusste er jetzt, dass Tyke nicht mehr am Leben war. Wie er und seine Bekannten sich verhalten würden, lag völlig im Dunkeln. Kamen sie zu keiner Lösung, müsste man befürchten, dass der tüchtige Geselle eines Tages kündigte. Er war unabhängig und würde in der Stadt ohne Zweifel eine besser bezahlte Stelle finden.
Sie ließ sich Zeit, diese Gedanken zu sortieren, obwohl sie vermutete, dass ihre Mutter auf eine Einlassung ihrerseits wartete. Dass sie möglicherweise den Schlüssel für die Lösung des Problems hatte, wurde ihr in beängstigender Weise deutlich. Wissend, dass es möglicherweise klüger war zu schweigen, war sie dennoch bereit für eine Erklärung.
„Hör mir zu, Mutter." Maria suchte den Blickkontakt und wartete, bis sie sich der vollen Aufmerksamkeit ihrer Mutter gewiss sein konnte. Sie straffte ihre Schultern, legte die Hände auf ihre Oberschenkel und führte die Fingerspitzen zusammen. Langsam und deutlich sprach sie das aus, was in ihren Gedanken manchmal verwirrend daherkam. „Was, wenn Klaas mich zur Frau nehmen würde? Dann müssten nicht mehr Leute als jetzt von dem Ertrag leben."

Bevor Kea etwas erwidern konnte, fügte sie hinzu: „Natürlich weiß ich nicht, ob er das will – oder du?"
Lange sah Kea Maria prüfend an: „Und du? Schließlich geht es um dich!"
Auch wenn sie von detaillierten Schilderungen verschont geblieben war, hatte Kea eine vage Vorstellung davon, was ihrer geliebten Tochter in den Jahren der Trennung zugestoßen war. Zumindest spürte sie, dass es sie eine große Überwindung kosten würde, ihren Vorschlag in die Tat umzusetzen. Maria war es seither nicht möglich, Männern gegenüber unbefangen aufzutreten. Keas Mutterherz versetzte es einen Stich, sich die Gründe dafür vor Augen zu führen.
Marias Vorschlag war vernünftig, betrachtete man das Wirtschaftliche. Konnte sie als Mutter jedoch mit ansehen, wenn ihre Tochter sich opferte, ihre Gefühle hintanstellte, um das Familieneinkommen zu sichern? Keas Gesichtsausdruck verriet, welche Gedanken sie gerade beschäftigten.
Sie hatte genügend Zeit, ihre Überlegungen wieder und wieder abzuwägen.

Die Antwort der Tochter ließ auf sich warten. Maria kämpfte mit ihren Gefühlen. Hatte sie das wirklich gesagt? Hatte sie über das bisher Undenkbare, eine Ehe, gesprochen? Zweifellos hatte sie, aber war es auch so gemeint? Konnte sie nicht mehr zurück, wenn sie wollte? Schließlich wurden die Konturen der bislang verschlungenen Gedankenmuster deutlicher. Sie wiesen ihr eine Richtung. Jeder und jede in der Familie würde für das Wohl ihrer Gemeinschaft die eigenen Interessen zurückstellen. Jetzt war es an ihr. Sie war am Zug!
In ihrer Antwort klang auch das mit, was sie sich zu ihrer eigenen Besänftigung überlegt hatte. Es war durchaus nachvollziehbar: „Ja, Mutter, ich würde es tun. Klaas ist ein anständiger Mensch. Ich muss damit anfangen, die Vergangenheit endlich hinter mir zu lassen." Mit viel Besonnenheit in der Stimme und in einem

überzeugenden Tonfall hatte sie diese bedeutsamen Worte ausgesprochen.
Als Kea nicht gleich antwortete, fügte sie halblaut hinzu: „Was war, ist vorbei, das Leben muss weitergehen."
Im Gegensatz zu ihrer Tochter, die ihre Meinung mit großer Klarheit vorgetragen hatte, wand sich Kea bei ihrer Erwiderung. Die normalerweise zurückhaltende Frau gestikulierte auffällig stark. Die Arme ruderten und die Finger vollführten Bewegungen, als würden sie nach etwas Unsichtbarem greifen, als müsste sie die passenden Worte pflücken. Ein Anflug von Scham schwang mit, als sie endlich sprach: „Du musst wissen, dass Klaas mich schon darauf angesprochen hat. Er mag dich und er weiß, dass du tüchtig bist."
„Er hat mit dir gesprochen? Warum nicht mit mir?" Maria versuchte, das Gehörte zu verstehen.
Die ältere der beiden Frauen suchte nach der richtigen Erklärung: „Du weißt doch, er hat eine zurückhaltende Art und gegenüber Frauen ist er ein wenig schüchtern. Und dann ist da noch das Trauerjahr. Er hat nicht den Mut aufgebracht."
Ihre Tochter nickte zum Zeichen, dass sie alles verstanden hatte, dennoch machten kleine Falten auf ihrer Stirn deutlich, wie befremdlich ihr das Verhalten der Mutter und des Gesellen vorkam. Hatte ihre Mutter nicht soeben gesagt: „Es geht um dich?" Warum hatte sie dann nicht eher etwas verlauten lassen? Gut, möglicherweise hatte sie erst heute mit Klaas gesprochen. In diesem Fall hätte es keine Gelegenheit gegeben, sie früher ins Bild zu setzen. Ein anderer Grund konnte sein, dass Kea befürchtet hatte, Maria mit einem solchen Ansinnen zu verletzen. Die Situation war jetzt eine andere, da sie selbst den Vorschlag gemacht hatte. Sie schüttelte die Zweifel ab. Nein, ihre Mutter hatte sie nicht hintergangen. Wenn sie sich ungeschickt verhalten hatte, dann, um ihr nicht zu schaden.
Das Gespräch fand an einem Samstagabend statt und das war gut so. Kea schien zu erahnen, dass ihre Tochter genau das

dachte: „Du kannst am Sonntag über alles in Ruhe nachdenken. Eine Heirat sollte man sich gut überlegen."
Dankbar dafür, dass vorläufig alles gesagt war, entgegnete Maria: „Du hast recht, nächste Woche sehen wir weiter."
Sie wusste, wohin sie sich jetzt wenden musste. Im Schatten des großen Kastanienbaums konnte sie Ordnung in ihren Geist bringen. Um sie herum war die Welt überschaubar und geordnet. Im besonderen Licht der Abendsonne vollführten Fliegen den kunstvollen Tanz ihres kurzen Lebens. Die sie umgebenden Geräusche ließen sich bekannten Ursachen zuordnen. Zu hören war der Amselhahn. Auch wenn sein Gesang eine Warnung an Artgenossen darstellte, sein Revier zu meiden, auf Menschen wirkte er betörend schön. Vereinzelt muhten Kühe auf einer entfernten Weide und gleich nebenan auf der Koppel schnaubte eine Fuchsstute. Diese Darbietung mit nicht abgestimmter Tonfolge wurde vor einer farbenprächtigen Kulisse gespielt. Blauer Himmel, tiefgrünes Gras und vereinzelte bunte Feldblumen fügten sich zu einem friedvollen Bild zusammen.
Es dauerte lange, bis diese Stimmung sich Zugang zu Marias Innerem verschaffen konnte. Nach und nach bewirkte sie, dass die Gedankenstürme zu einer lauen Sommerbrise abflachten. Widersprüchliches konnte in Einklang gebracht werden, Vorurteile wichen der Vernunft.
Erst die Kühle des Abends ließ Maria aus dem Meer ihrer Gedanken auftauchen. Mit einem festen Entschluss stand sie von der kleinen Bank auf. Mit dieser Ruhe, die ihr die Natur geschenkt hatte, wollte sie alles überdenken und mutige Entscheidungen treffen.
Auf dem kurzen Weg zum Haus kam ihr Kea entgegen. Unter dem Arm trug diese eine warme Decke. „Es wird abends doch recht kühl, mein Kind", sagte sie. Maria lächelte. „Mein Kind" – die Worte hatten einen besonderen Klang. Sie drehte sich wieder um und ihre Mutter folgte. Dann saßen sie zusammen auf der Bank. Die Decke hatte genau die richtige Größe. Sie konnte beide

wärmen, aber dafür mussten sie eng zusammenrücken. Ein vertrautes, wunderbares Gefühl! Schutz, Nähe und Wärme – besser konnte man den Begriff „Familie“ nicht umschreiben.
War sie, Maria Smeeder, in der Lage, dieser Gemeinschaft ein neues Mitglied zuzuführen? Konnte dieses Mitglied Klaas sein? Würde auch er unter dieser Decke mit dem Namen „Familie“ Platz finden? Magda hatte es geschafft. Zuerst hatte sie Ulf in diese Gemeinschaft gebracht und jetzt gehörte auch der kleine Jakob wie selbstverständlich dazu! Magda, ihre kleine Schwester Magda, das Mädchen mit dem Narbengesicht. Maria seufzte, als ihre Gedanken zu ihr auf die Reise gingen. Voller Bewunderung dachte sie daran, wie beherzt Magda die Herausforderungen des Lebens in die Hand nahm. Kein Zweifel, sie war ihr ein Vorbild. Schicksalsschläge hatte sie hingenommen, in Abgründe menschlicher Seelen geschaut, war gestolpert, gefallen und wieder aufgestanden. Stärker war sie geworden, hatte Verantwortung übernommen und dabei trotzdem auf ihr Herz gehört. Ein Herz, das bereit war, bedingungslos zu lieben.
In diesem Moment, in dem sie, Maria, ihrer Mutter so nahe war, hatte Magda möglicherweise bereits ihr neues Heim eingerichtet. Weit weg, im westfälischen Gravenhorst, aber in Gedanken war sie ganz bei ihr.
Ulf und Magda liebten einander und Jakob machte ihr Glück vollkommen. Daran hegte Maria keinen Zweifel.
War es ihr auch vergönnt, die Geborgenheit in einer Ehe zu finden? Würde es einen Tag geben, an dem sie in Klaas nicht nur den anständigen Kerl sah, sondern mehr für ihn empfand? Zuneigung oder Liebe? In diesem Augenblick hatte sie keine Vorstellung davon, wie sich das anfühlen könnte. Den Grund kannte sie. Es war das Gift bitterer Erfahrungen. Es würde noch lange dauern, bis die Mauern um ihre Seele so durchlässig wurden, dass sie dort jemanden beherbergen konnte.
Gemeinsam in die schützende Decke gehüllt, verfolgten die beiden Frauen das Schauspiel des Sonnenuntergangs. Erst als ledig-

lich noch ein schmaler halbrunder Streifen des gleißenden Rots über dem nahen Wäldchen zu erkennen war, gingen sie ins Haus. Kein einziges weiteres Wort war gefallen. Es hätte dieser besonderen Atmosphäre geschadet. Kea hatte ab und zu einen leisen Seufzer von sich gegeben. Für Maria ein Zeichen, dass ihre Mutter ebenfalls über so vieles nachdachte.
Das Nachdenken, das Grübeln war noch nicht zu Ende. Eine weitere Nacht ohne erholsamen Schlaf würde folgen. Davor hatte Maria jedoch keine Angst. Es ging um schwerwiegende Entscheidungen und dafür lohnte es sich allemal, die Nachtruhe zu opfern. Außerdem war morgen Sonntag, der siebte Tag der Woche, an dem auch der Herr geruht hatte. Diese Erkenntnis führte dann auch umgehend dazu, dass Maria über eine weitere, bedeutsame Angelegenheit grübelte: Glauben!
Obwohl sie in einem katholischen Haushalt aufgewachsen und von klein auf mit den Gebräuchen und der Tradition vertraut war, konnte sie ein bedingungsloses Gottvertrauen nicht in ihrem Leben verankern.
Ihr war bewusst, dass Vater und Mutter ihr ganzes Leben auf diesem Fundament aufgebaut hatten. In guten Zeiten dankten sie Gott für die Fülle der irdischen Gaben und in Not und Bedrängnis flehten sie diesen Gott an, ihnen beizustehen. Unauflöslich verbunden mit ihren Bitten war das Vertrauen. Es hatte sie auch Qualen aushalten lassen, durch die andere wahrscheinlich zerbrochen wären.
Alles das wusste Maria und doch gab es diese Zweifel. Dieser angeblich so gerechte Gott hatte fürchterliche Dinge zugelassen. Ihre gläubige und gesetzestreue Familie war für ein Jahrzehnt auseinandergerissen worden. Der unschuldigste und liebste Mensch, den sie je gekannt hatte, ihre Schwester Christiane, hatte im Schmutz und der unwürdigen Umgebung eines Hurenhauses ihr junges Leben verloren.
Magda war, auf sich allein gestellt, vor Gewalt und Intrigen in eine ungewisse Zukunft geflohen. Ihr, Maria, wurde auf schänd-

liche Art jegliche Freude der besten Jahre entrissen. Körperliches Begehren und Sinnlichkeit, die wunderbare Würze junger Lebensjahre, konnten sich in ihr nicht entfalten. Dann hatte, als sich in ihrem Leben endlich ein bisschen Hoffnung zeigte, dieser gnädige Gott ihren lieben Vater Tyke zu sich genommen. War das nicht zynisch? Tränen traten in ihre Augen und ihre Gedanken blieben bei ihrem Vater hängen. Sie wusste, was er ihr auf ihr Zweifeln geantwortet hätte. Mit den Worten eines einfachen und ehrlichen Mannes hätte er sein Gottesbild erklärt: „Wir sind alle Gottes Geschöpfe. Er hat uns auch Verstand gegeben. Wir haben die Wahl, seine guten Werke zu tun oder Verderbliches. Es sind die Menschen, die Böses anrichten, nicht der Herr."

Dann hätte er ihre kleinen, schwieligen Hände in seine eigenen Pranken gelegt und ein Gebet gesprochen. Die Tränen rannen jetzt als brennende Spur über ihre Wangen und es war ihr, als könnte sie den Vater körperlich spüren. Er gab ihre Hände frei und sie fühlte seine Finger mit der Zartheit eines Schmetterlingsflügels über ihr Haar gleiten. Dann spürten diese Finger den Weg der Tränen nach und nahmen die salzige Flüssigkeit mit sich fort. „Alles wird gut, mein Mädchen." Er war noch da. Tot und begraben war nur der Leib. Seine Seele war unsterblich und auf immer mit ihr verbunden. War sie bei diesem unberechenbaren Gott? Passte der auf sie auf und schickte den Geist des Vaters zu ihr, um sie zu trösten und ihr Halt zu geben?

So musste es sein. Sie war nicht verrückt, sah kein Gespenst. Menschen wie Tyke oder Christiane starben nicht. Sie waren unauslöschlich in den Herzen ihrer Lieben.

Ja, dann war da vermutlich doch jemand, der das alles lenkte und zusammenführte. Warum sollte sie ihn nicht Gott nennen, so wie die anderen auch? Sie musste nicht gleich alles verstehen, auch nicht seine „vollkommenen Wege", von denen die Eltern so überzeugend gesprochen hatten.

Kea, ihre Mutter, schöpfte täglich Kraft aus ihrem Glauben. Oft und lange kniete sie vor den Heiligenbildern, die die Wohnung

zierten und gelegentlich gab es noch Zusammenkünfte mit anderen Gläubigen. Dabei zelebrierte ein Priester die Heilige Messe. Die Obrigkeit sah es nicht gerne, aber es wurde noch geduldet. Es war den ostfriesischen Grafen wichtig, dass es zwischen den Konfessionen keinen offenen Streit gab. Dieses Anliegen schien einen höheren Stellenwert zu haben als die vollständige Durchsetzung der protestantischen Lehre.
Sollte sie Klaas tatsächlich ehelichen, würde die Frage nach der Konfession unausweichlich zur Sprache kommen. Klaas war, wie alle anderen im Dorf, Protestant. Vieles sprach dafür, dass sie konvertieren und einer evangelischen Hochzeit zustimmen würde. Ihr wäre es recht. Wenn es diesen Gott wirklich gab, dann, so ihre Überzeugung, wäre ihm egal, welche Form man wählte, um sich mit ihm verbunden zu fühlen.
Kea hatte da vermutlich eine andere Meinung. Eine Trauung, bei der auf Weihrauch, Weihwasser und die Anrufung der Heiligen verzichtet werden sollte, war für sie bestimmt undenkbar. Für ihren Glauben hatten sie und ihre Familie unsägliches Leid ertragen. Der Heilige Eligius, Schutzpatron der Schmiede, Büchsenmacher und Sattler, wachte in Form eines eisernen Bildnisses über die Familie. Nach seiner Gefangenschaft hatte Tyke als Erstes das von den Entführern beschädigte Bild restauriert, noch bevor er Küche und Schlafkammer wieder herrichtete. Es würde Kea schwerfallen, wenn ihre Tochter die Konfession wechseln sollte. Sie würde ihr sagen, dass es ihr niemand verbieten könne, vor der Heiligen Jungfrau zu knien oder den Rosenkranz zu beten, auch wenn sie offiziell eine Protestantin sei. Die andere Lösung, dass Klaas also zum Katholizismus übertrat, war ohnehin kaum möglich.
Der Gedanke, dass noch nichts entschieden war, ließ sie zur Ruhe kommen. Ein paar Stunden Schlaf bis zum Morgengrauen waren ihr noch vergönnt.
Am folgenden Sonntag waren die beiden Frauen tatsächlich ganz allein im Haus. Fipko, der Lehrjunge, der in einer kleinen Kam-

mer hinter der Schmiede nächtigte, hatte ein paar Tage frei. Seine Familie wohnte gut einen halben Tagesmarsch entfernt. An diesem Wochenende wurde dort eine Hochzeit gefeiert. Erst am Mittwoch wurde er wieder erwartet.
Eine bessere Gelegenheit, die quälende Ungewissheit in einem Gespräch zu klären, gab es kaum. Ihre vielen Gedanken und zum Teil widersprüchlichen Schlussfolgerungen behielt Maria für sich. Nur, dass sie grundsätzlich bereit sei, Klaas zu heiraten, verriet sie ihrer Mutter. Es wurde wenig gesprochen. Beide wirkten nachdenklich.
Klaas wunderte sich, dass er am Montagmorgen nicht wie üblich ein loderndes Feuer in der Esse vorfand. Üblicherweise war Maria vor ihm in der Schmiede und bereitete alles vor, damit er unverzüglich an die Arbeit gehen konnte. Stattdessen kam sie gleich nach ihm an den Arbeitsplatz und sprach ihn an: „Klaas, wir haben miteinander zu reden."
Der so Angesprochene sah sich um und vermisste allem Anschein nach Kea, die Witwe des Meisters.
„Nur wir beide." Marias Worte signalisierten ihm, was es zu bereden gab.
„Ist wohl besser so", lächelte der Geselle verlegen.
Eine Pause entstand. Es war an Maria, das Gespräch zu eröffnen, schließlich hatte sie es gewünscht. Wie sollte sie anfangen?
„Lass uns unter die Kastanie gehen, ist ja schon hell." So gewann sie ein wenig Zeit. Auf dem Weg würden ihr die richtigen Worte einfallen. Schweigend gingen sie die wenigen Schritte und setzten sich auf die Bank. Klaas war aufgefallen, dass die Schmiedetochter nicht ihre übliche Arbeitskleidung, den Rock aus derbem Leinenstoff voller Brandflecken trug, sondern ein Kleid und darüber eine frisch gebügelte Schürze. Ihr leicht welliges Haar wurde von einer durchsichtigen Spitzenhaube zusammengehalten. Hübsch sah sie aus. Kaum, dass sie Platz genommen hatte, stand sie erneut auf. Sie rieb die Hände druckvoll aneinander, ging ein paar Schritte auf und ab und nickte dabei ein paar Mal.

So, als hätte sie einen Einfall, der ihr gefiel und den es auszusprechen galt. Die Stimme gehorchte ihr nicht ganz, aber sie konnte jetzt reden.
„Üblicherweise macht der Mann einen Heiratsantrag, aber in diesem Fall …", sie unterbrach sich selbst und schaute auf ihr Gegenüber. Dann sprach sie weiter: „Wir müssen über die Schmiede sprechen und darüber, ob wir beide sie weiterführen wollen." Während Klaas noch um eine Antwort rang, präzisierte sie ihre Aussage, aber es hörte sich wie eine Frage an: „Als Mann und Frau?"
Jetzt stand auch Klaas auf und ging auf sie zu. Er suchte ihre Hand, ergriff sie und nahm sie sanft in seine eigenen: „Maria, ich wollte dich das schon lange fragen, aber die Umstände waren nicht so, dass …" Auch er brach den Satz unvollendet ab.
Maria hob beschwichtigend die Hände: „Ich weiß, was du sagen wolltest. Es war alles schwierig in letzter Zeit." Sie durchbrach die folgende Stille, indem sie aussprach, was sie dachte: „Die Schmiede ist das Lebenswerk meines Vaters. Du bist ein guter Fachmann und ich möchte nie auf den Klang des Schmiedehammers verzichten. Zusammen können wir das alles erhalten."
Dem künftigen Bräutigam war es ein Bedürfnis, ein Kompliment auszusprechen: „Du bist sehr schön und tüchtig. Ich wünsche mir, dass du meine Frau wirst."
Alles Gesagte hatte einen spröden Klang, kam holprig und trocken daher. Für einen Moment musste Maria in sich hineinlachen. ‚Alles klingt eher nach einer Verhandlung als nach einem Heiratsantrag', ging es ihr durch den Kopf. „Danke", sagte sie knapp.
Unbeholfen kam Klaas näher und gab Maria schüchtern einen Kuss auf die Wange. Es war eine Berührung, die so diskret war, dass sie diese ohne Widerwillen ertragen konnte. Mehr noch – würde er, als ihr künftiger Mann, so behutsam mit ihr umgehen, könnten sie vielleicht eine gute Zukunft zusammen haben, dachte sie. Der Anfang war gemacht!

Für den Moment gab es nicht mehr viel zu besprechen. Nach einigen Minuten gingen sie ins Haus. Kea fanden sie in der Küche. Maria traute sich, Klaas' Hand zu ergreifen: „Mutter, wir haben dir etwas zu sagen."

Zum Glück war beiden klar, dass es sich eher um ein Zweckbündnis als eine Liebesheirat handelte. So blieben Missverständnisse aus und die Vorbereitungen für das Fest konnten beginnen. Nach gut einem Monat kam eine Antwort auf Marias Einladung an Magda: Eine Absage, sie konnte nicht an der Feier teilnehmen. Der Grund indes war ein freudiger. Jakobs kleine Schwester hieß Kea. Im Frühjahr war sie, im fernen Gravenhorst, ein paar Wochen früher als erwartet, auf die Welt gekommen. Dennoch hatte sie sich gut entwickelt, so konnte der Bote berichten.

Endlich konnte im Hause Smeeder wieder gefeiert werden. Eine Hochzeit war in dem kleinen Dorf immer etwas Besonderes. Im Gasthaus von Fulko und seinem Vater wurden die Gäste bestens bewirtet. Während der Feier glitt Marias Blick an Sina herunter. An deren ausgemergeltem Körper zeigte sich unter der Schürze eine verräterische Wölbung. „Lieber Gott, nicht schon wieder!", entfuhr es Maria. Sie schaute sich um. Niemand hatte es gehört.

# Auf neuen Wegen

## Gravenhorst 1539

Maria lag mit ihrer Vermutung richtig. Ihre kleine Schwester war dabei, für sich und ihre Lieben ein neues Zuhause einzurichten. Dabei verspürte Magda ebenfalls eine Unsicherheit. Während Maria bislang nur eine nebulöse Vorstellung davon hatte, wie sie mit ihrer neuen Verpflichtung, Ehefrau zu sein, umgehen sollte, plagten Magda andere Ungewissheiten.

Die Ereignisse hatten sich überstürzt. Zu viel war über sie hereingebrochen. Konnte sie alles bewältigen, was man von ihr erwartete und gleichzeitig ihren Kindern gerecht werden?

Gleich nachdem die Familienmitglieder vor einiger Zeit das Kloster erreicht hatten, ließ die Äbtissin ausrichten, sie mögen sich in der Brau- und Backstube einfinden.

Kurz darauf traf diese auch ein und stellte sich vor: „Ich bin Aleidis von Hetterscheid, die Äbtissin." Sie machte eine Pause, um dann fortzufahren: „Die Anrede ist ‚Ehrwürdige Mutter', das gilt für alle im Kloster. Ich erwarte von euch, dass Ihr so lebt, wie es von uns allen erwartet wird - ehrbar und fromm!" Danach erkundigte sie sich nach den Namen der Ankömmlinge und verwies darauf, dass alles Weitere am nächsten Tag mit der Priorissa zu besprechen sei. Bevor sie sich zum Gehen wandte, ließ sie im strengen Ton verlauten: „Wir sind in der Fastenzeit, ich erwarte, dass Ihr euch an die Regeln haltet."

Dann winkte sie eine Magd heran. Ein dürres, blasses Mädchen – vermutlich war es nicht älter als vierzehn Jahre –, dessen strohblonde Strähnen unter einer dunklen Haube hervorlugten und gab diesem ihre Anweisungen: „Du wirst die Familie begleiten und ihr helfen, sich einzurichten."

„Ja, Ehrwürdige Mutter", antwortete das Mädchen untertänig. Alles, was die Äbtissin gesagt hatte, hatte einen geschäftsmäßigen, nahezu kalten Klang gehabt. Magda störte es nicht. Sie erinnerte sich an ihr erstes Aufeinandertreffen mit Hatta. Auch die war ihr zunächst unnahbar erschienen. Später wurde sie ihre beste Vertraute und mütterliche Ratgeberin. Hatta musste eine Grangie leiten und Aleidis von Hetterscheid ein Kloster. Vermutlich konnten diese Frauen ihre Aufgabe nur bewältigen, wenn sie einen gewissen Abstand wahrten und nicht zu nachgiebig handelten.

Die neue Bleibe erwies sich als kleiner, verlassener Hof. Zwei Schlafkammern boten sowohl den jungen als auch den alten Kruses eine kleine Rückzugsmöglichkeit, ansonsten mussten sie einen gemeinsamen Haushalt führen – im Grunde ähnlich ihrem bisherigen Zuhause in der Nähe von Hude. Es schien, als sei das Haus schon länger unbewohnt, folglich musste zunächst gründlich gelüftet und saubergemacht werden. Ein kleiner verwilderter Garten wartete darauf, in Ordnung gebracht zu werden. Geschickt genutzt, würde er künftig eine willkommene Abwechslung des Speiseplans hergeben. Das alles musste jedoch warten, denn zunächst richtete man sich so ein, dass möglichst jeder eine angenehme Schlafstätte hatte. Das Abladen der Habseligkeiten war mit Hilfe der jungen Magd schnell erledigt.

Als willkommene und aufmerksame Geste stellte die Klosterküche ein Abendessen zur Verfügung. Streng auf die Fastenregeln ausgelegt, doch alle wurden satt. Sowohl Magda als auch Anna waren erleichtert. Ihnen war nicht danach, direkt nach der anstrengenden Reise ein Essen für fünf Personen zu kochen.

Einen Tag später folgte ein Treffen mit der Priorissa des Klosters, Elisabet von der Streithorst, und der Kellnerin, so wurde die weibliche Entsprechung für den Cellerar, verantwortlich für die Finanzen, genannt. Mit diesen beiden Ordensfrauen würden sie künftig alles Wichtige zu besprechen haben. Sie schworen die neue Brauerfamilie auf eine korrekte Arbeitsweise ein. Im Ton freundlicher, aber in der Sache zeigten sich die beiden Ordensfrauen ebenso konsequent wie die „Ehrwürdige Mutter". Die Kellnerin wies an, wie im Brau- und Backhaus künftig vorgegan-

gen werden sollte: „Wenn von den Pächtern oder der Grangie Korn geliefert wird, informiert mich die Pforte. Ihr dürft das Getreide erst einlagern, wenn ich Menge und Güte geprüft habe. Außerdem ist mir mitzuteilen, wofür das Korn verwendet wird. Gebt mir also Bescheid, wie viele Brote gebacken wurden und nennt die Anzahl der Fässer gebrauten Bieres."
Als müsste sie sich für die mit einer gewissen Strenge vorgetragenen Anweisungen rechtfertigen, fügte sie hinzu: „Die Brüder des Klosters Marienfeld prüfen bei den regelmäßigen Visitationen nicht nur, ob die Ordensregeln eingehalten werden. Sie achten auch penibel darauf, dass nichts verschwendet wird."
Damit war auch der Arbeitsbereich beschrieben. Neben der Bierherstellung musste Brot gebacken werden. Daher die Bezeichnung „Brau- und Backhaus". Es war ein schmales Gebäude in der Nähe der Pforte. Der alte, inzwischen verwitwete Brauer hatte seine Kammer in diesem Haus. Ihm war zugesichert worden, dass er diese auch weiterhin bewohnen durfte.
Annas Befürchtung, dass die Brauerei sich nicht im besten Zustand befinden würde, bewahrheitete sich in einem erschreckenden Maße. Kaum noch in der Lage, selbst mit anzupacken, hatte der Brauer die Arbeiten von ein paar Knechten und Mägden verrichten lassen. „Die sind dumm und faul, außerdem haben sie vom Brauen keine Ahnung", schimpfte der Alte, nachdem er seine Nachfolger kennengelernt hatte. „Gerade jetzt in der Fastenzeit ist es wichtig, ein gutes Bier herzustellen, aber seht mal, was für ein Gesöff die Taugenichtse zustande gebracht haben!" Dann grummelte er weiter: „Ich kann die Treppen nicht mehr rauf, aber ich könnte schwören, dass auf dem Kornboden mehr Ratten als Getreidekörner sind. Gut, dass ihr da seid. Es wird Zeit, dass wieder alles seine Ordnung hat."
Ulf und Anna gingen unverzüglich daran, sich mit den Gegebenheiten vertraut zu machen. Tatsächlich musste im Brauhaus erst einmal gründlich aufgeräumt werden. Die Priorissa stimmte zu, dass die Hilfskräfte zunächst noch bleiben könnten, um diese

Arbeiten zu bewältigen. Für ein ordentliches Getränk in der Fastenzeit war es indes zu spät. Schließlich musste das Bier, im Fass lagernd, erst reifen. „Zwei Wochen nach dem Osterfest werdet ihr mit Genuss einen Krug Bier trinken können!“, verbreitete Anna Zuversicht unter den Anwesenden.
Als sie sich an die Arbeit machte, stellte sie fest, dass die wichtigsten Zutaten, Korn und Wasser, von einer anderen Beschaffenheit waren, als sie es bisher gekannt hatte. Gerste und Roggen wuchsen hier auf einem leichteren, sandigen Boden. Folglich hatten die Körner ein anderes Aroma. Das Wasser schöpfte man hier nicht aus einem Brunnen, es kam aus einer Bergquelle. Über ein aufwendiges Leitungssystem floss es durch ausgehöhlte Baumstämme bis auf das Klostergelände. Es war kristallklar. Der Hopfen wurde im klostereigenen Garten geerntet.
Der bisherige Brauer war damit bestens vertraut. Da er bei aller Gebrechlichkeit noch klar im Kopf war, konnte er Anna und Ulf wertvolle Ratschläge geben, wie mit diesen Komponenten umzugehen war.

Sich gleich in die Arbeit zu stürzen, war eine gute Methode, sich von grüblerischen Gedanken abzulenken. Anna und ihr Sohn heizten im Sudhaus den Kessel an und Magda machte sich daran, Brote aus dem Mehl der Klostermühle zu backen. Für Borchard blieb die Aufgabe, dort mit anzupacken, wo es am nötigsten war. Nach getaner Arbeit gab es dann auch in der neuen Unterkunft noch viel zu tun, um diese wohnlich zu gestalten.
Simon, der die Grangie des Klosters leitete, machte ein paar Tage nach dem Umzug einen Besuch bei der Familie Kruse. „Wenn euch etwas fehlt, oder Hilfe gebraucht wird, sagt es mir. Ich kann mich darum kümmern. Die Menschen hier kenne ich seit vielen Jahren, daher weiß ich, wem ich vertrauen kann.“
Borchard sah alle Familienmitglieder prüfend an. So wie er es vermutete, hatte niemand ein Problem, das durch fremde Hilfe gelöst werden musste. Er räusperte sich: „Danke Simon, es sieht

so aus, als ob wir im Moment mit allen nötigen Dingen versorgt sind. Es ist aber gut zu wissen, dass im Notfall jemand da ist."

Magda hatte sich in den ersten Tagen genau umgesehen. Eine Frage beschäftigte sie zunehmend: „Ich habe mir das alles ganz anders vorgestellt. Zu so einem Kloster gehört doch viel Land, also müsste es eher reich sein. Vieles hier ist aber ausgesprochen einfach und die Vorräte, die hier lagern, sind auch nicht üppig. Kannst du mir sagen, warum das so ist?"
Simon schaute in ihre Richtung. Er streckte Rücken und Schultern durch, verschränkte die Arme vor der Brust und zog die Stirn in Falten. Allem Anschein nach versuchte er die Antwort so verständlich wie möglich zu formulieren: „Es stimmt, zum Kloster gehören mehr als fünfhundert Morgen Land. Für jemanden, der einen kleinen Acker bewirtschaftet hat, klingt das unglaublich viel. Dazu kommen noch Pachteinnahmen von freien Bauern und die Abgaben der Eigenhörigen. Insgesamt ungefähr fünfzig Höfe. Eigentlich kommt da eine ganze Menge zusammen. Eigentlich – nur viele Bauern sind arm und mit ihrer Pacht im Rückstand. Wenn sie über Jahre nicht zahlen, kommt es vor, dass sie lieber Haus und Hof verlassen, als im Schuldturm zu landen. Dieses Haus, in dem ihr wohnt, ist ein solcher Hof. Vor gut einem Jahr ist der Pächter bei Nacht und Nebel einfach verschwunden. Seine Abgaben konnte er seit fünf Jahren nicht bezahlen. Du darfst auch nicht vergessen, dass viele Mäuler gestopft werden müssen. Zum Konvent gehören zwölf Jungfern, aber es leben mehr als einhundert Menschen im und vom Kloster: die Handwerker, Knechte, Mägde und Leute wie ihr. Da muss die Kellnerin gut wirtschaften, damit alle satt werden."
Magda hatte aufmerksam zugehört: „Eigenhörige", wiederholte sie, „Eigenhörige, was bedeutet das?"
Wieder überlegte Simon lange, diesmal rieb er mit den Zeigefingern die Nasenwurzel, legte dann die Hände wie zu einer Bitte zusammen und erklärte: „Das kannst du natürlich nicht wissen.

Bei euch in Ostfriesland gibt es nur freie Menschen, keine Leibeigenen." Mit einem nachdenklichen Unterton ergänzte er: „Obwohl die richtig Armen auch abhängig sind, nämlich von ihren Verpächtern oder Gläubigern. Bei den Eigenhörigen, die es hier und auch woanders im Reich gibt, gehören nicht nur Haus und Hof, sondern auch die Menschen dem Grundherrn. Sie müssen Abgaben entrichten und Leibdienste ableisten. Sie selbst und ihre Familie arbeiten an festgelegten Zeiten unentgeltlich für ihre Herren und sind, wenn sie Tiere wie Ochsen oder Pferde haben, auch zu Spanndiensten verpflichtet. Da einige Grundherren ihre Höfe dem Kloster geschenkt oder verkauft haben, gehören diese Menschen jetzt dem Kloster."

Es war Magda nicht möglich, darauf zu antworten. Das Gehörte verschlug ihr die Sprache. ‚Menschen können doch niemandem gehören!', hämmerte eine Stimme in ihrem Kopf. Sie wollte mehr darüber wissen, aber zunächst musste sie die neuen Erkenntnisse verarbeiten.

Borchard und Anna löcherten Simon derweil mit anderen Fragen. „Die meisten Knechte und Mägde sind ziemlich träge. Obwohl viele da sind, schaffen sie kaum etwas Vernünftiges. Weißt du, warum sie so lustlos arbeiten?"

Simon kannte den Grund: „Auch die Kinder der Eigenhörigen haben ihre Pflichten. Für einen gewissen Zeitraum, meistens ein Jahr, müssen die Jungen und Mädchen für die Grundherrn oder das Kloster arbeiten. Ausgerechnet in einem Alter, in dem sie in der Familie gut mit anpacken könnten, fehlen sie dort. Dazu kommt, dass die Ordensfrauen allesamt aus adeligen Familien stammen. Trotz ihrer Frömmigkeit sind sie es gewohnt, zu befehlen. Ihre Mägde müssen zum Beispiel in der gesamten kalten Jahreszeit nachts im Dormitorium, dem Schlafsaal, ausharren. Dann, wenn die Nonnen zu ihren Gebetsstunden aufstehen, schlüpfen sie unter die Decken und halten die Betten warm. Danach warten sie in der Kälte bis zur nächsten Andacht. Dass die jungen Leute davon nicht begeistert sind, kann ich gut verstehen."

Der Abend war wie im Fluge vergangen. Simon und die anderen wussten, dass noch viele Fragen zu beantworten waren. Dazu gab es bestimmt eine Gelegenheit, wenn sie sich bald auf der Grangie treffen würden. Magda würde dann auch Simons Frau Benedicta kennenlernen. Ihre Schwester Maria hatte viel Gutes über sie berichtet.
Bereits am folgenden Sonntag war es soweit. Weil ausgerechnet jetzt, da nach dem Kalender der Frühling beginnen sollte, noch einmal winterliche Temperaturen herrschten, saß man in einer großen Halle der Grangie beim prasselnden Herdfeuer zusammen.
Benedicta erwies sich als aufmerksame und freundliche Gastgeberin. ‚Kein Wunder, dass Maria mit so großer Achtung von ihr gesprochen hat', dachte Magda. Entschlossen, künftig in Westfalen zu leben, wollten Magda, Anna, Borchard und Ulf so viel wie möglich über ihre neue Heimat und speziell über das Kloster erfahren. Benedicta und Simon geizten nicht mit ihrem Wissen. So erfuhren die Neuankömmlinge auch, was es mit den Häusern in Klosternähe auf sich hatte, in denen die Ordensfrauen tagsüber wohnten.
Simon erklärte: „Die Gebäude des Klosters sind feucht und klamm. Wenn die Jungfern sich dort immer aufhalten müssten, würden sie unweigerlich krank. In der Nacht müssen sie zwar im Dormitorium bleiben, weil ab zwei Uhr die Andachten beginnen, aber tagsüber sind sie in diesen kleinen Häusern. Manchmal wird ihnen erlaubt, dort zu essen, auch wenn die Brüder aus Marienfeld das normalerweise nicht gestatten. Gemeinschaft ist für die Konvente besonders wichtig. Die Hausarbeiten erledigen ihre Mägde. Stellt euch vor, selbst die Kirche ist so feucht, dass der Bischof erlaubt hat, dass bei den Messen ein Tragealtar eingesetzt wird!"
Ein Thema war natürlich auch Magdas baldige Niederkunft. „Ich kenne eine zuverlässige Frau, die auch die ersten Schreie von den dreien gehört hat. Sie wird dir gerne zur Seite stehen." Simon

deutete auf seine Kinder und musste dabei eine Träne verdrücken. In diesem Moment holte die Trauer um seine erste Frau, Mutter seiner Kinder, ihn ein.
Benedicta rettete die Situation für ihn. Sie hatte sich neben ihren Mann gestellt und umfasste seine Schulter. „Ja, und mir wird sie auch helfen, wenn es bald soweit ist!"
Mitfühlend, aber auch verliebt sah sie Simon an, während sie das bisher gehütete Geheimnis preisgab.
„Ist das wirklich wahr? Das ist eine wunderbare Neuigkeit!" Anna war begeistert.
Simon hatte sich wieder gefangen: „Im Herbst werden die Glocken zur Taufe rufen." Er tätschelte die Hand seiner Angetrauten und schob einen Halbsatz hinterher: „Wenn der Herr uns gnädig ist." Die Erfahrungen der vergangenen Jahre hatten ihn Demut gelehrt.
Gerade als die Kruses sich verabschieden wollten, setzten bei Magda die Wehen ein. Sie kamen mit einer Heftigkeit, dass an den Heimweg nicht mehr zu denken war. Sie selbst hatte damit gerechnet, dass frühestens in drei Wochen ihr Kind zur Welt kommen würde.
Schnell war eine Kammer im Wohnhaus der Grangie zum Geburtszimmer umfunktioniert. Simons älteste Tochter wurde losgeschickt, jene Geburtshelferin zu verständigen, über die man sich noch soeben im Plauderton unterhalten hatte.
So erblickte Kea das Licht der Welt nicht wie gedacht im neuen Zuhause, sondern in der Wohnung von Benedicta und Simon auf der Grangie.

Magda machte sich Sorgen. Zwar war die Geburt schnell und ohne Komplikationen verlaufen, aber der frühe Termin ängstigte sie. Aleken, die Frau, die mit ihrem Wissen und ihrer resoluten, aber dennoch herzlichen Art Mutter und Kind beigestanden hatte, schüttelte den Kopf: „Sie ist noch ein bisken mager, aber dat wird schon, glaub et mir", versicherte sie und lächelte die

junge Mutter an. „Wirst sehn, wenn sie nur kräftig an deiner Brust nuckelt, is dat bald 'n Pummelken."
Noch keine Stunde alt, war Kea bereits die Attraktion auf dem Hof. Ihr großer Bruder Jakob, aber auch die drei Kinder von Simon betrachteten – ehrfürchtig staunend – die neue Erdenbürgerin. Gebadet und in eilig zusammengesuchte Tücher gewickelt, schlummerte sie im Arm ihrer Mutter. Diese war trotz der Strapazen und Aufregung schon zu einem zaghaften Lächeln fähig.
Vater Ulf hielt zärtlich die Hand seiner Frau. Sein Gesichtsausdruck spiegelte deutlich wider, was in ihm vorging. Er war glücklich und dankbar, aber es lastete auch Verantwortung auf seinen Schultern. Inständig hoffte er, dass Magda und die Kinder, aber auch er selbst vor Krankheiten und Ungemach bewahrt blieben.

Aleken sollte recht behalten. Die kleine Kea nahm schnell an Gewicht zu. Bald sah man ihr nicht mehr an, dass sie den schützenden Bauch ihrer Mutter schon frühzeitig verlassen hatte.

Am 6. April des Jahres 1539 wurde das Osterfest gefeiert. Für alle Christen war das Auferstehungsfest ein besonderer Höhepunkt im Kirchenjahr. Für Magda hingen unendlich viele Erinnerungen daran. Da waren die mehr und mehr verblassenden Bilder aus der frühen Kinderzeit. Vater, Mutter und die Schwestern, alle in schönsten Sonntagskleidern beim Festmahl. Doch da war auch die Trauer um die verlorenen Osterfeste. Jahre, die sie bei den fürchterlichen Stiefeltern verbringen musste, ohne dass die Feste überhaupt erwähnt, geschweige denn gefeiert wurden.
Nun musste sie an das Osterfest vor fünf Jahren denken. Das große, fröhliche Beisammensein mit den vielen lieben Menschen auf der Grangie in der Nähe von Hude. Wieder spürte sie, geradezu körperlich, wie sie damals einen Zusammenbruch erlitten hatte, weil ein kleines Mädchen sie mit ihrem Gesang so sehr an

die verstorbene Schwester Christiane erinnert hatte. An diesem Abend waren sie und Hatta Freundinnen geworden. Es kam ihr vor, als glitten die langen, dürren Finger dieser viel älteren Frau über ihre Wange. Damals hatten sie Tränen fortgewischt und ihre Verbundenheit bekundet. Gegenseitig hatten sie tiefe Einblicke in ihre Leben und ihre Seelen zugelassen, Verwundbarkeit gezeigt und Heilung zugelassen.
Seither war es bergauf gegangen in ihrem Leben, resümierte Magda. Sie ängstigte sich nicht mehr so oft, die große Liebe hatte darin Einzug gehalten. Jetzt feierte sie das große Fest mit ihrer eigenen Familie. Ulf, Jakob und nun auch die kleine Kea waren aus diesem Leben nicht mehr fortzudenken.
Es hatte sehr viele traurige Momente gegeben, und auch solche, die Angst erzeugt hatten, Tränen und Leid; aber sie vertraute darauf, dass in dieser Gemeinschaft ein Neubeginn möglich war. „Vertraue auf den Herrn", sagte sie ungewollt laut.
Ulf, tief in Gedanken versunken, schreckte auf: „Was meinst du damit?", fragte er verstört.
„Ich habe den Satz sehr oft von meinen Eltern gehört. Sie haben ihre ganze Zuversicht daraus geschöpft. Meinst du nicht auch, dass er ganz gut passt, jetzt, da wir hier in der Fremde völlig neu beginnen werden?"
Ihr Ehemann nickte stumm und lächelte. Ob sich seine Gedanken ebenfalls um die vielen neuen Herausforderungen drehten, ließ er offen.

Schneller als gedacht war Routine in den Alltag eingekehrt. Während Ulf und seine Mutter das Brauhaus auf Vordermann brachten und das erste frisch gebraute Bier vom Sudkessel in die Lagerfässer umgefüllt werden konnte, schien auch für Magda der Tag oft zu wenig Stunden zu haben.
Der Haushalt war zu versorgen, Brot musste gebacken werden und dann hatte sie auch noch zwei kleine Kinder zu versorgen. Da war es gut, dass Jakob sich gerne bei seinem Vater und Groß-

mutter Anna im Sudhaus aufhielt. Das waren die Momente, in denen sich Magda ihrer kleinen Tochter in Ruhe widmen und sie stillen konnte.
Borchard entwickelte sich zum ruhenden Pol in der Familie. Überall dort, wo eine zusätzliche Hand gebraucht wurde, war er zur Stelle. Mit seiner Ausgeglichenheit sorgte er dafür, dass alle um ihn herum nicht an den vielfältigen neuen Aufgaben verzweifelten.
Die Äbtissin war kurz nach Keas Geburt persönlich erschienen. „Ich hoffe, ihr seid mit allem versorgt und bei guter Gesundheit."
Die ersten Worte hatte sie noch mit der ihr eigenen distanzierten Art vorgetragen. Magda bemerkte jedoch, dass die Stimme der Ehrwürdigen Mutter einen wärmeren Ton annahm, je länger sie den Säugling betrachtete. Auch war etwas Mildes, ja Verliebtes in ihrem Blick zu erkennen, wenn er auf der Kleinen oder deren Bruder Jakob ruhte.
‚Diese Frau hat eine wunderbare Profession und genießt Achtung, aber sie wird niemals das Glück kennenlernen, Leben zu schenken und Kinder zu haben', wanderten Magdas Gedanken nahezu mitleidig zu der Besucherin.
Nachdem alles für die Taufe in der benachbarten Kirche besprochen war, wandte sich Aleidis von Hetterscheid erneut an alle: „In den ersten Tagen habt ihr alle anständige Arbeit geleistet. Es tut dem Kloster gut, dass hier im Brau- und Backhaus wieder jemand für Ordnung sorgt." Dann ergänzte sie in Richtung Magda: „Mach dir keine Sorgen wegen der Arbeit. Wenn du nicht alles schaffst, wird die Priorissa dir eine Hilfe schicken."
Magda ahnte, dass sie mit ihrem ersten Eindruck nicht falsch gelegen hatte. ‚Unter der harten Schale schlägt ein mitfühlendes Herz', so ihr gereiftes Urteil, das sie aber für sich behielt.

Mitten in diese Phase, in der sich alle an die neue Umgebung und fremde Menschen gewöhnten, platzte eine schier unglaubliche Nachricht: Maria lud zu ihrer Hochzeit ein!

„Ich verstehe das nicht", sagte Magda kopfschüttelnd zu Ulf. „Lämmi war sich so sicher, dass sie niemals mit einem Mann zusammenleben könnte. Sie hat Schreckliches durchgemacht, so schlimm, dass sie nicht einmal mir alles anvertrauen konnte. Als ich sie vor einiger Zeit gefragt habe, ob sie sich Simon an ihrer Seite vorstellen könnte, hat sie geradezu angeekelt geschaut. Dabei wissen wir doch alle, wie Simon ist, ein liebevoller Vater und guter Ehemann. Und jetzt das! Irgendwie passt das nicht zu Maria!"
Ulf zog die Schultern hoch: „Es kann doch sein, dass sie inzwischen anders darüber denkt. Man sagt doch, dass die Zeit Wunden heilt. Sie kennt diesen Klaas schließlich schon länger. Vertraue darauf, dass sie sich das gut überlegt hat."
„Ich hoffe, dass du recht hast." Die Antwort wirkte nicht überzeugend, eigentlich lag ihr etwas auf der Zunge, das Ulf nicht ohne Grund als Beleidigung empfunden hätte: ‚Du bist ein Mann. Du kannst überhaupt nicht beurteilen, wie sich eine Frau wie Maria fühlt.'
Magda behielt es für sich. Insgeheim hoffte sie, dass ihr Mann richtig lag, aber ihr Gefühl sagte Folgendes: ‚Maria weiß genau, dass es am besten ist, wenn die Schmiede in der Familie bleibt. Sie fühlt sich Mutter verpflichtet und redet sich die Sache schön. Manchmal vertraut sie ihrem Verstand mehr als ihrem Gefühl.'
Abends wirkte Magda fahrig und gedanklich abwesend. Ulf sprach sie an: „Du machst dir Sorgen um Maria?"
Seine Frau nickte: „Ja, es geht mir nicht aus dem Kopf. Eigentlich sollte ich ihr vertrauen. Sie ist eine erwachsene Frau, die weiß, was sie tut. Kann sein, dass ich aus Sorge übertreibe."
Ulf merkte, dass Magdas Lächeln gequält wirkte, war aber froh, das Thema beenden zu können. Er nahm ihre Hand: „Bestimmt ist es so. Du bist schließlich ihre Schwester und machst dir zu viele Gedanken. Das ist doch ganz normal."
Was hatte es für einen Sinn, hier im Westfälischen darüber zu grübeln, was die Schwester im fernen Ostfriesland für Entschei-

dungen traf? Mit diesen Gedanken machte sich Magda an ihr Tagwerk. Verdrängen konnte sie ihre Bedenken jedoch nicht und an dem Tag, der in der Mitteilung für die Hochzeit genannt war, konnte sie an nichts anderes denken. Mehrfach ließ sie von ihrer Arbeit ab, faltete die Hände und sprach ein Gebet. Sie wollte doch nur, dass es Maria gut ging. ‚So gut wie mir', dachte sie im Stillen. ‚Ich bin gut versorgt, beide Kinder sind gesund und ich habe eine liebe Familie um mich.' Tatsächlich traf sie mit ihrer Feststellung die Situation ziemlich genau. Das einzige, was sie sich noch zusätzlich wünschte, war eine Freundin, mit der sie über alles reden konnte. ‚So wie auf der Grangie mit Birta, Gudrun oder auch Hatta', dachte sie manchmal. Sie verstand sich gut mit ihrer Schwiegermutter, aber ihre Gespräche blieben oberflächlich. Anna war herzensgut, doch es fehlte ihr manchmal an Einfühlungsvermögen. So unterließ es Magda, Anna ihr Innenleben zu offenbaren.
Lediglich mit Aleken, der Frau, die ihr als Geburtshelferin beigestanden hatte, konnte sie auch über ihre Gefühle reden. Zunächst war Aleken täglich gekommen, um sich nach der Gesundheit von Mutter und Kind zu erkundigen. Jetzt, Wochen später, kam sie ab und zu auf einen Plausch vorbei. „War gerade unterwegs, dachte, schaust mal rein", war ihre Erklärung dafür, wenn sie sich wieder einmal selbst eingeladen hatte.
Ohne Scheu hatte die alte Frau, Magda schätzte sie auf über siebzig Jahre, der „Neuen" im Backhaus aus ihrem bewegten Leben erzählt.
„Ich bin als junge Frau, sagen wir besser als Mädchen, als sogenannte Eigenhörige, zum Kloster gekommen", hatte sie ihren langen Vortrag über ihre Lebensgeschichte begonnen. „Vorher gehörte ich dem Knappen Johann von Langhen, aber der brauchte Geld und hat sich auf ein Geschäft mit der damaligen Äbtissin eingelassen. Hier auf einem Hof des Klosters gab es die Grete, auch eine Eigenhörige. Die hatte sich in einen Jüngling, einen freien Bauernsohn, verguckt und wollte den heiraten.

Dann hat Gretes Vater all sein Geld zusammengekramt und dem Knappen gegeben, damit er die Grete gegen mich tauscht und danach freigibt."
Danach hatte sie aufgeblickt und Magdas entsetzten Blick wahrgenommen.
„Kennse dat nich, noch nie von Eigenhörigen oder Leibeigenen gehört? Gibt's die da oben bei euch nich?" Aleken wechselte wieder zu der ihr eigenen nachlässigen Sprache, nachdem sie sich vorher besser artikuliert hatte.
„Dat können die Grundherrn einfach so mit uns machen, so wie mit nem Ochsen, den sie vor ihren Pflug spannen – und irgendwie is es ja auch so. Sie spannen uns für eine Arbeit ein, wenn's auch kein Pflug ist." Dann gab sie sich versöhnlich: „Will mich aber nich beklagen, hab's ganz gut getroffen hier. Nen Kerl hab ich nich abgekriegt, is vielleicht auch besser so. In der Küche bin ich in meinem Element und wenn son Balg auf die Welt will, helfe ich gerne dabei." Sie grinste Magda an: „So wie bei dir, Mächen, hasse aber gut gemacht." Zur Bestätigung bekam die junge Mutter einen freundschaftlichen Klaps auf die Schulter.

Magda hatte eine Menge zu verarbeiten, als sie über das Gehörte nachdachte. Abends sprach sie mit Ulf darüber und knüpfte dabei an ein Gespräch an, das sie vor Wochen mit Simon geführt hatten. „Ich bleibe dabei, dass es Unrecht ist, Menschen als Eigentum zu betrachten."
Ihr Mann schaute sie an: „Kannst du dich noch erinnern, was Simon dazu gesagt hat? Dass auch Armut Unfreiheit bedeutet? Unrecht beginnt doch da, wo die einen so reich sind, dass sie nicht wissen, was sie mit dem Reichtum anfangen sollen, und wieder andere darben und haben nicht genug zu essen. Die Mächtigen schicken ihre Männer in den Krieg, um zu töten oder selbst getötet zu werden. Sie geben lieber Geld für Kanonen aus, als sich um ihre Untergebenen zu kümmern, damit die satt werden. Weißt du, Magda, Ungerechtigkeit gibt es überall. Manchem

Leibeigenen mag es besser gehen als einem Freien, dem es am Nötigsten fehlt. Natürlich stimmt das, was du sagst. Es sollte niemand in Knechtschaft leben. Wir können nur versuchen, selbst nicht ungerecht zu handeln, aber auch das wird uns nicht immer gelingen."
Wegen solcher, manchmal geradezu philosophisch anmutenden Antworten, liebte Magda die abendlichen Gespräche mit Ulf. In diesen Momenten kehrte er sein Inneres nach außen, zeigte, welch frischer Geist hinter der stillen Fassade steckte, die er im Alltag zeigte.

Als Tage später Aleken wieder in der niedrigen, windschiefen Tür stand, brannte Magda darauf, aus ihrem Leben zu erzählen. „Komm rein, ich habe Zeit, die Kleine schläft und Jakob ist bei seinem Großvater. Du musst unbedingt mehr von mir wissen!"
In Alekens Gesicht war die Überraschung deutlich zu sehen. Kein Wunder, kannte sie ihr Gegenüber bisher als geduldige Zuhörerin, die wenig von sich preisgab. Jetzt aber schien es, als sprudelte sie geradezu vor Mitteilungsfreude.
Magda begann: „Du weißt ja, dass ich, ich meine, wir alle aus Hude bei Bremen hierhergekommen sind. Ich habe aber nicht immer dort gelebt. Vor dieser Zeit ging es mir sehr schlecht. Es war ein Mönch, ein Zisterzienser, dem ich es zu verdanken habe, dass mein Leben besser wurde."
Alekens Interesse war geweckt, sie rückte auf dem Stuhl nach vorne, streckte den Rücken durch und legte die Hände in den Schoß. Erwartungsvoll blickten ihre blauen Augen, das markanteste Merkmal in ihrem fahlen Gesicht, in die Richtung, aus der es Neuigkeiten zu erwarten gab.
Magda erzählte und gestikulierte, lachte, hielt inne, unterdrückte Tränen und erzählte weiter. So hatte sie bislang allenfalls ihre Schwester erlebt. Es tat ihr unzweifelhaft gut, dass sie alles, was sie mit sich herumgetragen hatte, zumindest einer weiteren Person anvertrauen konnte. Nicht nur das Schwere wurde dadurch

leichter, auch die fröhlichen Momente zu präsentieren, verschaffte ihr ein freies Gefühl.
Schon einmal, vor Jahren, hatte sie ihr Herz ausgeschüttet. Damals war Hatta ihre Zuhörerin. Nur waren die Umstände zu der Zeit andere gewesen. Eine Notsituation, aus der sie befreit werden musste.
Aleken hingegen hatte sie aus freien Stücken diesen tiefen Einblick gewährt. Sie spürte, dass ihre Geschichte bei dieser Frau gut aufgehoben war.
Von diesem Tag an war Aleken ein häufig und gern gesehener Gast. Die beiden Frauen redeten stundenlang miteinander. Ab und zu gesellte sich Anna zu ihnen, war dann jedoch nach kurzer Zeit wieder verschwunden. Selbst wenn sie altersmäßig viel besser zu der Besucherin passte, fühlte sie sich hier wie das fünfte Rad am Wagen.

Anna knüpfte andere Bekanntschaften. Die Bäuerinnen und Bauern, die Korn anlieferten, Knechte von der Grangie und verschiedene Nachbarn unterhielten sich gerne mit ihr.
Die Männer, aufgrund ihrer Naturelle zurückhaltender, brauchten länger, um Kontakte in der neuen Umgebung zu knüpfen.
Borchard fand bald eine Beschäftigung, der er zurückgezogen in einer kleinen Kammer des Brauhauses nachgehen konnte. Sobald er nicht von seiner Frau oder Schwiegertochter in Anspruch genommen wurde, zog er sich an sein Schreibpult zurück.
Auf das Lot genau notierte er eingehende Lieferungen, erfasste Verluste durch Mäusefraß, trug die Anzahl der gebackenen Brote und die Menge des gebrauten Bieres ein. Für jedes Vorkommnis, sei es auch eine kleine Reparatur, verfasste er eine Notiz.
Die Kellnerin zeigte sich, bei aller gebotenen klösterlichen Zurückhaltung, von seiner Arbeit begeistert. Sie hatte ihm sogar anvertraut, welch große Hilfe seine präzise Arbeitsweise war: „Manchmal glaube ich, dass die Brüder aus Marienfeld uns Nonnen nicht zutrauen, dass wir gut wirtschaften können. Bei der

Visitation erwarten sie für jede Ausgabe eine Erklärung. Sie denken auch, dass wir es mit der Einnahme der Pacht nicht so genau nehmen und zu üppig leben. Dabei spare ich, wo es geht, und halte die Jungfern ebenfalls dazu an, nach dem Armutsgebot zu leben."
Borchard hatte derart vertrauliche Worte früher durchaus von Prior Johann von Haselünne in Hude gehört. Allerdings war er damals Mitglied des Konvents. Dass die Verantwortliche des Klosters so offen zu ihm sprach, sah er als Vertrauensbeweis. Nicht einmal seiner Familie berichtete er von der Unterredung.

Für Ulf war es ein Erlebnis, die neue Umgebung zu erkunden. Gelegenheit hatte er dazu reichlich. Gab es in der Brauerei nichts mehr zu tun, war er unterwegs. Korn musste zur Mühle geschafft und als Mehl zurücktransportiert werden, Bier wurde ausgeliefert, Brennholz und Kohle holte er mit dem Gespann der Grangie aus dem naheliegenden Osning.

Das Jahr 1539 verging wie im Fluge. Im Herbst konnte überall eine gute Ernte eingefahren werden. Im Kloster gab es folglich wenig Ärger mit säumigen Pächtern und die Vorräte, die in der Grangie gehortet werden konnten, ließen die Menschen hoffnungsvoll in die Zukunft blicken.

# Dürre

## Gravenhorst im Jahr 1540

Die gute Stimmung setzte sich fort, als nach dem Winter der Frühling mit mildem Wetter aufwartete. Früh und unter guten Bedingungen wurden die Felder neu bestellt.
Als jedoch ab März der Regen ausblieb, zeigten sich bei der Landbevölkerung immer mehr Sorgenfalten auf den Gesichtern.
„Die Saat geht nicht auf, oder sie zeigt ein kümmerliches Grün, das gleich wieder von der Sonne verbrannt wird.“ Simon hatte das ausgedrückt, was alle Bauern mehr und mehr ängstigte.
Es wurde nicht besser. Auch im Sommer brannte die Sonne erbarmungslos vom Himmel. Den ganzen Sommer über gab es nicht ein einziges Gewitter.
Nur noch die widerstandsfähigsten Pflanzen, tief verwurzelt, bildeten blassgrüne Tupfer in der versengten Landschaft.
Die Meldungen, die in unregelmäßigen Abständen zwischen den Klöstern durch Boten ausgetauscht wurden, verhießen nichts Gutes. Simon, der sich oft mit der Klosterleitung beriet, informierte seine Freunde: „Die Hitze ist eine Plage im ganzen Reich. Im Süden soll es noch schlimmer sein als hier. Das bedeutet auch, dass wir nicht mit der Hilfe der anderen Klöster rechnen können. Wir haben gute Vorräte aus der letzten Ernte, aber es wird nicht für einen weiteren Winter reichen.“
Nach Wochen erbarmungsloser Hitze schlug die Verzweiflung der Menschen in Gewalt um. Bauern hatten die Wasserleitung, die zur Klosterküche führte, angezapft, um wenigstens ein paar Tiere tränken zu können.

Ulf wusste, was zu tun war: „Ich hole uns Wasser vom Berg. Es gibt noch einige erreichbare Quellen, also packt alle verfügbaren leeren Fässer auf den Wagen. Trotzdem sollten wir sparen, wo es geht.“

Er war nicht der einzige. Täglich war ein langer Treck von Menschen mit Fuhrwerken, Holzkarren oder vereinzelt auch mit einem Joch und Eimern unterwegs. Zwar musste so niemand dursten, aber bald fehlte es an Nahrung für Mensch und Tier.
In der Not begannen die Bauern, ihr Vieh zu schlachten, bevor es verhungerte. Um das Fleisch haltbar zu machen, fehlte es jedoch an Salz und bei der Hitze war eine fachgerechte Verarbeitung unmöglich. So gab es denn für ein paar Tage reichlich zu essen, aber der ohnehin kleine Viehbestand schrumpfte mehr und mehr.

Priorissa Elisabet von der Streithorst ließ Simon zu sich rufen. Im Beisein der Kellnerin formulierte sie im strengen Ton, wie auf der Grangie verfahren werden sollte.
„Es ist ein Befehl der Äbtissin, dass jede auch noch so kleine Verschwendung vermieden wird. So wie wir Jungfern im Konvent nur das Lebensnotwendige zu uns nehmen, ist auch auf der Grangie zu verfahren. Die Mahlzeiten sind so sparsam zuzubereiten, dass alle mit dem Nötigsten versorgt werden. Sollte dennoch etwas übrig bleiben, soll das nicht achtlos in den Schweinetrog geworfen, sondern aufgewärmt werden. Die jungen Burschen, die ohnehin nichts zu tun haben, sollen die Felder absuchen. Alles, was an Ähren, Wildfrüchten und sonstigem Verwertbaren zu finden ist, muss gesammelt werden, um das Mastvieh damit zu füttern."
Dann sah sie Simon an: „Du wirst alle Vorräte prüfen. Alles, was entbehrlich ist, muss gesondert aufbewahrt werden. Damit soll denen geholfen werden, die die größte Not leiden."
In einem wesentlich milderen Ton schloss sie: „Wie gesagt, so hat es die Ehrwürdige Mutter angeordnet. Es ist aber auch unsere Christenpflicht, so zu verfahren. Möge der Herr geben, dass wir in der Zeit der Prüfung nicht verzagen."
Sie schloss mit einem Gebet und entließ ihren Verwalter mit Segenswünschen.

Simon hatte bereits begonnen, in dem Sinne zu verfahren, wie es jetzt offiziell angeordnet war. Dennoch war er froh, deutliche Worte gehört zu haben. Insbesondere die Eigenhörigen und die Pächter durften nicht den Eindruck bekommen, dass im Konvent üppig gelebt wurde. Sie ächzten unter Abgaben und Frondiensten, ihre Jünglinge mussten als Knechte und Mägde arbeiten. Da war es gut, wenn sich in der Zeit der Entbehrungen auch die Nonnen bescheiden zeigten.
So hatte er denn auch, nachdem das Gespräch offiziell beendet war, noch eine wichtige Sache mitzuteilen: „Immer, wenn es möglich ist, entbinde ich die Leute von den Leib- und Spanndiensten. Es gibt nicht so viel zu tun. Da ist es besser, wenn die Menschen sich um ihre eigenen Landstellen kümmern. Die Zugtiere benötigen auch weniger Futter, wenn sie nicht hart arbeiten müssen."
Die Priorissa zeigte sich beeindruckt: „So solltest du auch weiterhin verfahren. Das fördert ein gutes Einvernehmen mit der Landbevölkerung."
Die Kellnerin mischte sich ein: „Die Jungfern haben sich verpflichtet, alle persönlichen Zuwendungen ihrer adeligen Familien der Gemeinschaft zur Verfügung zu stellen. Was davon erübrigt werden kann, wird ebenfalls für die Armenhilfe zurückgelegt."
Damit war das Gespräch beendet.

Zu Hause sprach Simon mit Benedicta über die Anordnungen: „Wenn sich alle daran halten, ist es eine vernünftige Entscheidung. Was wir überhaupt nicht gebrauchen können, ist ein Aufstand oder Diebstahl. Die Menschen sind bereit, viel zu ertragen. Wenn aber der Magen knurrt, kann auch der Friedfertigste zum Plünderer werden. So eine Grangie ist nun einmal keine Festung."
An den schattigen Stellen, an denen noch ein wenig Korn wuchs, hatte dieses mickrige Ähren und wurde viel zu früh reif. Ende

Juni waren die meisten Felder abgeerntet und die Stoppelfelder der unbarmherzigen Sonne schonungslos ausgesetzt.
Es wurde ein stiller Sommer. Kein Lärm spielender Kinder drang in die Häuser, Hufgetrappel und der metallene Klang, der das Dengeln von Sicheln und Sensen verursachte, war nirgends zu vernehmen.
Einzig das alles durchdringende Scheppern der Totenglocke durchschnitt immer häufiger die flirrende Hitze.
Der Tod war nicht wählerisch. Er entriss Mütter und ihre soeben geborenen Säuglinge den Familien. Schwache Kinder und Greise, die bei der Mangelernährung der Hitze nicht widerstehen konnten, entführte er in sein Reich. Später wilderte er in allen Bevölkerungsgruppen. Der Hunger sorgte dafür, dass er reiche Beute machte. In ihrer Verzweiflung aßen die Menschen unreife oder nicht verträgliche Pflanzen, die tödliche Durchfallerkrankungen nach sich zogen.
Die Glocken riefen die Gläubigen nicht nur zu Beerdigungen zusammen. Immer öfter fanden Bittgebete statt. Demjenigen, der flehentlich zum Himmel blickte, zeigte sich jedoch ein durchgängiges, strahlendes Blau, das bis zum Horizont nicht eine einzige Farbschattierung aufwies.
In der Not suchte ein jeder nach neuen Ideen, die das Überleben sicherten.

Eines Tages dachte Magda plötzlich an eine Beobachtung, die sie während ihrer Flucht vor den Stiefeltern gemacht hatte. Noch am Abend erzählte sie ihrem Mann davon: „Du weißt doch, dass ich zusammen mit Clemens in dieser Waldhütte gelebt habe“, begann sie. „Dort gab es einige verwilderte Hühner, um die sich vermutlich seit Wochen niemand gekümmert hatte. Trotzdem haben sie mitten im Winter überlebt. Sie scharrten unter Büschen und Sträuchern und fanden dort Samen und Larven. Unsere Hühner finden auf dem kahlen Hof vor der Backstube nichts mehr und fressen eine Menge Korn, das wir dringend zum

Backen benötigen. Besser, sie könnten sich in der Senke, in der noch nicht alles vertrocknet ist, selbst ihre Nahrung suchen. Denkst du, dass man sie dorthin führen kann, ohne dass sie entlaufen?“

Wie so oft antwortete Ulf nicht sofort. Er lehnte sich zurück. Mit Zeigefinger, Mittelfinger und Daumen der rechten Hand zupfte er an seinem Oberlippenbart. Ein Zeichen, dass er angestrengt überlegte.

„Natürlich, das ist es!“, rief er aus, „wir müssen sie dort unten einzäunen!“

Dann wurde er konkreter: „Das Gesinde des Konvents hat wenig zu tun. Es kann Zäune flechten und dann sperren wir das Federvieh dort ein, wo es noch ein wenig zu fressen gibt.“

Bereits am nächsten Tag wurden Weidenzweige geschnitten und von den Knechten und Mägden zu Zaunfeldern geflochten. Die Zustimmung der Ordensleitung war schnell eingeholt. Alles, was die Versorgung verbessern konnte, war willkommen.

In einem kleinen Tal unweit des Klosters entstand so ein Auslauf, in dem die Tiere scharren konnten und wo sie unter Büschen Schatten fanden.

„Wir lassen ein paar Kinder aus dem Dorf aufpassen, damit nicht doch ein hungriger Fuchs durchs Gatter schlüpft oder ein Dieb die Hühner schnappt.“ Magda hatte an alles gedacht.

Freiwillige für den Wachdienst waren schnell gefunden. Als Belohnung sollten die Jungs ein Ei bekommen. Eier waren zu einer beliebten Währung geworden, weil es am Nötigsten mangelte.

Nach getaner Arbeit verspeisten die hungrigen Kinder das frisch gekochte Ei an Ort und Stelle, sobald sie die zusammengetriebenen Hühner samt der Transportkiste am Backhaus abgeliefert hatten. In den Familien war ihnen der Genuss nicht vergönnt. Die Väter oder die großen Brüder sicherten sich üblicherweise die wertvolle Nahrung. Allenfalls ließen sie diese einem kranken Familienmitglied als Stärkung zukommen.

Ohnehin litten die Kinder am meisten. Viele Familien waren kinderreich, jeder Esser mehr verschlimmerte die Situation. Für viele hatten die Kinder erst eine Bedeutung, wenn sie groß und kräftig genug waren, um arbeiten zu können. Die Kleinsten in den Familien hatten keine Rechte, sie mussten gehorchen und sich unterordnen. Verzweifelte Mütter scheuchten die Kinder herum wie lästiges Ungeziefer und jene Väter, die ohnehin zu Gewalt neigten, prügelten noch öfter und brutaler als in gewöhnlichen Zeiten.
Nicht selten wurden zwölfjährige Mädchen oder Jungen zur Arbeit auf die Höfe, in die Schänken oder herrschaftlichen Häuser geschickt, den Launen und Neigungen ihrer neuen Herrschaften auf Gedeih und Verderb ausgeliefert.
Auch wenn der Alltag mit seinen Verpflichtungen für Ablenkung sorgte, drifteten Magdas Gedanken ab zu den Schwachen und Geschundenen. Die Natur war doch unbarmherzig genug, warum machten sich die Menschen zusätzlich das Leben schwer? Sie hatte keine Erklärung dafür.

Von März bis September hatte es keinen nennenswerten Niederschlag gegeben. Die ersten Regenschauer im Herbst sorgten für ein bescheidenes Grün, sodass die verbliebenen Weidetiere noch ein paar Wochen grasen konnten, aber die Schäden der Trockenheit waren irreparabel.
Selbst wenn das kommende Jahr einen guten Ertrag bringen würde, hätten die Bauern noch lange an den Folgen zu leiden, das wussten sie nur zu gut. Schlachttiere würden fehlen, da alles verfügbare Vieh zur Zucht gebraucht wurde, um den Bestand wieder zu normalisieren.
Die Pachtzahlungen und Abgaben würde kaum jemand leisten können. Spätestens im nächsten Jahr zwischen Johanni und Martini würden die Grundherrn sie aber wieder einfordern. Die großzügigen und weitsichtigen unter ihnen würden nicht auch noch auf die Forderungen aus diesem entbehrungsreichen Jahr

bestehen. Normale Zustände konnte es vermutlich erst nach einigen Jahren geben.

Magdas inniger Wunsch, einmal die Familie um sich versammeln zu können, erfüllte sich nicht. Viele Gründe sprachen dagegen. Die Reise dauerte lange und war gefährlich. Zudem gab es sowohl im Gravenhorster Kloster als auch in der ostfriesischen Schmiede viel zu tun.
Allerdings wurden, wenn auch selten, Nachrichten ausgetauscht. Marias Mann Klaas kannte in der Hafenstadt Emden einen Händler, der mit westfälischen Leinenstoffen handelte. Dessen Geschäftsreisen führten ihn gelegentlich mit dem Schiff über die Ems nach Rheine. Von dort aus besuchte er die Weber im Tecklenburger Land und im Münsterländischen. Auf dem umgekehrten Weg wurden die fertigen Stoffe transportiert.

Borchard wiederum hatte in der Stadt Rheine eine zuverlässige Adresse ausgemacht, an der die Nachrichten abgegeben oder abgeholt werden konnten. Er hielt sich oft in dieser Stadt auf. Dort hatte er einen kleinen Kreis von Geistlichen und anderen studierten Männern kennengelernt, die sich gerne über das aktuelle Tagesgeschehen austauschten.
Um nicht zu viel kostbares Papier zu verschwenden, fassten sich Ulf und Borchard ebenso kurz wie Klaas, wenn es Neues zu berichten gab. Magda traute ihren Fähigkeiten noch nicht ausreichend, um eigene Mitteilungen zu verfassen. Ihren Namen setzte sie jedoch jedes Mal stolz und mit schön geformten Zeichen unter die Briefe.
Die Schreiber achteten darauf, dass jeweils an die vorherige Mitteilung angeknüpft wurde. So konnte man am besten erkennen, ob ein Brief verloren gegangen war. Einmal passierte dies, aber insgesamt war die Familie einigermaßen über die Lieben in der Ferne informiert. Ein- bis zweimal im Jahr konnte Magda in der Regel eine solche Nachricht in Empfang nehmen.

Da der Pegel der Ems keinen Schiffsverkehr zugelassen hatte, war besagter Kaufmann in diesem Jahr nur im Frühherbst zu Pferde in der Gegend gewesen.
Die kurze Nachricht, von Klaas verfasst, beruhigte Magda. Alle waren gesund und die Schmiede warf genügend Ertrag ab. Hungern musste die Familie auch nicht. Was die Bauern in der Gegend wegen der Dürre nicht anzubieten hatten, konnte man in der nicht weit entfernten Stadt Emden erwerben. Eingeführte Waren aus den nicht so heißen nordischen Ländern waren zwar teuer, aber in ausreichender Menge zu haben.
Es schien, als wären die flehentlichen Gebete, die viele Menschen zum Jahreswechsel gesprochen hatten, erhört worden. Das folgende Jahr war eines ohne besondere Höhen und Tiefen, aber es war ein gutes.

# Familienleben

## Gravenhorst im Jahr 1541

Magda hatte die Balance in ihrem Leben gefunden. Gerade, weil es bisher turbulent verlaufen war, schätzte sie das normale Leben und die Ruhe, die inzwischen eingekehrt war. An einem Sonntag stieg sie, zusammen mit Ulf und den Kindern, auf eine kleine Anhöhe. Während die Kinder übermütig auf der Wiese tollten, umschlangen ihre schlanken Arme Ulfs Schultern. Den Blick auf die sanfte blaugrüne Hügelkette gerichtet, resümierte sie: „Weißt du eigentlich, wie glücklich ich bin? Ich habe dich und wir haben zwei fröhliche und gesunde Kinder. Mein größter Wunsch ist, dass es für lange, lange Zeit so bleibt!“

Der innige Kuss, mit dem ihr Mann bestätigte, dass er genauso dachte, rief die eifersüchtige kleine Kea auf den Plan. Sie zerrte so lange am Hosenbein ihres Vaters, bis sie zwischen den verschlungenen Armen ihrer Eltern ihren Platz gefunden hatte. Jakob, wie immer ein wenig zurückhaltender, betrachtete das Knäuel. Er brauchte eine Ermunterung, bis auch er sich auf die Kuschelei einließ.

Magdas Wunsch nach Beständigkeit schien in Erfüllung zu gehen. In den folgenden Monaten und auch am Beginn des neuen Jahres trübten keinerlei Schreckensnachrichten den Familienfrieden. Nach und nach lernten die Kruses ihre Nachbarn besser kennen. Inzwischen wussten sie, wem sie im Dorf vertrauen konnten und welche Zeitgenossen man, wenn möglich, auf Distanz hielt.

Magda hatte sich auch daran gewöhnt, dass sie, obwohl sie für das Kloster arbeitete, kaum Kontakt zu den Nonnen hatte. Nur ein paar ältere Schwestern, die manchmal die Ordensregeln großzügig für sich auslegten, blieben gelegentlich für ein paar freundlich gewechselte Worte am Zaun stehen.

Dinge, die mit ihrer Arbeit zu tun hatten, wurden mit der Kellnerin geregelt. Privates wurde dabei ausgespart.
Lediglich mit Borchard tauschte sich die Kellnerin von Zeit zu Zeit länger aus. Das Leben im Konvent hatte ihn geprägt, somit ergaben sich Gemeinsamkeiten im Denken und Handeln.
Daher wusste auch niemand im Kloster, was Magda erahnte. Kaum war das Osterfest vorbei, hatte sie das Gefühl, erneut schwanger zu sein. Sie strahlte förmlich vor Glück, als sie ihren Ehemann ihre Vermutung mitteilen konnte. An einem lauen Frühjahrsabend, als die Kinder schon in der gemeinsamen Schlafstatt lagen, lüftete sie das Geheimnis.
„Es ist schön, mit mehreren Geschwistern aufzuwachsen. Ich habe mich früher gut mit den Schwestern verstanden. Jakob und Kea sind im richtigen Alter, um einen kleinen Bruder oder eine Schwester zu bekommen. Ich freue mich jetzt schon darauf." Übermütig zerzauste sie Ulfs wilde Mähne und ließ sich anschließend von ihm herumwirbeln.
Nur ein paar Wochen später folgte die Ernüchterung. Wie aus dem Nichts setzten eines Nachts heftige Blutungen ein. Magda hatte das Kind verloren!

In den Wochen danach fühlte sie sich schwach und antriebslos. Sie trauerte. Es war nicht leicht für sie, Ulf zu erklären, wie sie sich fühlte: „Da war schon eine Verbindung zwischen uns. Mir ist, als würde ein Teil von mir fehlen." Ihre Vertraute, Aleken, konnte sie besser verstehen. Auch wenn die Geburtshelferin nie selbst Mutterfreuden genossen hatte, kannte sie den Kummer. Schon oft hatten ihr junge Frauen, die einen solchen Verlust erleiden mussten, das Herz ausgeschüttet.
Es dauerte, aber in der Geborgenheit ihrer Familie schaffte Magda es, mit neuem Mut in die Zukunft zu blicken. ‚Ich bin noch jung genug, erneut schwanger zu werden. Falls es mir nicht vergönnt sein sollte, wäre das auch nicht so schlimm. Ich habe schließlich Kea und Jakob.' Solche Gedanken trieben sie an,

sodass sie die Momente mit Ulf und den Kindern genießen konnte. Auch Benedicta ermunterte sie, mit Zuversicht und Gottvertrauen in die Zukunft zu blicken.
Ulf und die Kinder aber waren ihre wichtigste Stütze. Zwar waren alle von ganz unterschiedlichem Naturell, aber die Familie zeigte sich als starke Gemeinschaft.

In diesen harmonischen Familienalltag platzte eine Nachricht aus Ostfriesland, deren Tragweite Magda nicht zu erfassen vermochte. Zu sehr stand das Gelesene im Kontrast zu ihrer eigenen Situation. Die Zeilen des Briefes glichen spitzen Pfeilen, die sich unbarmherzig in ihr Herz bohrten. Schon so oft hatte es Momente gegeben, in denen sie vom Trennungsschmerz gemartert worden war, doch nie zuvor war ihr eines so bewusst: Maria wünschte sich jetzt ihre starken Arme, vermisste lange, verständnisvolle Gespräche mit ihr. Allein zwischen den Schwestern lagen gut und gerne fünf Reisetage. Als Ehefrau und Mutter konnte Magda nicht einfach aufbrechen, um ihrer Schwester beizustehen. Außerdem hatte sie zu arbeiten. Wenn überhaupt, war eine solche Reise erst nach intensiver Planung und mit sicherer Begleitung möglich.
Zunächst blieb ihr nur die Möglichkeit zu warten, bis eine weitere Nachricht sie erreichte. Warten – das war jedoch etwas, was Magda noch lernen musste.

# Bittere Erkenntnis

## Ostfriesland im Jahr 1542

Aus und vorbei! Aus mit ihrer unbeugsamen Haltung, die sie befähigt hatte, die letzten Tage durchzustehen, diese verdammten letzten Tage! Aus mit berechnenden, wohlgesetzten Worten, aus mit Taktik und der Fassade, die eine starke, unverwundbare Frau vorgetäuscht hatte. Vorbei war die Hoffnung, sich doch geirrt zu haben. Vorbei aber auch ein bedeutender Lebensabschnitt: ihre Ehe.

Noch vor einer Woche hatte der Spiegel Maria eine junge Schönheit gezeigt, der niemand ansah, dass sie die ersten dreißig Lebensjahre hinter sich gelassen hatte. Vor wenigen Augenblicken hatte derselbe Spiegel das Bild einer verbitterten Frau mit tief liegenden Augenhöhlen und einem ausdruckslosen, fahlen Gesicht zurückgeworfen. Diese Frau saß jetzt zusammengesunken auf einem Hocker mit Binsengeflecht als Sitzfläche. Kraftlos, mit herunterhängenden Armen und dem Gefühl, dass in ihrem Kopf eine gespenstische Leere den soeben noch wild schäumenden Gedanken wich. Sie hätte heulen und vor Wut mit den Fäusten gegen Wände trommeln mögen. Allein die Kraft dazu fehlte. Was sie in den vergangenen drei Tagen durchstehen musste, hatte sie durchgestanden. Es hatte der Kraft eines Ringers und zusätzlich des Geschicks eines Diplomaten bedurft, aber sie hatte es geschafft. In den letzten Minuten hatte das Finale stattgefunden. Es war das Gespräch mit diesem Mädchen – dieser jungen Frau müsste man eigentlich sagen – gewesen, ein entscheidender Kraftakt. Es war wichtig, ihn zu meistern, denn er brachte Klarheit. Letzte Illusionen waren verflogen, daraus mussten Konsequenzen gezogen werden. Das bedeutete aber auch, dass es keinen Weg zurück gab in das Schneckenhaus der Träume. Nach dem letzten Wort hatte Maria sich noch durch das Fenster versichert, dass Heidje das Grundstück verlassen hatte. Rotz und

Wasser in ein kariertes Tuch schniefend, einen Korb unter dem Arm geklemmt, war das Mädchen mit hängenden Schultern in Richtung Dorf getrottet.
Dann folgte der Zusammenbruch. Kea hatte den Kopf durch die angelehnte Tür gesteckt, aber Maria hatte ihre Mutter mit einer abweisenden Bewegung fortgeschickt. „Lass mich!" Monoton, ohne eine sichtbare Gefühlsregung, hatte sie deutlich gemacht, keinen Trost ertragen zu können. Später vielleicht, dachte sie und merkte, dass ihr Verstand dabei war, seine Tätigkeit wieder aufzunehmen.
Wie konnte das passieren? Wann hatte es angefangen und was war der Auslöser? Ihre Ehe hatte drei Jahre gedauert, aber seit fast einem Jahr war zusehends alles aus dem Ruder gelaufen. Klaas war nicht mehr wiederzuerkennen. Hatte sie sich auch verändert?
Zunächst rief sie die letzten Tage in ihre Erinnerung zurück. Diese letzten drei verdammten Tage. Dienstagabend war Klaas ausnahmsweise zu Hause geblieben und er war zudem nüchtern. Bis zum Sommer des vergangenen Jahres war das eigentlich immer so gewesen, aber in letzter Zeit bildete beides eine Ausnahme. Bis in die Abendstunden hatte er in der Schmiede gekramt. Maria ging zu ihm: „Willst du nicht ins Haus kommen? Es ist doch viel zu dunkel zum Arbeiten."
Er hatte sich nicht umgedreht und in Richtung Amboss geantwortet: „Ich muss dir was sagen. Mir ist da etwas Dummes passiert."
‚Da stinkt etwas zum Himmel, sonst könnte er mich ansehen', arbeitete es fieberhaft in Marias Kopf. Hatte er gespielt, unüberlegt etwas Teures gekauft oder hatte ein Kunde ihn betrogen?
„Die kleine Heidje, die aus Fulkos Gastwirtschaft, bekommt ein Kind." Maria taumelte und stützte sich am Türrahmen ab: „Aber doch nicht von dir?"
Jetzt erst wandte sich Klaas zu ihr. Er nickte: „Ich war betrunken, hab das kaum mitbekommen."

In der Stille, die dann eintrat, fühlte es sich an, als würde die Luft brennen. Während Klaas mehrfach hilflose Gesten vollführte, indem er die Hände zu Fäusten ballte und wieder öffnete, misslang es auch seiner Frau, einen klaren Satz zu formulieren.
Nachdem es ihr gelungen war, sich diese schier unglaubliche Situation vorzustellen, fragte sie: „Woher willst du das wissen? Da gab es doch vermutlich mehrere. Du kennst doch Fulko." Nahezu nüchtern und sachlich klang das, so als hätte sie die Kränkung noch nicht verinnerlicht.
Wieder schüttelte ihr Mann den Kopf: „Nein, da war ein Blutfleck auf der D…" „Hör auf, ich will nichts mehr davon hören, du Scheusal!" Maria hielt sich mit beiden Händen die Ohren zu. Während sie aus der Schmiede rannte, hörte sie dennoch: „Ich schlafe ab jetzt in der Scheune."
Erstaunlich schnell hatte an diesem Abend wieder die Vernunft die Steuerung in ihrem Kopf übernommen. Wieder einmal! Wie oft hatte sie sich gewünscht, sich Gefühlen hingeben und das Denken ausschalten zu können? Es gelang ihr nicht. Fast immer, wenn sie an ihre Grenzen kam, war es da, das Vernünftige, das Durchdachte, der Überlebenstrieb.
Nahezu nüchtern und bildlich stellte sie sich die Situation vor. Klaas sollte eine unbedarfte Jungfrau von vielleicht fünfzehn oder sechzehn Jahren verführt haben, oder diese ihn? Da passte so einiges nicht! Die nächste Frage drängte sich auf: Wieso war ihm das Blut aufgefallen, wenn er doch, so wie er sagte, total besoffen war? Um vorgetäuschte Jungfernschaften rankten sich seit jeher die abenteuerlichsten Geschichten. Das Blut hatte dabei so manches Mal eine entscheidende Rolle gespielt. Bräute verletzten sich in der Hochzeitsnacht, um ein blutbeflecktes Laken präsentieren zu können. Mehr als einmal hatte sie davon gehört. War diese kleine Heidje zu einer solchen Täuschung in der Lage? Maria dachte an Sinas Geständnis in Bezug auf deren erste Schwangerschaft. Sollte auch Klaas ein Kuckuckskind untergeschoben werden? In diesem Fall waren mit Sicherheit die

Finger von Fulko oder dessen Vater Fokko, und vermutlich nicht nur deren Finger im Spiel gewesen.
Ihr Ehemann hatte sie betrogen, ohne Zweifel, aber das war höchstens die halbe Wahrheit. Maria musste die ganze erfahren.
Ihr Plan nahm Formen an. Am nächsten Tag würde sie darangehen, ihn umzusetzen.
War es am Ende doch gut, dass sie ihre Energie umleiten konnte? Statt in Selbstmitleid zu zerfließen, wollte sie Klarheit. Wenn alle Beweise auf dem Tisch lagen, musste Klaas zu seinen Taten stehen. Sie würde ihn nicht aus dieser Verantwortung entlassen.
Gleich am nächsten Morgen stand sie in der Schänke. Während sie mit Sina die Bestellung durchging, beobachtete sie Heidje. Das Mädchen bediente die beiden Tagediebe, die sich schon um diese Zeit im Wirtshaus aufhielten. Woher sie das Geld nahmen, um ihren Durst zu stillen, wusste niemand. Einer geregelten Arbeit gingen sie nicht nach und Fulko war bekannt dafür, dass er keinen Kredit gab. Das interessierte Maria jedoch im Augenblick nicht.
Sie stellte lediglich fest, dass Heidje sich ohne Frage gut auf diese Art von Stammgästen eingestellt hatte. Mit spitzer Zunge parierte sie anzügliche Bemerkungen. Griff eine der Männerhände nach ihr, wich sie geschickt aus und hob mit gespielt drohender Miene den Zeigefinger. Den Männern gefiel dieses Spiel ohne Zweifel. Dröhnende Lachsalven schwappten von ihrem Tisch ausgehend durch den ganzen Schankraum.
„Ich möchte, dass Heidje die Sachen vorbeibringt. Mit dem Mädchen muss ich dringend reden. Richte es so ein, dass sie am Freitag vor dem Mittagessen kommt.“ Es klang wie eine Anordnung und nicht wie eine Bitte.
Sina schwante, dass etwas im Argen lag, aber sie fragte ihre Freundin nicht nach dem Grund. Von den Ereignissen des verhängnisvollen Abends konnte sie nichts wissen. Inzwischen hatte sie acht Kinder zu versorgen und war nur noch tagsüber in der Schänke.

Heidjes Körperhaltung signalisierte ein großes Unbehagen. Ausgerechnet zu der Frau von Klaas Wilken hatte die Wirtin sie geschickt. Mit zittrigen Händen stellte sie das bestellte Bier und die Fleischwurst aus der Gasthausküche auf den Tisch. Dass sie dem Blick der Kundin ausweichen wollte, half ihr nicht.

„Setz dich da hin“, Maria wies gebieterisch auf einen Stuhl.
Das Mädchen wagte einen Einwand: „Tut mir leid, ich habe es eilig. Die Wirtin wartet in der Küche auf mich.“
„Du bleibst!“ Der Ton blieb scharf und Heidje gehorchte widerwillig.
„Du behauptest also, dass mein Mann dir ein Kind gemacht hat?“ Das Verhör hatte begonnen und Maria war entschlossen, keine Ausflüchte zu dulden. Dennoch bekam sie lediglich ein ängstliches Nicken als Antwort, aber das reichte fürs Erste. Mit dem kecken Mädchen aus dem Wirtshaus hatte dieses schlotternde Bündel vor ihr nichts gemein.
Jetzt ging Maria aufs Ganze: „Woher kam das Blut, wer hat dich zu dieser Lüge angestiftet?“
Die Augen der Befragten weiteten sich, sie wurde leichenblass. Es dauerte, bis sie verlegen wisperte: „Ihr wisst doch, dass es beim ersten Mal blutet?“ Überzeugend klang das nicht und Maria wurde zornig, aber sie vermied es, laut zu werden: „Ach nein, meinst du, das weiß ich nicht? Schließlich bin ich auch eine Frau. Versuche nicht, mich für dumm zu verkaufen. Sag mir jetzt sofort, woher das Blut wirklich stammt und wer der Vater von deinem Kind ist. Ist es Fulko?“
Jetzt schluchzte das Mädchen, antwortete aber demütig: „Der Wirt war ein paar Mal lieb zu mir und als dann letzten Monat meine Blutung ausgeblieben ist, hat er …“ Sie konnte nicht weiterreden. Marias durchdringender Blick blieb stur auf sie gerichtet.
Heidje versuchte, den Satz zu vollenden: „Er hat gesagt, ich soll ihm einen Gefallen tun, dann wird alles gut.“ Offenbar darum

bemüht, keine weiteren Fragen beantworten zu müssen, fügte sie flüsternd hinzu: „Das Blut war Schweineblut aus der Küche. Der Wirt hat eine kleine Flasche damit gefüllt und ich habe sie heimlich ausgeschüttet."

Maria hatte genug gehört. Nach präzisen Schilderungen der betreffenden Nacht stand ihr nicht der Sinn.
So ein übles Spiel! Der Verdacht von Maria hatte sich bestätigt, aber sie war weit davon entfernt, stolz auf ihren wachen Verstand zu sein. Diese unwürdige Szene ließ das nicht zu. Klaas sollte als Sündenbock für seinen neuen Kumpel Fulko herhalten, damit dessen Weste nicht noch mehr Flecken bekam. Nicht, dass sie ihren Mann in Schutz nahm. Egal, wie betrunken er auch gewesen sein mochte – sich mit einem jungen Mädchen einzulassen, war aus ihrer Sicht widerlich und nicht zu verzeihen.
Fulko hatte schändlich an dem Mädchen gehandelt und ihr Ehemann war keinen Deut besser. Es fehlte nicht viel, dass Heidje ihr leidtun würde. Die Tatsache, dass sie sich für diesen Schwindel hergegeben hatte, hielt Maria jedoch davon ab. Daher hatte sie auch noch eine andere und entscheidende Frage an das Mädchen: „Warum hast du dich denn nicht deinen Eltern anvertraut? Es gibt meistens einen Weg, so etwas auf ehrliche Weise zu regeln. Ein Kind ist doch kein Verbrechen!"
Resignierend schüttelte Heidje den Kopf. Ihre Stimme schwankte zwischen zerbrechlichen hohen und halb verschluckten tiefen Tönen hin und her: „Mein Vater würde mich totschlagen und seine neue Frau würde ihm dabei sogar helfen. Meine Stiefmutter hasst mich!" Während sie die Sätze hervorstieß, glitt sie vom Stuhl und kauerte mit flehentlich gefalteten Händen vor Maria: „Bitte glauben Sie mir, Frau Wilken! Ich habe das alles nicht gewollt, aber was sollte ich denn machen? Jetzt, wo ich ihnen alles gesagt habe, wird der Wirt wütend sein. Ob er mich verprügelt oder rausschmeißt, ich weiß es nicht. Ich weiß gar nichts mehr! Wenn Mutter doch noch am Leben wäre?" Die letzten

Worte klangen fast wie eine Frage. Wissend, dass es darauf keine Antwort geben könnte, ertranken ihre Worte in einem verzweifelten Schluchzen.
Maria konnte diese offensichtliche Verzweiflung nicht ertragen. Zu ihren Füßen lag nicht jene Heidje, die sie in der Schänke angetroffen hatte. In diesem jammernden Etwas erkannte sie eine zerstörte, hoffnungslose Kinderseele. Sie hegte keine Sympathie für das Mädchen, aber dieses offenbarte ihr überdeutlich eine Notlage. Für einen Moment dachte sie daran, wie es ihr in Heidjes Alter ergangen war. Wenn sie es verhindern konnte, durfte kein Mädchen, keine Frau je wieder so etwas durchmachen.
Es war ihr, als würde eine andere die Worte sprechen, die jetzt über ihre Lippen kamen: „Steh sofort auf! Niemand muss vor mir im Staub kriechen. Du gehst jetzt zurück und sagst kein Wort zu Fulko, verstanden? Mach deine Arbeit wie an jedem anderen Tag auch. Ich überlege, was zu tun ist. Das mache ich nicht, weil ich dich mag. Aber niemand hat das Recht, dir Gewalt anzutun, dir nicht und auch niemandem sonst."
Als Heidje dankbar nach ihrer Hand greifen wollte, wehrte Maria sie ab. Diese Haut konnte sie nicht berühren. „Geh jetzt, warte ab, bis du von mir hörst." Den Blick abgewandt, mit schroffem Ton, schickte sie das Mädchen vor die Tür.

Ein weiteres Mal rief sich Maria jedes Wort ins Gedächtnis. Sie wurde ruhiger. Dann stand sie auf und suchte nach ihrer Mutter, die sich im Garten aufhielt. Die Tochter trat auf sie zu: „Mutter, es ist wahr, Klaas hat mich betrogen. Kümmerst du dich um das Essen? Ich muss erst einmal über alles nachdenken – allein! Mach dir keine Sorgen, ich komme wieder, aber es kann dauern."

Sie wartete keine Antwort ab, sondern lenkte ihre Schritte in Richtung Pferdekoppel. Daran entlang führte ein grüner Pfad bis zu dem kleinen Wald. Auf einem Stapel gefällter Baumstämme, die für den Abtransport aufgeschichtet waren, fand sie den geeigneten Platz. Er fühlte sich unbelastet an. Seltsamerweise war sie noch nie mit Klaas hierhergekommen, somit hingen keine störenden Erinnerungen daran. Obwohl es erst März war, hatte die Sonne bereits eine wärmende Kraft. Gegen den frischen Wind war Maria mit einer warmen Weste gewappnet.

Sie musste über die letzten Jahre nachdenken. Drei Jahre an der Seite von Klaas. „Die Frau des Schmiedemeisters", wurde sie mit einer gewissen Achtung genannt. Den Meistertitel trug ihr Mann zu Recht. Im Jahr nach Tykes Tod hatte er dafür alles mit der Zunft geregelt. Die Voraussetzungen waren gegeben. Er hatte die Gesellenprüfung vor vielen Jahren abgelegt und die Wanderjahre, die „Walz", absolviert. Sein Meisterstück hatte diese Bezeichnung mehr als verdient. Es war ein wuchtiges Tor mit zahlreichen geschmiedeten Verzierungen, die Ranken und Blätter darstellten. Die leichtgängigen Scharniere und handschmeichelnden Griffe waren kunstvoll gearbeitet. Im oberen Bereich trug eine Schleife die Jahreszahl 1539. Später, als die Kommission das Meisterstück abgenommen hatte, wurde diese Zahl entfernt und der Name des neuen Eigentümers mit großer Sorgfalt eingefügt. Seither zierte das Tor, von zwei massiven Marmorsäulen eingefasst, das repräsentative Haus eines Emder Kaufmanns.

Klaas zählte wegen seiner Wortkargheit zu den Menschen, die bisweilen unterschätzt wurden. Dabei war er ein hervorragender Fachmann. Auf seiner Walz hatte er sich auch im Ausland aufgehalten. Er beherrschte die niederländische Sprache, konnte sich ein wenig auf Französisch verständigen, lesen und schreiben. Mit seiner Frau Maria hatte er gemein, dass er überlegt handelte und keine Entscheidung überstürzte. Materialeinsatz und Arbeitsaufwand kalkulierte er exakt und nahm nur Aufträge von seriösen Kunden an.

Was das Geschäftliche anging, stimmte sich das Ehepaar bestmöglich ab. Nach wie vor arbeitete Maria kräftig in der Schmiede mit und zusammen mit Fipko, der es inzwischen zum Gesellen gebracht hatte, waren sie eine erfolgreiche Mannschaft.

Ein loderndes Feuer der Liebe hatten sie nie entfachen können, aber sie waren einander verlässliche Gefährten. Die ganz intimen Momente blieben für Maria eine Belastung. Klaas verhielt sich rücksichtsvoll, das machte es ihr möglich, diese „Pflicht“ zu absolvieren. Gerne hätte sie mehr Leidenschaft verspürt und mit ihrem Mann geteilt. Sie hatte das Gefühl, dass auch er enttäuscht war, nur, so vermutete sie, fehlte es ihm zum Glück an Vergleichsmöglichkeiten. Sie glaubte, die erste Frau in seinem Leben zu sein. All dies erkennend und auch der Tatsache geschuldet, dass sich kein Nachwuchs ankündigte, hatten beide ihre Kraft mehr und mehr in die Arbeit gesteckt. Der Erfolg blieb nicht aus. Sogar das Dürrejahr 1540, in dem das Wetter die Bauern in schiere Verzweiflung stürzte, weil die Frucht verdorrte und das Vieh verhungerte, hatten sie gut überstanden. Dabei war der Norden des Reiches nicht so stark betroffen wie andere Gebiete. Reisende hatten erzählt, dass man die großen Flüsse wie den Rhein, die Seine und die Elbe an manchen Stellen zu Fuß queren konnte, so niedrig sei der Wasserstand.

Zahlreiche Aufträge von wohlhabenden Städtern in Emden und Aurich sorgten für gut bezahlte Arbeit und reichlich Brot. Die Bauern hingegen hatten keinen einzigen Taler für Neuanschaffungen übrig. Klaas und Maria konnten es sich leisten, die unumgänglichen Schmiedearbeiten für einige Dorfbewohner auf Kredit zu erledigen. Sie würden in den folgenden, hoffentlich besseren Jahren ihre Schulden bezahlen, darauf vertraute das Ehepaar.

Erneut suchte Maria nach der Ursache und dem Zeitpunkt, da diese funktionierende Partnerschaft einen Riss bekommen hatte. Jedes Mal blieb diese Suche an einem Ereignis hängen: der große Auftrag des Emder Kapitäns. In der Zeit, nachdem Klaas dieses gewinnbringende Geschäft abgewickelt hatte, änderte sich sein Verhalten. Was konnte der Auslöser gewesen sein?

Im direkten Zusammenhang mit dem Ereignis stand eine weibliche Person: Mathilda-Johanna Westerhusen. Abgesehen davon, dass sie eindeutig zu viele Silben für einen einzigen Namen hatte, stand sie für weiteren zweiten, noch einträglicheren Auftrag. Das alles war lange her, die Kunden hatten bezahlt und seitdem hatte sie nichts mehr von ihnen gehört. Maria konnte nicht ahnen, was sich tatsächlich ereignet hatte …

Man schrieb den dreizehnten Juli 1541. Die kürzeste Nacht des Jahres war kaum vorüber, als Klaas seine Pferde anschirrte. Die beiden Zugtiere konnten unterschiedlicher nicht sein: Neben der schlanken, großen Fuchsstute ging eine gedrungene, muskulöse Schimmeldame. Weit über den Ort hinaus war dieses ungleiche Paar bekannt. Für Klaas war wichtig, dass die beiden ein zuverlässiges Gespann bildeten. Auch heute würden sie ihn nicht im Stich lassen. Viele Stunden an der Deichsel lagen vor ihnen. Als die Kirchturmuhr des Nachbarortes fünfmal schlug, waren Mensch und Tiere bereits auf dem Weg. Den Wagen hatte der Lenker bereits zusammen mit dem Gesellen am Vortag beladen. Eiserne Gartenbänke, Tischrahmen, Rankgitter, große geschmiedete Buchstaben und Ziffern, alles fand Platz auf der Ladefläche. Ebenso wie die schweren Kisten mit geschmiedeten Nägeln, Ankern und Bindern sowie Werkzeug. Noch nie war für einen einzigen Kunden eine so gewaltige Fracht verladen worden. Der Ertrag würde die Familie monatelang ernähren. Viele Stunden würde Klaas unterwegs sein, mindestens einmal musste er rasten, um die Pferde zu tränken. Sie wurden gut behandelt, auf ihren treuen Dienst war der Schmied angewiesen. Ursprünglich wollte er seine Frau Maria dabei haben, aber es war nicht möglich. Trotz des warmen Sommerwetters hatte sie eine Erkältung, die sich als besonders hartnäckig erwies. So musste Klaas statt der geplanten zwei, wenn er Pech hatte, drei Tage für die umfangreichen Arbeiten veranschlagen. Geselle Fipko würde in der Schmiede ausharren. Es gab viel zu tun und da nahezu alle

Dorfbewohner auf dem Feld arbeiteten, musste jemand im Notfall erreichbar sein, wenn landwirtschaftliches Werkzeug zu Bruch ging. Ihre Zuverlässigkeit wurde den Wilkens mit Kundentreue vergütet. Der wiederum verdankten sie ihren Wohlstand.
Dennoch war Klaas gut gelaunt. Einen so besonderen Auftrag bei besten Wetterbedingungen auszuführen, hatte er sich schon lange gewünscht.
Es war bereits Nachmittag, als das Gespann vor dem großen Steinhaus vom ehemaligen Kapitän Cornelius Watermann ankam. Der Käpt'n, wie er sich gerne ansprechen ließ, war ein rüstiger, jovialer Mann in den frühen Siebzigern. Seit einigen Jahren war er nicht mehr auf Großer Fahrt unterwegs. Der Teilhaber einer Reederei genoss den Ruhestand. In seine sonnenbraune Haut hatten sich lederartige Falten eingebrannt, die vollen Lippen umgab ein silberfarbener Bart. Er begrüßte den Schmied mit einem kräftigen Händedruck und bestand darauf, die Arbeit erst nach einem anständigen Mahl und einem großen Krug Hamburger Bier zu beginnen. Dann machte sich Klaas ans Werk. Bald prangte an den roten Ziegeln der eiserne Schriftzug „HAUS ATLANTIK", darunter stand auf einer Tafel aus edlem Tropenholz in kunstvoll geschmiedeten Zeichen „Erbaut im Jahre des Herrn 1535 von Kapitän Cornelius Watermann". Das Haus war also erst sechs Jahre alt. Von der Straße aus begutachtete der Käpt'n das Werk. Lange stand er da, den Zeigefinger um den Kinnbart gelegt, das Kinn auf den Daumen gestützt. „Gute Arbeit, Baas", befand er.
Die Arbeit ging flott voran. Ein Maurer, eigens dafür bestellt, falls erforderlich, Ziegeln zu entfernen und wieder einzufügen, packte kräftig mit an. Die beiden Handwerker stellten sich schnell aufeinander ein. Als Klaas noch ein paar Rankgitter angebracht hatte, erschien Watermann erneut im Hof. Mit seinem dröhnenden Bass verkündete er: „Schmidbaas, nu is Fierabend."
Bevor seine freundliche, pummelige Gattin zusammen mit der

Magd erneut ein reichhaltiges Essen auf den Tisch zauberte, lud der Käpt'n zu einem kleinen Umtrunk auf die Veranda. Er hatte zwei Gläser und eine Flasche mit goldfarbenem Cognac dabei. „Hebb ick van mien letzte Foohrt, is wat Besünners." Der Hausbesitzer hatte nicht zu viel versprochen. Der Cognac war mild und weich, brannte nicht auf der Zunge, aber man merkte ihm trotzdem einen ordentlichen Alkoholgehalt an. Die Gläser sorgten darüber hinaus noch für einen besonderen Geschmack. Zu Hause trank Klaas aus Steingut oder ehernen Bechern. Mehrere Fässer von dem edlen Getränk habe er im Keller eingelagert, verriet Watermann. Ab und zu würde er davon ein Fässchen auf Flaschen ziehen. Im Fall des Falles war für Nachschub gesorgt: „Bringt mien Jung van de Franzosen mit." Ein schelmisches Augenzwinkern und ein dröhnendes Lachen folgten. Bei Tisch gesellte sich noch eine Frau, Klaas taxierte sie auf vierzig Jahre, hinzu. „Unsere Nichte", stellte Gesine Watermann die bis dahin unbekannte Dame vor. Diese verriet dann ihren vollständigen Namen: „Mathilda-Johanna Westerhusen. Ich wohne im hinteren Teil des Hauses." Die Gattin des Käpt'n fügte noch hinzu: „Unsere Nichte ist verwitwet."

Klaas übernachtete ebenfalls im Haus. Auf seine Frage nach einem geeigneten Gasthaus hin hatte er Widerspruch geerntet. „Nix davon, Ihr könnt hier bleiben. Seht doch mal, wie groß das Haus ist." Watermann hatte diesmal das Hochdeutsche gewählt und mit einem derben Schulterklopfen bekräftigt, dass er die Sache für abgemacht hielt.

Nach dem Essen, zu dem auch noch ein tiefroter Wein aus edlen Römern gereicht wurde, zog Klaas sich in die zugewiesene Kammer zurück. Diese war geräumiger als das größte Zimmer in seinem eigenen Haus, stellte er verwundert fest. Bevor er sich in dem breiten Bett gemütlich machte, fertigte er noch ein paar Notizen auf den mitgebrachten Schieferplatten an.

Gerade als er die Utensilien weglegen wollte, klopfte es und im selben Moment wurde die Tür aufgerissen. Da stand sie in einem blauen Nachthemd und haspelte aufgeregt: „Meister, Ihr müsst mir helfen. In meiner Kammer ist eine Maus. Ihr seid meine Rettung."

Zwei Türen weiter suchte Klaas alle Ecken des Zimmers ab, kroch unters Bett, stieg auf einen Stuhl – nichts! Keine Maus, kein Rascheln, nichts.

„Sie ist aber bestimmt noch da. Ich vergehe vor Angst. Darf ich nicht zu euch kommen? Ich mache mich auch ganz dünn und ich werde brav sein, versprochen."

Im nächsten Moment rauschte sie an Klaas vorbei und verschwand in dessen Kammer. Er folgte ihr und stand im nächsten Moment wie angewurzelt im Raum.

Mathilda-Johanna zog eine Schnute: „Jetzt komm schon, so viel Platz brauche ich doch gar nicht. Schau mal." Beim letzten Wort öffnete sie eine Schleife, die das Nachtgewand über ihrer Brust zusammengehalten hatte und streifte den fast durchsichtigen Stoff lasziv über die Schultern. Mit einem Rascheln glitt er auf den Boden und dann stand sie da – so wie Gott sie geschaffen hatte.

Klaas konnte nichts entgegnen, er war total überrumpelt.

Ganz im Gegensatz zu seinem Gegenüber. Sie gurrte: „Sieh doch, das Bett ist doch viel zu groß für einen allein." Im nächsten Moment machte sie sich an seinen Kleidern zu schaffen und zog ihm das Hemd über den Kopf. Seine muskulösen Arme hatten es ihr sichtlich angetan. Zuerst fuhr sie mit ihren langen, schlanken Fingern darüber, dann mit ihren Lippen.

Der Schmied wich ein paar Schritte zurück. Jetzt stand er an der Bettkante. Ein kleiner Schubser reichte und er lag in einem Berg aus mit feinstem Bettzeug bezogenen Daunen. Sekunden später landete ein weicher und warmer Körper auf ihm.

Sie dachte nicht daran, „brav" zu sein. Zuerst erforschten ihre Hände und Lippen seinen Körper. Ihr Haar kitzelte in seinem Gesicht und dann nahm sie seine Hände. Sie führte sie an Stellen, die nach seinen Berührungen gierten. Der schlanke Körper bebte,

unvollständige Worte und seltsame Laute drangen aus ihrem Mund. Wie toll riss sie ihm die letzten Kleidungsstücke vom Leib und schob sich auf ihn. Die Körper fanden den gleichen Takt, kurze, spitze Schreie und lustvolles Stöhnen erfüllte den Raum. Dann folgte die Stille …
Sie lösten sich voneinander und erst jetzt gelang Klaas ein klarer Gedanke. Das alles musste ein Traum gewesen sein. Er schaute auf die Frau neben sich. Sie war wirklich. Alles hatte sich so zugetragen. Auf keinen Fall hatte er das gewollt und doch war er froh, dass es passiert war. Er stellte Vergleiche an und sogleich schämte er sich dafür. Seine Frau war schöner, ohne Zweifel. Nur, in über zwei Jahren hatte er mit ihr nicht annähernd das erlebt wie das hier, mit dieser Frau, dessen langen Namen er sich noch nicht einmal gemerkt hatte.
Eine böse Vorahnung beschlich ihn. Die letzten Minuten hatten etwas aus seinem tiefsten Inneren ans Licht befördert. Ein Verlangen, zugedeckt vom Einerlei des Alltags. Konnte er dieses Verlangen einschließen, einfach wegsperren oder würde es ihn von nun an auf Schritt und Tritt begleiten? Klaas befürchtete Letzteres.
So plötzlich wie seine Gespielin aufgetaucht war, verschwand sie auch wieder. Verschwunden war auch die Angst vor der Maus.
Die restlichen Arbeiten erledigte Klaas, dank der Hilfe des Maurers, in wenigen Stunden. Das Ehepaar Watermann war hochzufrieden. Auf den vereinbarten Preis gab es noch Trinkgeld und eine Flasche vom besten Cognac, den Klaas jemals probiert hatte. So schnell wie möglich brach er auf. Es glich einer Flucht. Frau Westerhusen blieb verschwunden und das beruhigte ihn. Hatte sie ihm den Himmel oder die Hölle beschert? Dazwischen lag womöglich nur ein schmaler Grat.

Auf einer Abwrackwerft, die ihm der Käpt'n empfohlen hatte, machte er Station. Berge von Holz, nach Güte sortiert, türmten sich auf. Festes, aus Spanten und Inneneinrichtungen, dass noch wiederverwendet werden konnte, morsche Schiffsplanken als Feuerholz. Edle Hölzer mit kunstvollen Beschlägen aus den Kapitänskajüten fanden in einem Schuppen Platz. Alte Fahrensleute kauften sie gerne, um ihre Wohnungen damit zu verschönern. So konnten sie in ihrem Ruhestand durch die maritime Dekoration noch ein wenig in Seefahrer-Romantik schwelgen. Klaas selbst konnte eine große Menge Alteisen günstig kaufen. Er hatte die guten Stücke ausgewählt, aus denen sich einiges schmieden ließ.

Dann ging es zügig Richtung Schmiede. Noch im Hellen konnte er zu Hause sein. Ein schlechtes Gewissen plagte ihn. Wie konnte er sich so ohne Widerstand verführen lassen? Er hatte Treue gelobt und er hielt sein Wort – und jetzt das!
Mit zunehmender Entfernung vom Ort des Geschehens milderte er das über sich selbst gesprochene Urteil ab. Was war schon passiert? Er hatte niemanden geschadet – im Gegenteil! Mathilda-Johanna Westerhusen hatte er ein schönes Erlebnis beschert und sie ihm. Und Maria? Sie war ohnehin allein zu Hause, ob er nun Spaß hatte oder nicht. Wenn sie ihm immer einen faden Eintopf servierte, durfte er dann nicht einmal ein Festmenü genießen?
Immer mehr Argumente fielen ihm ein. Andere Männer ließen ihren halben Lohn oder mehr im Wirtshaus oder bei den Huren. Er dagegen lieferte jeden Taler zu Hause ab. Auch heute würde er so verfahren. Maria würde Augen machen, wenn er die Münzen auf den Küchentisch prasseln ließ. Spätestens, als die Schmiede in Sicht kam, war Klaas Wilken mit sich im Reinen.
„Hüja Mädchen, lauft schon. Gleich gibt es Hafer!“

Wieder und wieder dachte Maria an die Zeit vor einem Jahr. Ihre Erinnerung malte ein stimmiges Bild. Gut gelaunt war ihr Mann nach den arbeitsreichen Tagen zu Hause eingetroffen. Dann hatte er sich zusammen mit ihr um die Pferde gekümmert. Neben

Hafer und Wasser gab es für die Tiere lobende Worte, sie wurden gestriegelt, erhielten ihre Streicheleinheiten und beide einen aufmunternden Klaps. Nach dem kräftezehrenden langen Weg verzichteten die „Mädchen" auf ihre übliche, übermütige Galopprunde, sondern trotteten friedlich über die Koppel.
Verheißungsvoll hatte Klaas dann in der Küche den Lederbeutel klimpernd geschüttelt und eine lange Reihe von Münzen nebeneinander auf dem Esstisch ausgebreitet. „Was sagst du nun? Sogar zwei Taler mehr, als abgemacht war! Der Käpt'n war bestens zufrieden." Für jemand wie Klaas war das ohne Frage eine beachtlich lange Rede. Viel mehr würde seine Frau nicht erfahren, aber das war völlig normal. Dann wickelte er langsam, als stecke ein großes Geheimnis darin, ein buntes Tuch aus. „Der beste Cognac, der in Ostfriesland je getrunken wurde", ließ er prahlerisch verlauten. „Hat Watermann mir geschenkt. Hol mal zwei Becher. Wir sollten anstoßen!"
Maria trank gerne Bier, aber starke alkoholische Getränke verschmähte sie üblicherweise. Diesmal machte sie eine Ausnahme – ihr Mann hatte nicht zu viel versprochen. Der Weinbrand aus dem fernen Frankreich hatte eine milde Würze und ein geradezu unglaubliches Aroma. „Mutter schläft noch nicht, ich rufe sie mal her. Sie muss den Cognac auch probieren." Zu dritt stießen sie noch einmal auf den Erfolg an.

Die Tage und Wochen, die folgten, verliefen beinahe so wie die in den Jahren davor. Mit einer Ausnahme: Jeden Sonnabend, wenn der Schmiedehammer für einen Tag zur Seite gelegt wurde, wiederholten sie ihr Ritual. Sie gönnten sich einen kleinen Schluck vom Cognac des Käpt'n. Nachdem einige Wochen später der letzte Tropfen seine Kehle passiert hatte, sagte Klaas am darauffolgenden Wochenende: „Ich geh rüber zu Fulko und lasse mir einen Schnaps servieren."
„Eine gute Idee, du hast es dir verdient." Maria meinte es ehrlich. Klaas war fürsorglich und steckte selbst gerne zurück, konnte er

ihr und der Mutter etwas Gutes tun. Endlich dachte er auch an sich. Ein Schnaps nach der Mühe einer ganzen Woche war ein bescheidener Wunsch. „Bestell Sina einen Gruß, wenn sie noch in der Schänke ist“, rief sie ihrem Mann hinterher.

An einem Montag im August sah Maria, dass sich ein Einspänner in schneller Fahrt ihrem Haus näherte. Auf dem trockenen Weg verursachte er eine Menge Staub. Eisenbeschlagene Räder dröhnten auf die gepflasterte Auffahrt und direkt vor ihr stoppte das Gefährt. Aus der sich verziehenden Staubwolke lösten sich die Silhouette einer schlanken Frau und die eines jungen Mannes. An letzterer blieb Marias Blick hängen. Der Mann hatte ein fremdländisches Aussehen.

Unter seinem dichten, gewellten Haar, das blauschwarz in der Sonne glänzte, erblickte sie ein hübsches Gesicht mit einer bräunlichen Hautfarbe. Das strahlende Lächeln aus den kastanienbraunen Augen wurde von einer Reihe ebenmäßiger, blütenweißer Zähne untermauert, die bei seinem freundlichen „Guten Tag, gnädige Frau“ sichtbar wurden. Sein muskulöser Körperbau mit den ausladenden Schultern brauchte den Vergleich mit einem Athleten nicht zu scheuen.

„Gnädige Frau“, Maria kannte diese übertrieben zur Schau gestellte Unterwürfigkeit in der Anrede aus ihrer Zeit in Oldenburg. Damen, die in gutem Tuch ein Geschäft betraten, wurden von katzbuckelnden Verkäufern so tituliert. Sie selbst hatte es dank ihrer Garderobe und ihrer jugendlichen Erscheinung damals immerhin zu einem „Gnädigen Fräulein“ gebracht. Die Geschäftsleute wussten ja nicht, wen sie vor sich hatten. Dank der sympathischen Ausstrahlung des jungen Mannes nahm sie das Prädikat diesmal aber gerne an, auch wenn sie jetzt in einer rußgeschwärzten Leinenschürze vor ihm stand.

Sie wurde aus ihrer Aufmerksamkeit für den jungen Besucher jäh herausgerissen, weil jetzt die Frau das Gespräch übernahm.

„Mathilda-Johanna Westerhusen, ich bin eine Nichte von Kapitän Watermann“, stellte sie sich vor.

Maria nannte ihren Namen und im nächsten Moment schnatterte die Frau mit dem endlos langen Namen weiter: „Ihr Gatte hat so gute Arbeit geleistet, dass auch ich unbedingt seine Dienste in Anspruch nehmen muss. Ich habe die Absicht, den Laden meines verstorbenen Gatten neu zu eröffnen, mit Gewürzen aus aller Welt."

Die Hausherrin nutzte eine Atempause der Besucherin: „Ich schlage vor, wir besprechen das unter der Kastanie, dort ist es ein wenig schattig. Ich sage meinem Mann Bescheid." Mit einem Fingerzeig deutete Maria die Richtung zu dem grünen Blätterdach an.

Frau Westerhusen fand den Vorschlag „entzückend" und im weiteren Verlauf hatten die anderen Gesprächsteilnehmer Pause.

„Mein Oheim ist, wie Ihr wisst, Kapitän und Teilhaber einer Schifffahrts-Compagnie", begann sie. „Waren aus aller Welt landen bei uns im schönen Emden. Das hat auch die Küche verändert. Eine Dame aus gutem Haus benötigt raffinierte Gewürze. Schließlich muss sie ihren Gästen etwas bieten. Diese Gewürze kommen aus Indien oder den arabischen Ländern. Die Compagnie von Käpt'n Watermann hat die besten Beziehungen zu den Händlern am Mittelmeer. Dort wird diese besondere Ware auf den Märkten gehandelt. Unser lieber Fayyad wurde in der Stadt Tanger geboren. Er hat bei meinem Onkel als Seemann angeheuert, aber in Wahrheit ist er ein Meister der Gewürze. Ich kenne sonst keinen, der die Ingredienzien für eine gelungene Würzung so vollendet mischen kann. Stellt Euch vor, wie gerne sich die Damen der Gesellschaft von so einem Experten beraten lassen. Allein wegen seiner Erscheinung." Sie hielt gespielt verschämt ihre Hand vor den Mund. Das Blitzen in den Augenwinkeln verriet, dass ihre Gedanken bei den Ausführungen von leicht frivolen Vorstellungen geleitet wurden. Sie spielte unverhohlen auf das attraktive Äußere ihres Begleiters an.

Dessen verschämtes Lächeln zeigte an, dass ihm die Zurschaustellung seiner Person peinlich war. Was Frau Westerhusen offensichtlich entging, denn schon schwadronierte sie weiter: „Der Name Fayyad bedeutet kraftvoll. Einen trefflicheren Namen kann man sich wohl gar nicht vorstellen. Vermutlich ist er ein Nachfahre von Atlas, der einer Sage nach das Himmelsgewölbe stützt." Sie lachte laut und künstlich.

Maria sagte das alles nichts. Mythen und Heldensagen waren nicht das, was sie im täglichen Leben umgab. Dafür war sie zu sehr mit den ganz normalen Dingen des Alltags ausgelastet. Sie wusste allerdings, dass einige Töchter aus vermögenden Familien gerne ihre Bildung zur Schau stellten. So ein Exemplar hatte sie in diesem Moment vor sich.

Unbeeindruckt von den verständnislosen Blicken der anderen redete die Besucherin weiter: „Stellt Euch vor, auf der Seereise von Marokko bis Emden hat Fayyad unsere Sprache so gut gelernt, dass er jedes Wort verstehen konnte. Inzwischen spricht er sie perfekt!"

Damit war die Lobhudelei beendet und man konnte über den eigentlichen Anlass des Besuches reden.

Mit erstaunlich wenigen Worten skizzierte Mathilda-Johanna Westerhusen ihr Anliegen: „Ein bekannter Kistenmacher wird die ganze Rückfront des Ladens mit Fächern und Schubläden versehen. Ich möchte, dass Ihr die Beschläge und Schlösser fertigt. Außerdem benötige ich noch ein ansprechendes Ladenschild und die eine oder andere Verzierung. Dafür seid Ihr der richtige Mann." Sie hatte dabei auf Klaas geschaut.

Wie üblich dauerte es, bis er eine Antwort formulierte. Seine Frau kannte das. Meistens war das Ergebnis, dass er bereits mehrere Schritte bedacht hatte, bevor er sprach. So auch jetzt: „Dann schlage ich vor, dass alles mit dem Kistenmacher vor Ort zu besprechen. Die Maße, die Holzart, Farbe der Beschläge und was es sonst noch so gibt. Ich werde meine Frau mitbringen, sie hat ein Händchen für die filigranen Schmiedearbeiten."

Niemand hatte bemerkt, dass sich bei dem letzten Satz in Frau Westerhusens Gesicht für einen Moment eine Spur der Enttäu-

schung zeigte. Sofort hatte sie sich gefangen: „Das ist ja außerordentlich, eine Frau, die schmiedet, einfach köstlich!“
Klaas kommentierte das überraschend galant: „Die zarten Finger sind besser geeignet für derart feine Arbeiten und außerdem hat meine Frau ein Gefühl für Formen und Muster.“
Geschickt hatte er ein ungestörtes Zusammentreffen verhindert, er wollte auf keinen Fall in Versuchung geraten. Überdies war es die Wahrheit. Er schätzte Marias Kunstfertigkeit durchaus.
Der Termin war schnell gefunden und der Besuch im Nu verschwunden.

Maria dachte nach. Diese Frau bereitete ihr Unbehagen. Nicht nur, weil sie so viel redete. Da war etwas anderes, was sie störte, aber sie konnte dieses Andere nicht zuordnen. Möglicherweise war ihr vor langer Zeit ein Mensch über den Weg gelaufen, der sich ähnlich verhielt. Allein, es fiel ihr niemand ein.
„Du kanntest die Frau?“, wandte sie sich an Klaas.
Er brummte: „Jo, war beim Käpt'n zum Abendessen.“
Dass sie unter einem Dach übernachtet hatten, erwähnte er nicht. Seine Frau ging davon aus, dass er sich ein Gasthaus gesucht hatte. Dabei wollte er es belassen. Keine schlafenden Hunde wecken, war seine Devise. Am besten, auch er selbst würde diese verhängnisvolle Nacht vergessen.

Es wurde der gewinnträchtigste Auftrag, den die Schmiede je erhalten hatte. Wenig Materialeinsatz, aber eine Unmenge an Arbeit steckte in den Beschlägen, Buchstaben und Ziffern, die für die Gewürzfächer geschmiedet wurden. Eine drehbare eiserne Weltkugel zeigte die Herkunftsländer der Gewürze. Der Tischler, oder wie Frau Westerhusen ihn genannt hatte, Kistenmacher, zeigte sich als wahrer Meister seines Fachs. Er hatte sogar einmal eine reich verzierte Kanzel für eine Kirche gefertigt. Ein Schneider nähte aus Stoffbahnen eine abgehängte Decke, die an einen Bazar erinnerte. Geld spielte offenbar keine Rolle. Ob Mathilda-

Johanna Westerhusen es selbst besaß oder der Onkel die Spendierhosen anhatte, den Wilkens war es egal. Ohne Murren wurde die Rechnung beglichen.
Klaas hatte darauf geachtet, dass Maria bei jedem Arbeitsschritt in seiner Nähe war. Vermutlich eine übertriebene Vorsichtsmaßnahme, denn seine Kundin hatte augenscheinlich nur noch Augen für Fayyad, ihrem „Meister der Würzkunst". Das Verhältnis der beiden war unergründlich. Einerseits tänzelte die Ladenbesitzerin bewundernd um den wesentlich jüngeren Mann herum, andererseits gab sie sich gönnerhaft.
Als Marias Gedanken in diese Zeit zurückwanderten, fiel es ihr ein: Kaum war der Laden eingerichtet, die Rechnung bezahlt, trat bei Klaas eine Veränderung ein. Er war mürrisch, wirkte unzufrieden, so wie jemand, der auf der Suche ist, aber selbst nicht weiß, wonach. Immer öfter ging er in die Schänke, nicht selten hatte er zu viel getrunken, wenn er heimkam.
Ihre intimen Momente wurden noch seltener, in den letzten Monaten hatte Klaas sie nicht ein einziges Mal angerührt.
Der Verfall ging rasend schnell. Bald war Klaas jeden Tag betrunken. Zwielichtige Gestalten tauchten in der Schmiede auf und hielten ihn von der Arbeit ab. Fulko, den er vorher nicht leiden konnte, nannte er seinen Freund.
Er vernachlässigte seine Arbeit, kam manchmal erst gegen Mittag in die Schmiede. Maria versuchte unterdessen, alles auszugleichen. Längst kümmerte sie sich nicht mehr ausschließlich um die leichteren Gewerke. Sie wuchtete schweres Ackergerät auf den Wagen, schmiedete massive Anker und Ketten – vergebens. Sie und Fipko konnten den Betrieb allein nicht aufrechterhalten.
Hinzu kam noch, dass jene Teile, die der Meister selbst fertigte, von schlechter Qualität waren. Einige Kunden schimpften, verlangten ihr Geld zurück, oder wanderten ab.
Was Marias Vater Tyke und Klaas in vielen mühevollen Jahren aufgebaut hatten, drohte binnen Monaten zu Staub zu zerfallen.

Tage vor dem Vorfall, der das endgültige Aus von Ehe und Betrieb zu besiegeln schien, war Fipko gegangen: „Ab Montag bin ich auf der Walz. Vorher wird noch mit Freunden gefeiert!" Lächelnd, aber bestimmt hatte er Maria beim Verlassen der Schmiede diese Worte zugerufen.
Es war der Tag, da Klaas seine Zeche nicht mehr aus den laufenden Einnahmen zahlen konnte. Erste Münzen des mühsam Ersparten hatte er an sich genommen.
Schließlich folgte sein unglaubliches Geständnis.
Maria hatte das Gefühl, dass ihr zu viel aufgebürdet wurde. Und da waren sie wieder, die Fragen nach der Gerechtigkeit, der irdischen und der göttlichen. Antworten offenbarten sich ihr nicht.

Nachdem sie im Schatten des Waldes alle wichtigen Stationen ihrer Ehe betrachtet hatte und partout keine Indizien erkennen konnte, die das Scheitern in sich trugen, musste sie sich um die Zukunft kümmern. Der Schaden, den sie davongetragen hatte, lag im persönlichen. Sie war zutiefst verletzt, zum wiederholten Mal wurde ihre Würde mit Füßen getreten. Trotzdem musste sie jetzt an die praktischen Dinge denken und Lösungen finden. Es ging um Geld, ein sicheres Zuhause, eine neue Lebensplanung. Eigentlich war das mit einem gebrochenen Herzen nicht zu schaffen, aber sie musste es!
Zu allem Übel hatte sie auch noch Heidje, die sozusagen das Symbol ihrer schmachvollen Niederlage war, ihre Hilfe angeboten. Für Außenstehende mochte das so aussehen, dass sie sich selbst peinigen würde. Für sich selbst zu sorgen, würde ihre ganze Kraft in Anspruch nehmen. Ob es gelingen würde, war völlig offen, aber es musste sein. Dieses Mädchen nach seinem Geständnis jedoch in Fulkos Fängen zu belassen, grenzte an Verantwortungslosigkeit. Der Wirt war zu jeder Art von Schandtat fähig. Er kannte ohne Zweifel auch Heidjes Familienverhältnisse. Keinen Moment würde er zögern, mit ihr zu machen, was ihm zum Vorteil gereichte – Entführung oder Mord nicht aus-

geschlossen, dachte Maria für einen Moment. Dann erschrak sie über ihr eigenes Menschenbild. Seltsamerweise hatte sie bereits eine Idee, wie Heidje zu helfen war, während ihre eigenen Probleme wie ein unüberwindbarer Berg vor ihr lagen. Wer kannte sich in diesen komplizierten Dingen aus, die es jetzt zu regeln gab – das, was nötig war, um auch als verlassene Ehefrau nicht zu darben? Ein Name geisterte durch ihre Gedanken – wieder und wieder. Sie musste es versuchen!

Stunden waren vergangen. Momente, in denen Gedanken zu Ideen wurden, Bilder Geschichten erzählten und Taten einen Sinn bekamen oder diesen gänzlich verloren. In rasend schneller Abfolge bildeten Erinnerungen riesige Gedankenknäuel und lösten sie zu Fäden auf, denen man folgen konnte. Dazwischen erlebte Maria Phasen, in denen all das eine wohltuende Leichtigkeit annahm. So, als würden die eilig am Frühjahrshimmel dahinhuschenden grauen Wolkenberge ihre Probleme mit sich nehmen. Sie folgte ihnen mit ihren Blicken und stellte sich vor, an einem fremden Ort die Lösung zu finden. Im nächsten Moment waren jedoch ihre Gedanken wieder in der Wirklichkeit angekommen. Noch war nichts überstanden. Der erste Schritt in eine unbekannte Zukunft musste noch getan werden. Er musste jetzt getan werden, entschieden und ohne Zaudern.

Maria hatte nicht vor, um etwas zu bitten, sie wollte fordern! Dann, wenn es ums Ganze ging, besaß sie die Fähigkeit, selbstbewusst aufzutreten. Möglicherweise wirkte sie für andere dann sogar kühl und berechnend. In Wirklichkeit war es ein äußerlicher Schutz, der das Verletzliche in ihr umhüllte und konservierte für die Zeit danach.
Noch gab es keinen ausgeklügelten Plan, aber eine Richtung. Ganz bestimmte Stationen waren bereits ausgemacht. Jetzt galt es, die Bedeutung dieser Stationen kennenzulernen und die Reihenfolge festzulegen. Was musste sie verschweigen und wen

konnte sie ins Vertrauen ziehen? Es würde sich Schritt für Schritt ergeben. Selbst das Ziel war noch verschwommen. Nur so viel war ihr klar: Sie wollte heil aus dieser Schmach herauskommen, seelisch, aber auch was die handfesten Sachen anging. Sie, aber auch ihre Mutter Kea hatten ein Recht darauf, ihre Würde zu bewahren. Dazu gehörte auch, dass sie ihren bescheidenen Wohlstand erhalten konnten.

Maria selbst hatte nicht gemerkt, dass sie bereits dabei war, sich für diesen Kampf in Stellung zu bringen. Ihre Muskeln hatten mehr Spannung bekommen, der Blick war klar und geradeaus gerichtet. Als sie sich auf den Heimweg machte, strahlte sie mit ihrem aufrechten, zügigen Gang Entschlossenheit aus. So trat sie ihrer Mutter entgegen. Unmissverständlich sagte sie ihr, was sie zu unternehmen gedachte. Sie vermied Fragen wie: „Mutter, findest du nicht auch?" oder „Was meinst du dazu?" Dabei blieb der Ton warm und freundlich. Bei den folgenden Gesprächen, die geführt werden mussten, sollte sich das entscheidend ändern.

Aus der Schmiede drangen die vertrauten Geräusche aus besseren Tagen. Der metallene Klang, der entstand, wenn mit dem Schmiedehammer glühendes Eisen auf dem Amboss bearbeitet wurde. Nach dem letzten Hammerschlag folgte ein Zischen, das Geschmiedete wurde in einen Wasserbottich getaucht. Klaas arbeitete wieder! Seit seinem Geständnis hatte er, wie es schien, seine abendlichen Ausflüge in die Schänke eingestellt. Solange es das Tageslicht zuließ, ging er seinem Handwerk nach. Dann sah Maria ihn in Richtung Scheune schlurfen und am Morgen in die entgegengesetzte Richtung. Gesprochen hatten sie noch nicht miteinander. Maria nahm die Mahlzeiten mit ihrer Mutter ein. Die stellte anschließend wortlos eine Portion in der Schmiede ab. Später stand das geleerte Gefäß vor der Tür.

# Guter Rat

## Ostfriesland im Frühjahr 1542

Nach der tagelangen Sprachlosigkeit galt es nun, unaufschiebbare Dinge zu klären. Klaas bemerkte, dass Maria die Schmiede betreten hatte und wandte sich ihr zu. Für einen Moment sah es so aus, als hätte er noch mehr zu sagen. Er roch nach Alkohol, schien aber nicht betrunken. Irgendwo hatte er wahrscheinlich einen Krug mit Hochprozentigem deponiert. Seine Frau setzte sich auf einen Schemel und straffte den Rücken. Entschlossenheit blitzte aus ihren Augen. Es fiel Maria nicht schwer, einen sachlichen, aber unerbittlichen Ton anzuschlagen: „Mutter und ich haben einiges in der Stadt zu klären. Kümmere du dich darum, dass Bauer Harms uns seinen Einspänner für zwei Tage ausleiht. Einer seiner Jungs soll ihn lenken. Wir werden im ‚Ochsen' übernachten." Klaas nickte zustimmend, aber er hatte eine Frage: „Was gibt es denn so Wichtiges in der Stadt zu erledigen?" Maria war darauf vorbereitet: „Ich muss wissen, welche Rechte ich habe." Nach einer Pause: „Was ich von dir fordern kann." Dass der Satz mit den Worten „wenn wir uns getrennt haben" erst vollständig wurde, hatte ihr Ehemann herausgehört. Er nickte nochmals: „Wenn es so ist ..."
„Sobald wir zurück sind, gibt es mit Fulko einiges zu bereden. Sorge dafür, dass er am Mittwochmorgen hierherkommt."
„Fulko, warum?" Klaas verstand nicht und seine Frau hatte nicht die Absicht, Erklärungen abzugeben. „Frag nicht, mach einfach, wenn du nicht willst, dass alles noch schlimmer wird. Sage ihm, ihr hättet Sachen zu besprechen, die nicht für fremde Ohren bestimmt sind."
Widerstand war von ihrem Mann nicht zu erwarten. Zu genau wusste er, wie erbärmlich er wirkte. Diesen Umstand musste Maria nutzen, wenn sie ihr Ziel erreichen wollte. So unerfreulich der Anlass auch war, mit ihrer Taktik war sie zufrieden. Grußlos

ging sie erhobenen Hauptes aus der Schmiede. Mehr war im Moment nicht zu sagen.
Kaum dass am Montag die Sonne aufgegangen war, stand Heere, der Sohn von Bauer Harms, mit dem Einspänner bereit. Heere und sein jüngerer Bruder halfen gelegentlich bei den Wilkens aus. Sie brachten die bestellten Geräte zu den Höfen oder holten Material ab. Zwei zuverlässige Jungen von circa zwölf und fünfzehn Jahren. Sie waren keine Hoferben, da es noch einen älteren Bruder gab. Der Jüngste war daran interessiert, das Schmiedehandwerk zu lernen. Klaas hatte sich das durchaus vorstellen können, allerdings kümmerte er sich im Augenblick nicht um Zukünftiges. Trotz seines jugendlichen Alters war Heere ein guter Lenker. Zügig ging es in die Stadt, für den Jungen war die Aussicht auf eine Übernachtung im Gasthaus eine willkommene Abwechslung vom täglichen Einerlei auf dem väterlichen Hof.

Ob sie Hanco Lodewig antreffen würden? Er konnte überall sein, so ein wichtiger Berater der Grafenfamilie. Und wenn, würde er sie empfangen? Tausend Fragen gingen Maria durch den Kopf. Bei aller Unwägbarkeit – sie musste es versuchen. Die Adresse kannte sie. Er hatte ihr beim letzten Besuch gesagt, sein Kontor sei in einem roten Haus, gleich neben der Burg. Wo sich die Burg befand, wusste sie von ihrem letzten Besuch und auch den ‚Ochsen' würde sie ohne Probleme finden.
Marias Herz pochte bis zum Hals, als sie zusammen mit ihrer Mutter die wuchtige Steintreppe zu Lodewigs Arbeitssitz emporstieg. Sie war aus großen, geschliffenen Natursteinen gefertigt und endete vor einem wuchtigen Rundbogen, unter dem sich seitlich der Eingang befand. Mindestens anderthalb Körperlängen eines Erwachsenen hoch war die massive Eichentür. Sie war mit schweren, sorgfältig geschmiedeten Beschlägen versehen. Solide Handarbeit ohne unnötige Schnörkel, so stellten die Fachfrauen fest. Einen Moment lang zögerte Maria, dann griff sie beherzt nach dem ringförmigen Türklopfer. In diesem Moment

hörte sie hinter sich eine vertraute Stimme: „Das nenne ich mal eine Überraschung, die beiden Damen Smeeder!“ Hanco Lodewig eilte die obersten Stufen hinauf, wobei er jeweils zwei davon gleichzeitig nahm. Er war mit einem braunen Mantel und Beinlingen gekleidet und trug einen beigefarbenen Hut. Darunter lugte sein welliges Haar hervor. Maria entdeckte sofort einige silberne Strähnchen, die aber seiner attraktiven Erscheinung keinen Abbruch taten. „Guten Tag Herr Lodewig. Mein Name ist inzwischen Wilken“, korrigierte Maria. Der Hausherr blickte erwartungsvoll. Kea übernahm, da ihre Tochter noch nach den passenden Worten suchte: „Es ist so, dass wir gern einen Rat von Euch hätten. In einer privaten Sache, wenn Ihr so freundlich wärt und uns anhören könntet. Vielleicht nicht gleich, aber ...“ Sie wurde von einer abwehrenden Handbewegung Lodewigs unterbrochen: „Meine Damen, das sollten wir aber nicht in der Kälte hier vorm Haus besprechen, kommt doch mit herein. Der Junge kann im Hof das Pferd tränken.“ Er wies auf den wartenden Heere Harms und auf die Hofeinfahrt. Dann wandte er sich an den Jungen: „Da entlang, den Brunnen kannst du nicht verfehlen, er ist mitten im Hof.“

Im Arbeitszimmer des gräflichen Beraters empfing die Frauen die wohlige Wärme eines prasselnden Kaminfeuers. Wuchtige Ledersessel, ein Tisch aus tropischem Holz und ein repräsentativer Schreibtisch füllten den Raum nahezu aus. Weder Kea noch Maria hatten je derart kostbare Möbel zu Gesicht bekommen. Als Wandschmuck war lediglich ein Bildnis des Grafen Enno, versehen mit einem dezenten Trauerflor, sowie eines von Gräfin Anna zu sehen. Ansonsten strahlte der Raum eine solide Sachlichkeit aus. ‚Diese schlichte Eleganz passt zu Lodewig‘, war Marias erster Gedanke.

Der Gastgeber wies auf die Besuchermöbel und setzte sich selbst zu den Frauen: „Ihr seid also verheiratet, wie schön. Ich hoffe, Ihr und Euer Gatte seid wohlauf?“ Mit seiner freundlichen und direkten Art hatte Lodewig direkt ins Wespennest gestochen.

Maria senkte den Blick. Zum einen, weil sie wegen der ungewollten Ironie ein Grinsen kaum unterdrücken konnte, zum anderen aus Scham, ihr Anliegen vorzutragen.
In dieser Haltung begann sie zu reden: „Eure Zeit ist kostbar, daher sage ich gleich, worum es geht. Mein Mann ist mir untreu geworden. Ich kann nicht mehr mit ihm zusammen leben, zumal er sich auch noch dem Trunke ergeben hat. Könnt Ihr mir raten, was ich tun soll, damit mir genug zum Leben bleibt?" Nach einer kurzen Pause: „So mit amtlichem Siegel oder so?"
„Das ist bedauerlich, was Ihr zu berichten habt, aber lasst mich kurz nachdenken."
Kleine Falten auf der Stirn und an die Nasenwurzel gelegte Hände signalisierten, dass Lodewig sich Lösungen überlegte. Dann wandte er sich erneut an Maria: „Auch wenn es Euch unangenehm ist, ich muss ein paar Fragen stellen."
Marias Nicken nahm er als Zustimmung und begann mit seinen Fragen.
„Hat Euer Gatte Euch verletzt, körperlich meine ich?"
„Nein, es gab keine Gewalt."
„Gibt es einen männlichen Erben, habt Ihr zusammen mit Eurem Mann einen Sohn?"
„Wir haben keine Kinder."
„Wie ist das bei Euren Geschwistern, gibt es da Erben?"
„Meine Schwester hat einen vierjährigen Sohn und eine dreijährige Tochter."
„Ihr selbst habt keinen Bruder?"
„Nein."
„Gibt es Barvermögen oder andere Werte im gemeinsamen Haushalt?"
Maria nannte die Summe der Ersparnisse und sprach vom Haus und erwähnte die Größe der Ländereien.
„Ist Euer Mann der Inhaber der Schmiede Eures verstorbenen Vaters?"
„Ja, mein Mann ist Schmiedemeister. Wir arbeiten zusammen."

Der Jurist überlegte lange. Dann fasste er das Wichtigste zusammen: „Ein Richter kann die Ehe scheiden. Dann habt Ihr ein Recht auf einen gewissen Anteil des Vermögens. Ihr werdet nicht alles behalten, denn der Gatte hat den Handwerksbetrieb geführt. Um ehrlich zu sein, er hat einen Anspruch auf einen sehr großen Teil des Vermögens. Das Problem ist, so eine Scheidung ist ein unangenehmer Akt, mit persönlichen Fragen, versteht Ihr? Außerdem kann es dauern und wenn Euer Gatte ein Trinker ist, wird es finanziell nicht besser, vermute ich."
Maria schaute erst ihre Mutter an, bevor sie antwortete. Was sie zu sagen hatte, lag vor allen Dingen Kea am Herzen: „Eine Scheidung strebe ich nicht an. Die Ehe wurde vor Gott geschlossen. Ich habe nicht die Absicht, je wieder zu heiraten. Für meine Mutter und mich ist es wichtig, dass wir nicht arm werden. Daher soll mein Mann feste Zusagen machen, mit Tinte und Papier."
„Kann man mit dem Mann vernünftig reden und eine Übereinkunft treffen?", wollte Lodewig wissen.
„Ja, er sieht sein Unrecht ein und er ist besonnen. In den letzten Tagen habe ich ihn auch nicht mehr betrunken erlebt, trotzdem ..."
Ihr Gegenüber beschwichtigte: „Ihr müsst mir nichts erklären. Eure Gefühle verstehe ich durchaus." Dann sprach er weiter: „Was haltet Ihr von diesem Vorschlag: Ihr sprecht mit Eurem Gatten und handelt eine Summe aus, die er erhält. Vermögen ist ja da. Ihr und Eure Mutter behaltet Haus und Hof und bemüht Euch um einen Pächter oder Käufer. Ihr seid jung genug, um selbst Euer Brot zu verdienen. Für einen längeren Übergang ist bei Euren Barschaften auch gesorgt."
„Das will ich wohl meinen." In Marias Stimme war eine gehörige Portion Stolz nicht zu überhören. „Als Frau kann ich zwar keinen Gesellenbrief bekommen, aber als Schmiedin stehe ich einem Mann in nichts nach!"
Sie fing einen erstaunten Blick auf und legte nach: „Hier in der Stadt könnt Ihr Euch von meiner Kunst überzeugen. Schaut Euch

einmal die Griffe und Beschläge in dem Gewürzladen von Frau Westerhusen an."

„Ich kenne den Laden. Er ist die Attraktion in der Stadt! Die Leute überbieten sich geradezu, um ihr Essen mit exotischen Gewürzen zu verfeinern. Und die kunstvollen Arbeiten sind wirklich von Euch? Meinen Respekt, Frau Wilken!"

Kurz hielt er inne: „Ich habe da eine Idee, was die Schmiede angeht. Seht auf jeden Fall zu, dass Ihr diese in Eurem Eigentum behaltet. Mehr nicht dazu, es ist wirklich nur eine Idee. Gut, wo waren wir stehengeblieben? Ach ja, ich könnte einen Vertrag ausarbeiten lassen, der auch im Falle des Falles bei einem Gericht Bestand hat. Ich lasse ihn mit einem Boten zu Euch bringen und vorlesen und Ihr müsst dann noch die Summe einsetzen, mit der Euer Gatte abgefunden wird. Ich hoffe, Ihr habt Erfolg bei Eurer Vereinbarung. So ein Gespräch ist nicht ohne Brisanz."

„Für uns müsste er tatsächlich vorgelesen werden", gab Maria kleinlaut zu. „Mein Mann hingegen kann lesen."

„Dann passt auf, dass er dort nichts hineinkritzelt, was Euch schadet", lachte Hanco Lodewig.

Den beiden Frauen war die Erleichterung anzumerken. Es war eine gute Entscheidung gewesen, die Reise auf sich zu nehmen. Selbst wenn es mit Klaas Probleme geben sollte, wüssten sie, wer ihnen seine Hilfe nicht verweigern würde.

Entsprechend herzlich bedankten sie sich. Es blieb noch Zeit für ein privates Gespräch. Lodewig stand allem Anschein nach nicht unter Zeitdruck. Wie bei seinen Besuchen in der Schmiede plauderte er offen über seine alltäglichen Aufgaben. Natürlich vermied er es, konkret zu werden, aber dennoch erfuhren die Besucherinnen einiges. Nach dem Tod des Grafen vor mehr als einem Jahr regierte Gräfin Anna als Vormund für die minderjährigen Nachfolger. Lodewig sagte, es gäbe viele Verträge auszuarbeiten. Innerhalb der Grafschaft, mit den vielen Verbündeten, aber auch mit Adelshäusern, die den Cirksena nicht wohlgesonnen seien. Dass er hauptsächlich damit beschäftigt war, Fragen der Vormundschaft mit dem Schwager der Gräfin, Graf Johann, zu klären, behielt er für sich. Johanns Schwiegervater, der Kaiser, unterstützte diesen bei dem Bestreben, Gräfin Anna die Vormundschaft für die minderjährigen Nachfolger ihres verstorbenen Mannes zu entreißen. Graf Johann war am besten mit Geld zu ködern, viel Geld. Durch seinen aufwendigen Lebensstil und die Vorliebe für Glücksspiele benötigte er laufend neue Einnahmen. Daher wurde fieberhaft über vertragliche Vereinbarungen und die Zusammenstellung einer geeigneten Verhandlungskommission gerungen.

Geradezu schwärmerisch lobte Lodewig die Gräfin. „Sie ist eine gottesfürchtige Frau, die den Frieden über alles andere liebt. Auch in der Grafschaft wird die Ordnung eine bessere werden, ein neues Polizeigesetz wird Ihre Erlaucht auf den Weg bringen. Ostfriesland wird ein Muster für Gerechtigkeit!“

Maria und Kea erfuhren, dass der Verschwendungssucht begegnet werden solle und Arme und Elende einen besseren Schutz erhalten würden. Nach dem Tod des Erzfeindes Balthasar von Esens sei auch von außen kein Ungemach zu erwarten. „Es werden friedliche Zeiten anbrechen“, resümierte Lodewig.

Gerade, als sich die beiden Frauen verabschieden wollten, wurde die Tür aufgerissen. Eine elegant gekleidete Dame betrat das Zimmer, ohne vorher anzuklopfen. Lodewig fuhr blitzartig aus seinem Sessel hoch und nahm Haltung an: „Eure Erlaucht, ich habe Eure Kutsche nicht gehört“, sagte er verdattert.

„Könnt Ihr auch nicht, wir sind den kurzen Weg zu Fuß gegangen. Bevor Ihr Euch unnötige Sorgen macht – natürlich wurden wir von der Wache begleitet“, lachte die Gräfin. Dann schaute sie auf Kea und ihre Tochter, um wiederum ihren Berater anzusprechen. „Verdient Ihr Euch mit privater Beratung noch ein paar Taler hinzu?“

„Keineswegs würde ich von den Damen Geld annehmen, aber meinen Rat bin ich ihnen schuldig. Die Familie hat mir in einer Straftatverfolgung uneigennützig geholfen, obwohl sie selbst zu

den Geschädigten gehört. Es ging um Kindesentführung und andere Betrügereien."
„Ich erinnere mich, der Herr Graf, mein verstorbener Gatte, hat davon berichtet. Eine abscheuliche Tat, in der auch die Geistlichkeit verwickelt war, stimmt's?"
„Genau so war es, die Straftaten haben bedauerlicherweise weite Kreise gezogen."
Jetzt erst stellte Hanco Lodewig die Anwesenden vor: „Ihre Erlaucht, Anna, Gräfin von Ostfriesland, die Damen Smeeder und Wilken."
Letztgenannte machten ungelenke Bewegungen, die einen Knicks darstellen sollten und kamen sich dabei ziemlich hilflos vor. Sie standen der Gräfin gegenüber! Ihnen war bewusst, dass man ihnen ihre ländliche Herkunft ansah, obwohl sie in gutem Tuch gekleidet waren. Auf eine solche Begegnung waren sie nicht vorbereitet.
„Wir nehmen den Willen für die Tat, lasst es gut sein", kommentierte die Gräfin den misslungenen Versuch lächelnd, setzte dann aber eine geschäftige Miene auf: „Jetzt benötigen wir aber Eure Zeit, Herr Lodewig, es gibt in der Sache, über die wir kürzlich sprachen, noch wichtige Dinge zu klären."
„Selbstverständlich, Eure Erlaucht", sagte ihr Berater unterwürfig. „Die Damen wollten ohnehin gehen, wir hatten bereits alles geklärt."
Diese wurden dann auch freundlich verabschiedet und ließen sich von Heere zum „Ochsen" fahren. Vor dem nächsten Termin mussten sie sich zunächst von der überraschenden Begegnung erholen.
In der Stadt war es ziemlich voll, aber der Wirt hatte noch ein geräumiges Zimmer frei. Für Heere fand sich auch noch eine Kammer, kleiner zwar, aber für die eine Nacht würde es reichen. Maria gab ihm ein paar Münzen. Damit konnte er das Pferd versorgen lassen und sich selbst auf dem Markt einen Happen genehmigen. Es gab geräucherten und eingelegten Fisch, deftige

Eintöpfe und Fleisch und damit ein Angebot, das den Bedürfnissen einer betriebsamen Hafenstadt gerecht wurde.
Den Weg zu dem alten kauzigen Arzt, den sie und ihre Mutter als Nächstes besuchen wollten, konnten sie bequem zu Fuß absolvieren. Zunächst aber wirkte das unerwartete Zusammentreffen mit der Regentin nach. „Ich habe mir so eine Gräfin viel prunkvoller vorgestellt. In Oldenburg habe ich Bilder von der Grafenfamilie gesehen. Da hatten die Damen so weite Röcke und viel Schmuck und die Herren waren alle in Uniform." Maria dachte über ihre Worte nach: „Ehrlich gesagt, so wie ich die Gräfin heute erlebt habe, gefällt sie mir besser." Kea ergänzte: „Auf den Bildern tragen die Herrschaften wahrscheinlich ihre Festgewänder. An einem gewöhnlichen Tag werden sie sich auch nicht so herausputzen. Im Übrigen haben mir die Kleider der Gräfin sehr gefallen. Eine gute Qualität! Glaube mir, dass ich einen Blick dafür habe."
Sie kamen erst jetzt auf ihr dringendstes Anliegen zu sprechen. Sie waren sich einig, dass Lodewig einen vernünftigen Vorschlag unterbreitet hatte. „So könnte es doch noch gut für uns ausgehen, wenn Klaas sich nicht zu bockig anstellt." Kea hatte es auf den Punkt gebracht.

Der anstehende Besuch lag Maria wie ein Stein im Magen. Sie selbst fühlte sich an eine Zusage gebunden und Kea würde es als Christenpflicht bezeichnen. Gemeinsam wollten sie sich für Heidje um eine Bleibe und neue Anstellung bemühen.
Vor geraumer Zeit hatte Klaas für den Mediziner eine aufwendige Einfriedung für seine Villa angefertigt. Maria war dabei gewesen und hatte viel mit dem interessanten Mann gesprochen. Er hatte geklagt, dass seine Haushälterin verschiedene Gebrechen plagten und sie daher nicht mehr in der Lage war, ihn gut zu versorgen. „Die ist bereits seit einer Ewigkeit im Haus, schon meiner Frau, die verstorben ist, hat sie jahrzehntelang treu gedient. Ich bringe es nicht übers Herz, ihr eine junge Magd vor

die Nase zu setzen. Sie wäre gekränkt. Besser jemand, den sie ein wenig bemuttern kann und der nach und nach in ihre Rolle wächst. So jemanden müsste man erst finden." Dann hatte der Alte hinzugefügt: „Am Geld sollte es nicht scheitern. Lieber gebe ich's hier unten für jemand aus, der es gebrauchen kann und verschaffe mir da oben einen guten Platz." Kichernd hatte er seinen dürren Zeigefinger Richtung Himmel gestreckt.
Die kleine Verführerin aus der Schänke wäre jemand zum Bemuttern und als Schwangere gut im Haus eines Arztes aufgehoben. Nach dem, was ihr bei Fulko und Sina abverlangt worden war, sollte sie später durchaus in der Lage sein, den kleinen Haushalt zu führen.
Auch wenn Maria keine Lust verspürte, ihre Energie für Heidjes Wohl zu verbrauchen, musste sie es versuchen. Der Vorteil: Das Mädchen wäre vermutlich für alle Zeit aus ihrem Blickfeld verschwunden.
Zum Glück konnte sie ihr Anliegen dem Doktor ungestört vortragen. Die besagte Haushälterin machte ihren Mittagsschlaf. „Jetzt schnarcht die erst mal drei Stunden", hatte der Hausherr mit einem Zwinkern gesagt.
Für den Vorschlag zeigte er zunächst wenig Begeisterung. Nachdem Maria ihm die Umstände erläutert hatte, brummte er schließlich: „Nun gut, versuchen kann ich es. Ich verspreche dir aber nicht, dass sie eine Lebensstellung hat. In meinem Haus muss sie sich benehmen. Dass du dich für die Göre einsetzt, wird dem lieben Gott gefallen. Hast bei ihm 'nen Stein im Brett."
Maria atmete durch – geschafft! Dass sie mit dem vertrauten „du" angesprochen wurde, hatte sie nicht gestört. Diese Freiheit nahm sich der betagte Akademiker vielen Menschen gegenüber heraus.

Noch ein paar Stunden blieben. Diese nutzten Mutter und Tochter für ein paar Einkäufe und einen Bummel durch die Stadt. Genießen konnten sie diese seltene Gelegenheit trotzdem nicht.

Nachts fanden beide in der ungewohnten Umgebung keinen erholsamen Schlaf. Gut, dass es Heere war, der den Einspänner am nächsten Morgen lenken musste.
Zu Hause angekommen, lenkte Maria ihre Schritte unverzüglich in Richtung Dorfmitte. Während Sina nachschaute, ob das von ihr Gewünschte auch in der Küche vorhanden war, winkte sie Heidje heran. Zum Glück kapierte das Mädchen sofort, was Maria ihr in kurzen, knappen Sätzen im gedämpften Ton zu verstehen gab. „Ja, mache ich genau so, Frau Wilken – danke", sie wirkte erleichtert.
Als Nächstes musste sie mit Klaas über das anstehende Treffen mit Fulko reden.
„Wenn du unbedingt willst, komme ich. Falls es um das Mädchen geht, ist das doch deine Sache, aber meinetwegen." Der Wirt hatte sich gönnerhaft gegeben, als Klaas ihn angesprochen hatte. Maria eröffnete ihrem Mann, was sie herausgefunden hatte. Zornesröte stieg in sein Gesicht. Am liebsten wäre er sofort in die Schänke gerannt, um Fulko zur Rede zu stellen. Mit Mühe gelang es seiner Frau, ihn für ihren, den besseren Plan zu gewinnen.
Mit einem breiten, überheblichen Grinsen stand der Wirt am folgenden Tag vor der Tür. Dennoch konnte er nicht verbergen, dass er sich wunderte, Maria anzutreffen: „Ich glaube nicht, dass wir dich dabei haben wollen." Seine Bemerkung klang abfällig. Klaas gab sich kämpferisch: „Das habe ich ja noch wohl zu bestimmen." Unmissverständlich hatte er sein Recht als Herr des Hauses deutlich gemacht. Fulko war überrascht, überspielte das jedoch mit einem aufgesetzten, fetten Lachen: „Na denn, wird bestimmt lustig für dein Weib!" Dann musterte er Maria von oben bis unten, um danach seine vermeintliche Trumpfkarte auszuspielen. Süffisant erklärte er: „Falls du es noch nicht weißt, dein feiner Herr Gemahl hat unserer Magd einen Balg verpasst. Jetzt will er auf Gut Wetter machen, damit ich das Ganze geräuschlos regele."

Klaas war aufgesprungen. Ganz entgegen seiner sonst besonnenen Art schlug er mit der Faust auf den Tisch. „Schluss jetzt!", rief er. Sein Gesicht war tomatenrot angelaufen. „Jetzt hörst du mir erst genau zu. Wenn du auch nur ein Wort dazwischenredest, fliegt dir ein Schmiedehammer in die Rippen, verstanden?"
Drei, vier kurze Sätze benötigte er, um Fulko verständlich zu machen, dass er entlarvt war.
Für einen Moment wechselte bei dem die Gesichtsfarbe ins Weißliche, dann hatte er sich gefangen.
„So, so, hat die kleine Schlampe euch ein paar Lügen aufgetischt? Wartet mal bis morgen, dann wird ihr bestimmt die Wahrheit eingefallen sein. Ich rede gleich einmal mit ihr." Sein Gesichtsausdruck ließ keinen Zweifel daran, wie er das Gespräch zu gestalten gedachte. Schon wollte er aufspringen.
Jetzt kam Maria ins Spiel: „Das kannst du dir sparen, du wirst sie nicht mehr antreffen!"
Fulkos Mienenspiel verriet, dass er eine erklärende Hilfe benötigte: „Der Gast, der heute mit der Kutsche abgereist ist, hatte nicht nur sein Gepäck dabei."
Der Gastwirt kochte vor Wut: „Das hast du zusammen mit meinem Weib ausgeheckt! Na warte, die kann was erleben!"
„Sina hat keine Ahnung, das wäre zu gefährlich gewesen. Die sucht jetzt vermutlich überall nach der Magd. Das konnte ich ihr nicht ersparen. Noch eines: Falls du versuchst, sie zurückzuholen – sie ist jetzt bei einem angesehenen Bürger. Den solltest du lieber unbehelligt lassen. Außerdem ist das Mädchen bereit, notfalls vor Gericht auszusagen, auch darüber, wie du deine Familie behandelst." Den letzten Satz hatte Maria erfunden, aber er zeigte Wirkung.
„Dann ist doch alles geregelt, was sollte nun das ganze Theater?" Fulko wirkte unsicher.
Das war die Überleitung zu Klaas' Part: „Sei froh, wenn du mit heilen Knochen nach Hause kommst, so wie du mich über den Tisch ziehen wolltest! Jetzt zum Geschäftlichen. Du wirst dem

Mädchen eine ordentliche Summe zahlen, oder soll dein Kind am Hungertuch nagen?" Der Schmied nahm eine seiner Schiefertafeln und schrieb eine Zahl darauf.
Fulko tippte an seine Stirn: „Du bist völlig verrückt, dafür kann ich ein Jahr lang ins Freudenhaus gehen!"
Klaas hatte seine Ruhe wiedergefunden. „Wenn du dazu nicht in der Lage bist, muss ich das mit deinem Vater regeln. Hast ja, wie es aussieht, doch zu Hause nicht die Hosen an."
Jetzt schäumte der Gastwirt förmlich: „Was denkst du? Natürlich kann ich über mein Geld verfügen. Diese Summe aber – sei mal vernünftig, die Hälfte reicht doch auch?"
„Leg noch ein bisschen drauf und dann kommt das Geld hierher. Ohne Quittung, einfach so. Wir werden es dieser Heidje zukommen lassen. Kannst mir glauben, dass wir von deinem schmutzigen Geld keinen Stüber wegnehmen werden." Klaas formulierte die Bedingungen und Fulko blieb nichts anderes, als zuzustimmen. Wortlos ging er aus dem Haus.

Klaas war seiner Frau insgeheim dankbar. Er hatte sie zutiefst verletzt, trotzdem hatte sie einen kühlen Kopf behalten. Er selbst wäre vermutlich auf diesen blöden „Jungferntrick" hereingefallen. Sie hatte Courage bewiesen, weil sie die letzte Stunde so souverän durchgestanden hatte. Er schaute sie an. Es war ihm, als würde die Fassade bröckeln. Wie zur Bestätigung hatte sich ihre Stimme verändert. Hatte sie eben noch dem unflätigen Gast gegenüber geschäftsmäßig und kompromisslos geklungen, hörten sich die folgenden Worte matt und brüchig an: „Wir beide müssen auch noch einiges bereden, aber nicht jetzt. Ich kann nicht mehr. Vielleicht am Nachmittag?"

Unbeholfen stand ihr Mann auf. Es schien, als hätte er das Bedürfnis, sie zu berühren. Sekundenlang verharrte er, dann ging er zur Tür. Bereits mit einem Fuß im Freien angekommen, drehte er sich um: „Danke!"

Maria konnte es kaum glauben, dass sie sich mit Klaas so schnell und ohne Streit geeinigt hatte. Mit einem ansehnlichen Geldbetrag und einer größeren Landfläche, die bereits ihr Vater erworben und an einen Bauern verpachtet hatte, konnte er sich eine neue Existenz aufbauen. Das Gespräch war überraschend gut verlaufen. Trotz allem, was zwischen ihnen stand, hatten sie ausführlicher miteinander geredet als in den Ehejahren davor.
Dabei hatte die Aussprache denkbar ungünstig begonnen.
„Hast du mich oft betrogen?" Maria hatte mit dieser Frage begonnen. Gehofft hatte sie inständig, dass die Sache mit Heidje sein einziger Ausrutscher gewesen sei.
Vermutlich, weil auch er keine gemeinsame Zukunft erkennen konnte, hatte Klaas reinen Tisch gemacht. Er hatte sie angesehen und mit fester Stimme gesagt: „Da war noch etwas, ein einziges Mal. Ich hatte damals in Emden bei dem Kapitän zu tun."
„Mathilda-Johanna Westerhusen?" Schlagartig war Maria der ungewöhnlich lange Name eingefallen.
„Genau die." Klaas hatte seinen Blick fest auf seine Frau gerichtet. Eine Spur von Erleichterung war auf seinem Gesicht zu lesen. Er hatte die belastenden Worte freigegeben. Sie spukten nicht mehr in seinem Inneren herum.
Für Maria kamen sie überraschend, aber sie hatten eine erklärende Wirkung. ‚Ich hätte es wissen müssen – von dem Tag an hatte sich Klaas verändert!' In ihren Gedanken gaben seine Worte schlagartig die Antworten auf ein ganzes Bündel von Fragen. So viele, dass die Kränkung, die dieser Erkenntnis innewohnte, sie zunächst nicht erreichte.
Diese traf sie umso mehr, als Klaas eine Frage stellte: „Warum konnte ich mit dir nicht ein einziges Mal so etwas erleben? So eine Nacht, die man nie vergessen kann?"
Maria konnte nicht einordnen, ob die Bemerkung nur unüberlegt, unsensibel und nicht bösartig gemeint war, oder ob Klaas sie bewusst verletzen wollte. Aber sie wurde bis ins Mark getroffen.

Sie hatte diese Frau vor Augen. Auch ihre Oberflächlichkeit, das Aufgesetzte und Übertriebene, das sie an den Tag legte. Vermutlich war sie verwöhnt und lenkte sich mit gelegentlichen Eskapaden ein wenig ab. Ob Dorfschmied oder Jüngling mit exotisch anmutender Herkunft – sie suchte für ihre Spielchen erkennbar das nicht Alltägliche.

Dass ein Seitensprung mit so einer Person ihren Klaas aus der Bahn geworfen hatte, kam einem vernichtenden Urteil über den Zustand ihrer Ehe gleich.
„Ich kann jetzt nicht antworten. Vielleicht später. Ich komme wieder." Maria hielt tapfer ihre Tränen zurück, dennoch musste sie fürs Erste alleine sein. Da war nicht einmal Wut, da war etwas anderes. Sie spürte eine Trauer, die sich nicht mit jener über den Verlust von Menschen vergleichen lässt. Eher ein Gefühl der Ohnmacht, verbunden mit der Erkenntnis, dass das Bemühen um das Normale sein Scheitern schon beim Beginn in sich trug. Mehr als drei Jahre war es her, dass sie den Entschluss gefasst hatte, eine Ehe einzugehen. Die grellen Warnsignale aus ihrem Inneren hatte sie mit der Nüchternheit des Verstandes beiseite geräumt. Wie fatal dieser Fehler war, hatte sich in dem unglaublich taktlosen Ausspruch ihres Mannes mit aller Deutlichkeit gezeigt.

Eine Selbstanklage machte die Situation noch schlimmer: ‚Ich hätte es doch merken müssen. Damals, als diese Mathilda zum ersten Mal bei der Schmiede auftauchte! Klaas wirkte zerstreut und er ließ sich viel Zeit, bis auch er an dem Gespräch teilnahm. Ganz entgegen seiner sonst so bedächtigen Art musste er sich mehrfach korrigieren. Er wirkte fahrig, so als wäre er in Gedanken nicht ganz bei der Sache. Erst zum Schluss des Gesprächs war er wieder so, wie ich ihn vorher kennengelernt habe. Wie konnte ich nur übersehen, dass da womöglich mehr dahintersteckte?'

Maria konnte nicht verhindern, dass sie Klaas in diesem Augenblick jener Kategorie Männer zuordnete, von denen nichts Gutes zu erwarten war.
Das Groteske daran war, dass in diesem Augenblick der Verstand gefragt war. Geld, Besitz, Regelungen – das war es, was es nun zu verhandeln galt.
Wenn das alles durchgestanden war, dann, so hoffte sie, dann kam die Zeit für ihre Gefühle. Sie hatte keine Angst vor der Leere und den tiefen, traurigen Gedanken. Die sollten nur kommen. In ihnen würde sie spüren, dass sie lebte und fühlte. Funktioniert hatte sie viel zu lange. Sie verinnerlichte diesen Gedanken und war bereit, das unumgängliche Gespräch fortzusetzen.

Sie nannte die Bedingungen für eine Vereinbarung und versäumte es auch nicht, den Vorschlag, den Lodewig gemacht hatte, selbstbewusst zu präsentieren.
„Es ist für alle Beteiligten gut, wenn Euer Gatte nach der Trennung finanziell gut gestellt ist. Dadurch vermeidet man spätere Streitigkeiten", hatte er angemerkt. Er sprach von den Möglichkeiten, welche die voraussichtlich friedliche Zukunft bringen würde. „In Friedenszeiten wird der Handel zunehmen, auch der Handel mit der neuen Welt. Der Schiffbau wird eine solide Zukunft haben. Werte, die in solchen Zeiten geschaffen werden, sind bei Weitem beständiger als die kurzfristigen Erfolge der Kriegsgewinnler. Die Werften werden zwei Dinge benötigen: Fachleute und Geld. Wenn sich Euer Gatte mit seinem Können als Handwerker und mit Geld an einer Werft beteiligen würde, sollte er gut leben können. Vorausgesetzt, er lässt das Trinken."
Diese Worte gingen Maria durch den Kopf und sie schöpfte Hoffnung. Sie hatte Klaas in den letzten Tagen nicht mehr betrunken erlebt. Vermutlich genehmigte er sich noch gelegentlich einen Schnaps, aber er schien gefestigt. Marias Wortwahl war vorsichtig. Sie erwähnte die Möglichkeiten, vermied es aber, einen besserwisserischen Eindruck zu hinterlassen. Ihr Mann durfte nicht

den Glauben verlieren, dass er selbst es war, der über seine Zukunft bestimmte.
Nach einer Zeit des Überlegens überraschte er seine Frau mit einem Geständnis. Für seine Verhältnisse machte er dabei ungewohnt viele Worte. „Weißt du, damals, als der Meister gestorben ist, habe ich mich auch mit dem Gedanken getragen, in die Stadt zu gehen. Zuerst aber wollte ich die Meisterin nicht im Stich lassen, das hatte sie nicht verdient. Ja, und dann konnte ich mich ins gemachte Nest setzen. Ich bekam eine gut laufende Schmiede und dazu eine hübsche Frau. Viele haben mich beneidet und sie hatten recht." Er machte eine Pause, wahrscheinlich suchte er nach den richtigen Worten.
„Trotzdem war es falsch. Und ich glaube, du hast das auch manchmal gedacht, oder?"
Maria war erstaunt. Klaas kannte sie besser, als sie es vermutet hatte. Ihre Gedanken wurden unterbrochen, weil Klaas noch eine Sache auf der Seele lag.
„Vielleicht wäre alles doch gut gegangen, hätte diese kleine Hexe mich nicht hereingelegt?"

Gerade noch besonnen, reagierte seine Frau jetzt gereizt: „Diese kleine Hexe, sagst du! Weißt du überhaupt, was in solchen Mädchen vorgeht? Mit vierzehn Jahren, manchmal auch mit zwölf kommen sie in die Schänken, herrschaftlichen Häuser und auf die abgelegenen Bauernhöfe. Die Familien sind froh, einen Esser weniger versorgen zu müssen, aber was erwartet diese Kinder? Sie schuften bis zur Erschöpfung und heulen sich vor Heimweh die Augen aus. Jemand müsste sie trösten, aber was bekommen sie stattdessen? Ausgeschimpft werden sie und nicht selten gibt es sogar Schläge. Wenn die sogenannten gnädigen Herren und Bauern sich ihrer bemächtigen, schauen alle weg. Manche mögen sich freiwillig hingeben, weil sie sich falsche Vorstellungen machen, aber andere werden mit Gewalt genommen. Es ist schäbig, wie mit denen umgegangen wird. Du hast dich ebenso schäbig verhalten, betrunken oder nicht, ist mir egal. Niemals könnte ich das verzeihen!“

Die bisher sachliche Unterredung schien ihr zu entgleiten. Diesen Gefühlsausbruch konnte sie nicht verhindern, zu viele Erinnerungen lösten sich aus den Tiefen ihrer Seele und wühlten ihre Gedanken auf. Es stimmte dennoch, was sie gesagt hatte. Den Fehltritt mit einer erwachsenen Frau, ein Abenteuer, hätte sie womöglich vergeben können. Viele Ehen hielten das aus. Sie verabscheute Heidje, aber dennoch sah sie in ihr etwas anderes. Möglich, dass sie sich zu leichtfertig für Fulkos Machenschaften hatte einspannen lassen, dennoch war sie eher eine Verführte als eine Verführerin.

Minuten verrannen, die Gedanken wurden zu Bildern und diese Bilder musste sie betrachtend verschiedenen Kategorien zuordnen. Erst nach diesen ordnenden Überlegungen war es möglich, die Aussprache zu einem Ende zu führen.

Sie hatte zu einer überwältigend klaren Erkenntnis geführt: Diese Ehe, so sinnvoll sie nach wirtschaftlichen Überlegungen auch gewesen sein mochte, war eine Farce. Dass sie jetzt ein Ende hatte, war eine stimmige Konsequenz. Schmerzlich und unverzeihlich war hingegen, dass beide Partner sie dennoch eingegangen waren. Wertvolle Jahre ihrer Leben hatten nicht die Erfüllung erfahren, die ihnen zugestanden hätte.

Es gelang Maria, nüchtern Bilanz zu ziehen. Fürs Erste war alles geregelt. Sie und ihre Mutter hatten ausreichend Reserven, um in Ruhe die Zukunft der Schmiede zu planen. Fänden sie einen Gesellen, konnte sie sogar weitergeführt werden. In den meisten Zünften war es den Witwen der Meister gestattet, die Handwerksbetriebe weiterzuführen. Auch in der Zeit zwischen Tykes Tod und dem Erlangen von Klaas' Meistertitel hatte niemand Schwierigkeiten gemacht. Außerdem war da noch die nebulöse Ankündigung von Hanco Lodewig. Maria erinnerte sich: „Ich habe da eine Idee, was die Schmiede angeht. Seht auf jeden Fall

zu, dass ihr die in Eurem Eigentum behaltet. Mehr sage ich nicht, es ist wirklich nur eine Idee."
Wie zur Bestätigung ihrer eigenen Gedanken nickte sie. Ja, sie konnte in Ruhe abwarten.
In dieses letzte Aufbäumen mischten sich die ersten Anzeichen der Erschöpfung. Es war Zeit, den Kopf auszuschalten. Marias Körpersprache verriet die Veränderung, die in ihr vorging. Ihre Muskeln verloren ein wenig die Spannung, ihr Blick wurde milder, der Gang langsam und besonnen. Sie betrat die Küche: „Mutter, ich möchte alleine sein. Später komme ich zum Essen."
Kea nickte, aber ihr Blick war fragend. Maria nahm ihn auf und antwortete: „Es ist alles gesagt und geregelt, so wie wir beide es wollten. Später erzähle ich dir mehr. Im Moment kann ich das nicht." Die letzten Worte perlten träge von ihren Lippen. Sie hatten den Klang, als ob unsichtbare Tränen sie zu ertränken drohten.

Die Ruhe nach den Turbulenzen der vergangenen Tage begann sich im Leben von Kea Smeeder und ihrer Tochter Maria Wilken ihren Platz zu schaffen. Es war eine innere Ruhe, kein Müßiggang. Licht und Schatten lagen in ihr. Seit Jahren waren sich Mutter und Tochter nicht so nahe gewesen. Sie führten lange Gespräche miteinander, konnten zusammen schweigen, Berührungen und Gesten ersetzten Worte. Unterschiedliche Meinungen erzeugten keinen Streit, es wurde nie laut. Das war eine gute Erfahrung.

Dass von außen keine nennenswerten Herausforderungen an sie herangetragen wurden, verleitete Maria aber auch zum Grübeln. Von der Mutter und auch von niemandem sonst hörte sie jemals den Vorwurf, als Ehefrau gescheitert zu sein. Dennoch war er, wenn auch nicht ausgesprochen, allgegenwärtig. Er zog endlose Kreise in ihren Gedanken und ließ die Frage, wie es zu vermeiden gewesen wäre, unbeantwortet.

Von Zeit zu Zeit kamen Bauern in die Schmiede und ließen Ackergeräte instand setzen. Bei schweren Werkstücken packten sie freiwillig mit an, überließen Maria aber die Schmiedearbeiten. Die leichteren Teile wie Haken, Scharniere, Anker für Balken und Mauerwerk gingen ihr deutlich besser von der Hand. Pferde zu beschlagen lehnte sie ab. Sie hatte das noch nie versucht und wollte den Tieren keinen Schaden zufügen. Außerdem war ihr der tödliche Unfall des Vaters eine stete Warnung.
„Die Leute werden über uns reden und uns meiden", hatte Maria ihre Befürchtungen nicht vor ihrer Mutter verheimlicht. Zu ihrem Erstaunen wurde sie jedoch nie auf ihre ungewöhnliche Familiensituation angesprochen. In diesen Zeiten hatten die Menschen genug damit zu tun, die eigenen Familien satt zu bekommen. Auf das Dürrejahr 1540 war eines mit reicher Ernte gefolgt. Auch jenes, das vor ein paar Monaten begonnen hatte, zeigte sich bislang von seiner guten Seite. Zumindest konnten die Bauern ihre Felder bei idealem Frühlingswetter bestellen. Dennoch würde es weitere Jahre mit guten Erträgen benötigen, bis alle Schäden behoben waren. Weniger Kälber und Ferkel konnten verkauft werden, musste doch der Bestand an Zuchtvieh wieder aufgestockt werden. Zudem hatten sich Familien verschuldet und mussten Forderungen der Geldverleiher und Verpächter vom Ertrag der Folgejahre begleichen. Also kümmerten sich die Menschen im Dorf zunächst um ihre eigenen Belange. Dass der Schmied seine junge Frau alleine ließ, um in der Stadt mehr zu verdienen, verstanden die Nachbarn zwar nicht, aber es war nicht ihre Sache. Hilfreich war auch, dass Fulko, der im Ort gerne das Wort führte und als Lästermaul bekannt war, keine Gerüchte in Umlauf brachte. Er hatte nicht die Absicht, Maria eine Gelegenheit zu geben, ihm eine weitere Lektion zu erteilen.

Die Arbeiten in der Schmiede waren eine willkommene Ablenkung. Finanziell bedeuteten sie jedoch allenfalls ein Zubrot. Langfristig musste eine andere Lösung her. Tatsächlich hatte sich

bereits ein Schmiedegeselle vorgestellt, der an der Anstellung interessiert war. Nach einem Gespräch mit ihm hatten sich die beiden Frauen dagegen entschieden.
Kea hatte es Maria gegenüber begründet: „Er war durchaus höflich und zuvorkommend, aber eines hat mich gestört." Maria schaute ihre Mutter erwartungsvoll an: „Und, was war das?"
„Der muss geführt werden. Er braucht den Meister neben sich, der ihm sagt, was zu tun ist."
Ihre Tochter atmete tief durch: „Gott sei Dank, dass du das erkannt hast. Ich hatte auch ein ungutes Gefühl, konnte es aber nicht deuten. Wenn ich genau überlege, hast du recht. Ich bin zwar ganz gut in dem Handwerk, aber eben doch kein gelernter Schmied. Es hätte ohne Frage Probleme gegeben, wenn ich ihm Anweisungen erteilt hätte."
„Lass ein paar Wochen ins Land gehen. Du und ich, wir finden einen Weg." Kea konnte so ermutigend sein! Sie ruhte in sich selbst und in ihrem Glauben. Das gab ihr die Kraft, trotz der schweren Schicksalsschläge und der Tatsache, alleine mit der erwachsenen Tochter in dem einsamen Haus zu leben.

# Neubeginn

## Ostfriesland Frühjahr / Sommer 1542

Statt eines Boten war es Hanco Lodewig selbst, der wenig später bei bestem Frühlingswetter vor der Tür stand. Er hätte in seiner neuen Stellung ohne Zweifel eine Kutsche in Anspruch nehmen können, aber er war geritten. Begleitet wurde er von einem jungen Mann mit schulterlangen lockigen Haaren, deren Farbe an den ersten rötlichbraunen Belag erinnerten, der Metall befällt, bevor daraus ein flächendeckender Rost wird. „Thijsso Bosman“, stellte sich der Fremde vor. Maria und Kea gingen davon aus, dass Bosman ein Gehilfe ihres Besuchers war.

Wie selbstverständlich wurde der Platz unter der Kastanie zum Ort der Besprechung. Der Baum war noch dabei, die zarten, jungen Blätter auszutreiben. Somit ließ die Sonne noch ein wohldosiertes, warmes Licht auf die Menschen fallen.

Die vorbereitete Vereinbarung zwischen Maria und Klaas hatte Lodewig dabei. „Meinetwegen unterschreibe ich das, aber ich halte mich auch so an das gegebene Wort“, hatte ihr Mann damals zum Abschluss der Besprechung gesagt. Sie hatte ihm geglaubt. Dennoch wollte sie den sicheren Weg gehen. Klaas würde noch einmal in die Schmiede kommen und einige Sachen abholen. Dann wäre die Gelegenheit, die Vereinbarung unterschreiben zu lassen.

Lodewig ließ sich über die aktuelle Situation unterrichten. Er war sichtlich erleichtert, dass die Trennung der Eheleute Wilken ohne nennenswerte Schwierigkeiten vonstattengegangen war. So konnte er dann auch zügig zum eigentlichen Anlass seines Besuches überleiten. „Mijnheer Bosman begleitet mich heute, weil ich ihm von Eurer Schmiede erzählt habe. Er hat durchaus Interesse daran. Aber besser, mein Freund erklärt Euch das selbst.“

Auch wenn Lodewig nicht die niederländische Anrede verwendet hätte, beim ersten Satz hätten die beiden Frauen gemerkt, es

nicht mit einem Einheimischen zu tun zu haben. Die sprachliche Färbung, die der Groninger Dialekt mit sich brachte, war hierzulande oft anzutreffen. Bei Thijsso Bosman allerdings schwang noch etwas anderes mit. Ein Slang, der beim ersten Hinhören nicht zuzuordnen war. Er tat sich schwer mit der Sprache, versuchte aber sein Anliegen in aller Deutlichkeit zu erklären.
„Ich bin auch Schmied", begann er. „Es sind kleine Gegenstände. Man kann es auch ‚Kunst' nennen – Verschlüsse für Truhen, Bilderrahmen, Küchengeräte. Die reichen Leute wollen vieles auch mit ihrem Familienwappen versehen haben. Solche Dinge lassen sich in der Stadt gut verkaufen. Reeder, Kapitäne, Kaufleute und reiche Bauern aus dem Umland sind meine Kunden."
Maria erkannte Unstimmigkeiten: „Wenn Ihr Kunden in der Stadt habt, dann sollte doch auch die Werkstatt dort sein. Außerdem, für diese Sachen braucht Ihr doch keine Schmiede mit einem großen Amboss, einer großen Esse und schweren Hämmern?"
Der Besucher wand sich: „Zuerst einmal – ‚Ihr', das klingt so förmlich. Ich bin Thijsso, ist das recht?"
„In Ordnung, Maria!" Diese Frage war also geklärt.
Dann sprach Thijsso weiter: „Es ist so, dass ich nicht alleine lebe. Meine Schwester wohnt bei mir. Sie verträgt die Stadt aber nicht so gut, ist ihr zu laut."
„Eine Schmiede ist nicht unbedingt leise." Marias Zweifel waren nicht zu überhören.
Es fiel dem jungen Mann schwer, den wahren Grund zu nennen. „Es ist ein anderes ‚Laut', was sie nicht erträgt. Streitende Menschen, Soldaten, die marschieren, grölende Seeleute und Betrunkene. Meine Schwester ist krank. Sie hat keine Schmerzen, kann laufen, aber sie ist krank." Wieder dauerte es, bis Thijsso die passenden Worte fand. „Sie hat eine kranke Seele, ist verletzlich." Nachdem diese Worte schwer über seine Lippen gekommen waren, hellte sich seine Miene auf. „Sie ist eine Künstlerin. Sie malt unbeschreiblich schöne Bilder. Hier auf dem Land könnte

sie besser arbeiten. Das Hämmern stört sie nicht. Es ist eine vertraute Musik in ihren Ohren." Dann ging er auf den weiteren Einwand ein: „Ich muss nicht ständig in der Stadt sein. Dafür habe ich Geschäftspartner, einen in Emden und einen in Aurich. Sie nehmen die Kundenwünsche auf und ich besuche sie dann, um alles Weitere zu besprechen. Ein paar Tage in der Woche bin ich also meistens unterwegs."
Gerade, als das Gehörte sich bei Maria zu einem stimmigen Gebilde formte, hatte Thijsso aber das Bedürfnis, noch ein Problem anzusprechen: „Mit meiner Schwester ist es nicht immer einfach. Kann sein, dass sie tagelang nicht spricht und dann wieder ganz viel. Sie kann nichts dafür." Er schob einen Satz nach, der den Frauen einen Einblick in das Innere dieses fremden Menschen gewährte. Etwas, das sie zutiefst berührte. „Ich habe sie sehr lieb, meine kleine Schwester." Thijsso hatte die Worte nur gehaucht.
Mutter und Tochter sahen sich unschlüssig an. Eine Abmachung, durch Blicke zustande gekommen, veranlasste Kea, das Wort zu ergreifen: „Ihr könnt Euch gerne die Schmiede ansehen. Da wäre aber noch etwas. Wenn wir uns einigen könnten, müsstet Ihr noch klären, wo Ihr wohnen könnt. Dieses Haus ist zu klein."
Der Besucher hatte registriert, dass ein vertrautes „Du" nur für die Tochter galt. Er ging auf die Frage ein: „Frau Smeeder, ich hoffe, diese Dinge lassen sich klären. Vielleicht verkauft Ihr mir eine kleine Parzelle für ein neues Häuschen, oder es lassen sich ein paar Kammern anbauen. Möglicherweise will ja auch jemand im Dorf ein Haus verkaufen. Wir werden sehen. An Geld wird es nicht scheitern." Lächelnd fügte er hinzu: „Die Schmiede interessiert mich, kann ich sie jetzt sehen?"
Die Besichtigung übernahm natürlich Maria. Ehe sie sich versah, war sie in ein Fachgespräch mit dem Kollegen vertieft. Natürlich hatte Lodewig geplaudert und Marias Vorliebe für die feineren Schmiedearbeiten war Thijsso bekannt. Den Laden der Dame, an die Maria ungern erinnert wurde, hatte er sich genau angesehen.

„Kennst du ein Isder?“, hatte Thijsso unvermittelt gefragt.
Maria verneinte.
„Die wohlhabenden Familien wollen es neuerdings alle haben“, erklärte ihr Gegenüber.
„Es ist ein Waffeleisen mit zwei großen Platten und scherenförmigen, langen Griffen. Es muss so sauber geschmiedet werden, dass auf den Waffeln das Muster zu erkennen ist. Manchmal sind es Namen, Wappen oder Figuren, aber auch Getreideähren oder Tiere. An so einem Stück arbeitet man manchmal über Wochen. Alles muss spiegelverkehrt geschmiedet werden, damit die Waffeln das richtige Muster haben.“
Augenzwinkernd flüsterte er: „Manche sagen, die Menschen vermissen die Oblaten, seit sie nicht mehr in die katholische Kirche gehen können. Daher wollen sie diese besonderen Waffeln. Aber egal, ich verdiene ganz passabel daran.“
Erstaunt stellte Maria fest, dass sie bei diesem jungen Mann erstmalig nicht das Gefühl hatte, sie müsse sich gegen Vertrautheiten schützen. Bei allem, was er sagte oder wie er sich gab, vernahm sie ein ehrliches Interesse, nichts Berechnendes oder Forderndes. Sie konnte sich nicht erinnern, je mit einem Fremden so frei geredet zu haben.
Gerade, als sie darüber nachdachte, redete Bosman weiter: „Was denkst du, Maria? Darf ich nächste Woche mit meiner Schwester noch einmal hierherkommen? Es wäre gut, wenn ihr euch kennenlernt, oder?“
Normalerweise hätte sie zuerst mit ihrer Mutter sprechen müssen, aber ihre Antwort fiel ganz spontan aus: „Ja, selbstverständlich, Mutter wird sich auch freuen!“ Maria lächelte und es kam tief aus ihrem Inneren.

Es dauerte zwei Wochen, bis Thijsso Bosman mit einem leichten Einspänner bei der Schmiede vorfuhr. Das Erste, was Maria auffiel, waren Besonderheiten an dem Gefährt. Das Holz war in einem hellen Braunton lackiert, darauf prangten gemalte gelbe

Blüten, dem Löwenzahn nicht unähnlich. Alle Metallbeschläge waren aufwendig gearbeitet, trugen fein geschmiedete Ornamente und waren zum Teil mehrfarbig lackiert. Bei näherem Hinsehen erkannte sie das hochwertige Leder am Geschirr und Zaumzeug der Schimmelstute, die den Einspänner zog. Thijsso sprang vom Bock und reichte galant der jungen Frau neben ihm die Hand, damit sie absteigen konnte. Mit eleganten, fließenden Bewegungen stieg diese zunächst auf das zuvor ausgeklappte Trittbrett, um dann ihre weißen Schuhe auf das Pflaster zu setzen. Unter dem strohfarbenen Sommerhut mit großer Krempe lugte eine Haarsträhne hervor. Sie hatte eine rötliche Färbung, allerdings wesentlich heller als bei Thijsso Bosman, ein unaufdringliches Rotblond. Das helle Sommerkleid war mit einem dezenten Blumenmuster versehen, das auffälligste Accessoire daran war ein breiter, gelber Gürtel, der mit einer großen Schlaufe seitlich verknotet war.

Mit grazilen, anmutigen Bewegungen schritt die Dame auf Maria zu und stellte sich vor. „Mijn Nam is Nynke Bosman.“ Es war offenkundig, dass ihre Sprachkenntnisse noch weniger ausgeprägt waren als bei ihrem Bruder. Alles an Nynkes Erscheinung hatte etwas Zartes, Fragiles. Sie bewegte sich schwebend wie eine Feder, die Sprache war warm und leise und ihrem blassen Gesicht verliehen die hellblauen Augen ein melancholisches Aussehen.

Thijsso hatte inzwischen die Führungsleine verknotet und kam auf die beiden Frauen zu. Er grüßte mit einer tiefen Verbeugung und fragte, ob er sein Pferd ausspannen dürfe.

„Natürlich, lass es neben dem Haus auf die Weide. Unsere Stute freut sich über Gesellschaft!“ Maria lachte.

In diesem Moment kam auch Kea aus dem Haus. Thijsso stellte seine Schwester vor und entschuldigte sich dafür, dass er erst jetzt Zeit für den angekündigten Besuch gefunden habe.

Zunächst war Maria ein wenig befangen. Sie erinnerte sich, dass Thijsso erwähnt hatte, dass es manchmal schwierig sei, mit seiner

Schwester zu reden. Davon war an diesem Tag jedoch nichts zu spüren. Zwar war sie zurückhaltend, beteiligte sich aber phasenweise an dem Gespräch. Als die Sprache auf die Malerei kam, wurde sie sogar richtig redselig. „Ken jij Pieter Aertsen?“, fragte sie. Maria sagte der Name nichts, also erklärte Nynke, dass es sich um einen sehr bekannten Maler handeln würde. Er käme gebürtig aus ihrer Heimatstadt Amsterdam und würde in Antwerpen arbeiten. Nynke erklärte, dass sie so ähnlich malen würde wie jener Pieter Aertsen. Es gelang ihr, sich so auszudrücken, dass sie verstanden wurde. Dann fragte sie ihren Bruder auf Niederländisch, ob er das Bild, das sie mitgebracht hatte, vom Wagen holen könne. Thijsso kam kurz darauf mit einem sorgsam in Leinen gewickelten rechteckigen Gegenstand zurück. Vorsichtig enthüllte Nynke das etwa eine Elle breite Bild. Es war der Marktstand eines Gemüsebauern. Nie zuvor hatten Kea und ihre Tochter Vergleichbares gesehen. Bilder von Heiligen oder Szenen aus der Bibel kannten sie aus der Kirche. In Oldenburg hatte Maria Bildnisse der Grafenfamilie bestaunt. Dass jemand auch Alltägliches im Bild festhalten konnte, war ihnen nicht bekannt. Das Gemüse auf Nynkes Bild wirkte so unglaublich echt, dass man sich einbildete, dessen Duft wahrzunehmen und augenblicklich Appetit bekam.
Thijsso erklärte für seine Schwester, dass es in Amsterdam, dort wo sie gelebt hatten, Malschulen mit bekannten Künstlern gäbe. In bürgerlichen Familien wären die modernen Bilder sehr gefragt. „Meine Schwester braucht keine Schule, sie ist im Herzen eine Künstlerin“, sah er Nynke liebevoll an.
Es wurde ein langes, freundliches Gespräch, in dem die sprachlichen Hürden für Heiterkeit sorgten. Das Ergebnis war, dass Thijsso und Nynke durchaus an der Schmiede interessiert waren. Die Bedingungen für die Pacht waren annehmbar und Maria könnte auch weiterhin den Raum für ihre Arbeit nutzen. Wenn es gut lief, würde es bei verschiedenen Aufträgen zu einer Zusammenarbeit kommen. Eine neue Werkbank, geeignet für die

filigranen Schmiedearbeiten, musste angeschafft werden. Das nötige Werkzeug besaß Thijsso bereits. Es war vermutlich besser geeignet als das, mit dem Maria sich bislang abgemüht hatte.

Als Nächstes wollten sich die Geschwister ein leerstehendes Haus in der Nähe ansehen. Es gehörte einem vermögenden Bauern und war renovierungsbedürftig. Am liebsten wollte Thijsso es zunächst pachten und selbst in Ordnung bringen, wenn er den Aufwand mit der Pacht verrechnen konnte. Wenn der Bauer dazu bereit war, würde er es später gerne kaufen, sagte der junge Schmied. „Wir werden auf dem Rückweg gleich bei ihm anhalten und fragen, ob er mit mir verhandeln will. Meinetwegen können wir schon nächste Woche einziehen." Bosman gab sich optimistisch.

Die Woche lief gut. Am nächsten Tag stand Klaas vor der Tür. Er hatte bereits die passende Arbeit gefunden. Ein Schmied, der auf dem Gelände einer Werft selbstständig arbeitete, suchte dringend einen tätigen Teilhaber. Eine Wohnung, ein paar Schritte entfernt, hatte Klaas sich auch bereits gesichert. Die Eheleute konnten unbefangen miteinander reden. Was zwischen ihnen stand, war ausreichend besprochen worden, nunmehr ging es um die praktischen Dinge. „Wenn wir nicht geheiratet hätten, wären wir vielleicht gute Geschäftspartner geworden." Die Bemerkung von Klaas war mit einem sarkastischen Unterton ausgesprochen worden. Dabei hatte er aber doch den Kern des Problems benannt.
Danach war alles überraschend schnell gegangen. Nachdem Thijsso für sich und seine Schwester ein Haus im Dorf gefunden hatte, wurde die Schmiede eingerichtet.
Es stellte sich heraus, dass Nynke zwar eine begnadete Künstlerin, jedoch keine gute Hausfrau war. Kea und Maria halfen dabei, das Haus wohnlich einzurichten. Auch das Mittagessen nahmen die Geschwister gerne gemeinsam in Keas Küche ein.

Dass Kea wie in früheren Zeiten für vier Menschen kochen musste, sollte nicht zu ihrem Schaden sein.
Thijsso beteiligte sich großzügig an den Kosten. Von Zeit zu Zeit brachte er von seinen Touren in die Stadt Köstliches aus aller Welt mit aufs Dorf. Ohne den Grund dafür zu nennen, hatte Maria ihm aber vermittelt, dass Gewürze aus dem Laden einer bestimmten Geschäftsfrau nicht erwünscht waren.
Die Zusammenarbeit in der Schmiede lief zunächst nicht reibungslos. Geradezu pedantisch und streng achtete Thijsso darauf, dass absolut fehlerfrei gearbeitet wurde. Lieber beschäftigte er sich tagelang mit einer einzigen Ähre auf einem Isder, als auch nur eine kleine Abweichung zuzulassen. „Mach das perfekt oder gar nicht!" Maria hatte Mühe, sich an den harschen Ton zu gewöhnen, den ihr Pächter in der Schmiede bisweilen anschlug. Insgeheim musste sie ihm dennoch recht geben. Thijsso verdiente deshalb so viel, weil seine Arbeiten unvergleichbar waren, unvergleichbar gut.
Außerdem wusste sie, dass seine Ausbrüche dieser künstlerischen Perfektion geschuldet waren. Nicht selten legte er nach einer rauen Ansprache den Hammer weg und nahm sie in den Arm: „Nicht böse sein, Maria. Ist mir so herausgerutscht."
Maria akzeptierte diese Art der Entschuldigung und zu ihrer eigenen Verwunderung auch die ungewohnte Nähe. Selbst bei ihrem Ehemann hatte sie derartige Berührungen als unangenehm empfunden. Bei Thijsso fühlte sich das anders an. ‚So, als wenn ich einen Bruder hätte', dachte sie. Sie ging sogar einen Schritt weiter und legte ihren Kopf auf Thijssos Schulter: „Ist schon gut, du Brummbär, ich weiß, dass du es nicht so meinst."
Es war jedoch Nynke, die ungewollt jene Frage beantwortete, die Maria sich immerfort stellte, warum sie mit Thijsso so anders umgehen konnte als mit anderen Männern.
Wie für Nynke typisch, hatte sie mitten in einem Gespräch das Thema gewechselt: „Du magst meinen Bruder wohl sehr?"
Maria hatte verdutzt mit einem knappen „Ja" geantwortet.

„Ihr könnt kein Paar werden. Hij ist nicht Mann für eine Frau. Hij houdt van mannen."
Nynkes vermischte Sprache war Maria inzwischen vertraut. Daher hatte sie die Botschaft auch sofort verstanden.
Vor Jahren, als sie viel Zeit in kleinen, miesen Kaschemmen verbringen musste, hatte sie die abfälligen Bemerkungen von Besuchern, die über „Männer, die es mit Kerlen treiben" aufgeschnappt. Genährt durch die verächtlichen Kommentare hatte ein Bild in ihrem Inneren Gestalt angenommen. Demnach musste man diese Art von Männern schon äußerlich aufgrund ihrer Perversion erkennen. Mit Thijsso Bosman, dem genialen Handwerker, Künstler und inzwischen auch guten Freund hatte dieses Bild nichts gemein. Wie konnte sie so einfältig sein?
Maria musste lachen.
Nynke wurde zum ersten Mal seit ihrer Ankunft richtig wütend: „Du sollst nicht lachen wegen Thijsso. Er ist bester Bruder, nicht schlechter Mann."
Maria machte eine beschwichtigende Handbewegung: „Ich lache nicht über Thijsso, sondern über mich. Wie konnte ich bloß so dumm sein? Ich hätte es merken müssen. Jetzt begreife ich auch, warum er mich anders ansieht als die anderen. So wie man einen Freund ansieht, nicht wie ein Mann, dem eine Frau gefällt."
Nynkes feine Gesichtszüge zeigten eine leichte Entspannung. Vermutlich hatte Marias Einlassung sie besänftigt. „Dann gut", antwortete sie knapp.
Dennoch spürte Maria, dass ein paar erklärende Worte nicht schaden könnten. Es war nicht leicht, dieser noch fremden Frau intime Geheimnisse anzuvertrauen. Trotzdem entschied sie sich dafür: „Hör mal zu Nynke, ich erzähle dir jetzt ein paar Dinge über mich", begann sie.
Aus dem schmalen Gesicht blickten zwei Augen neugierig in ihre Richtung.
„In meinem Leben gab es Männer, die mich schlecht behandelt haben. Ich fühle mich daher nicht gut, wenn ein Mann in meiner

Nähe ist, verstehst du? Bei deinem Bruder ist das anders, der macht mir keine Angst. Jetzt weiß ich auch, warum das so ist."
So unzureichend Nynkes Ausdrucksweise auch war, verstehen konnte sie alles. Jetzt lächelte sie.
Maria wollte auch etwas wissen: „Und wie ist das bei dir? Gibt es da jemanden, dem du dein Herz geschenkt hast?"
Nynke nestelte an den Schleifen ihrer geblümten Bluse: „In mijn hart is nur Thijsso und mijn Kunst, dat malen."
„Und was ist mit Vater und Mutter?", wollte Maria wissen.
Eine leichte Verbitterung ließ Nynkes weiches Gesicht eine Spur härter erscheinen: „Dürfen da nicht rein, sind nicht gut. Nur Platz für Bruder und Kunst", wiederholte sie. Dann noch: „Vater und Mutter will ich nie mehr sehen, sie beide böse zu Thijsso."
Maria spürte, dass es nicht angebracht war, weitere Fragen zu stellen, doch hatte sie ein starkes Bedürfnis. Es war der Drang, diese junge Frau in den Arm zu nehmen. Üblicherweise geizte sie mit Berührungen. Bei der eigenen Mutter und bei den raren Gelegenheiten, wenn sie Magda traf, machte sie eine Ausnahme. Jetzt war es anders. Sie breitete ihre Arme aus.
Nynke verstand die Einladung und folgte ihr.
Es fühlte sich gut an. Sprachbarrieren oder auch die unterschiedlichen Interessen und Gefühle waren weit weg. Beide hatten für einen Moment das Fenster zu ihrer Seele einen kleinen Spalt geöffnet und einander Einblick gewährt. Es war nicht nötig, Einzelheiten aus der Vergangenheit hervorzukramen. Beide spürten, dass es da dunkle Momente gegeben hatte und das verband sie.
Als sie sich aus der Umarmung gelöst hatte, deutete Nynke auf ihr Herz: „Jetzt auch ein kleiner Platz für dich!"
Maria wandte sich zum Gehen. Sie lächelte in sich hinein. Ihrer Mutter würde sie nichts erzählen. Zwischen den beiden Frauen gab es keine Geheimnisse, aber in diesem Fall schien es angebracht zu schweigen. So befreiend, wie Nynkes Geständnis auf sie wirkte, so sehr würde es Keas konservatives Welt- und Menschenbild ins Wanken bringen.

‚Eigentlich ist Thijsso der ideale Mann an meiner Seite. Er respektiert mich, wir arbeiten gut zusammen und darüber hinaus will er nichts von mir. Nur seine Wutausbrüche muss ich ihm noch abgewöhnen, aber das wird schon', dachte sie.
Maria hatte nach wie vor noch die Befürchtung, dass hinter der vorgehaltenen Hand über die ungewöhnlichen Verhältnisse in der Schmiede getuschelt wurde. Warum überließ ein Handwerker seinen Betrieb einem anderen, während er selbst sein Glück in der Stadt suchte?
Wer war diese scheue Malerin, die mit ihrem Bruder zusammenlebte? Wieso hatte es diese Künstler ausgerechnet in ihr Dorf verschlagen?
Andererseits waren die Neuankömmlinge zurückhaltend und freundlich. Zahlungskräftig waren sie auch. Bei den Bauern oder beim Krämer feilschten sie nicht lange.
Die Menschen im Dorf waren friedlich, wusste Maria. Außergewöhnliches irritierte sie zwar zunächst, aber sie verfielen schnell wieder in den bekannten Trott.
Thijsso war großzügig, aber er protzte nicht. „Die Menschen wollen keine Almosen, das kränkt sie", war seine Devise. Wenn er einmal Hilfe benötigte, wandte er sich daher vorzugsweise an arme Menschen. „Die bekommen dann einen guten, aber keinen übertriebenen Lohn. Sie können sich bedanken, aber ich auch."
Gerne richtete er es so ein, dass ein Helfer auch noch ein Mittagsmahl bei Kea einnehmen konnte.
In der Stadt hatte der Kunstschmied damit gute Erfahrungen gemacht. Maria hatte er anvertraut: „In einigen Gassen der Stadt lungern die Kinder hungrig in den Häuserwinkeln herum. Ihnen mangelt es am Nötigsten. Wenn sie dann einmal einen Botengang machen und sich von dem Lohn richtig satt essen können, machst du ihnen eine Freude."
‚So behalten die Menschen ihre Würde', überlegte Maria. In der Zeit in Oldenburg hatte sie das Gegenteil beobachtet. Gönnerhaft ließen die Reichen den auf Almosen angewiesenen Menschen

bisweilen eine kleine Münze zukommen. Sie warfen diese den Bettelnden vor die Füße, oft auch bewusst in eine Pfütze. So zeigten sie, wer oben stand und wer sich zu beugen hatte.

Das Leben der Smeeder-Frauen kehrte in normale Bahnen zurück. Die Wunden, gerissen durch den Verlust von Christiane und Tyke, begannen zu heilen. Dabei wussten Kea und Maria, dass Narben zurückbleiben würden, aber welcher Mensch blieb davon verschont?

Immer wieder wanderten die Gedanken auch zu Magda und deren kleiner Familie. Es schmerzte, dass sich partout keine Möglichkeit für einen Besuch ergab. Eine Frau konnte nun einmal nicht ohne Weiteres eine mehrtägige Reise unternehmen. Es musste eine zuverlässige Begleitung da sein, die Jahreszeit musste passen und noch so manches musste bedacht werden.

Für Maria kam dazu, dass sie und Thijsso bis zum Hals in Arbeit steckten. An seinen Aufträgen arbeitete und verdiente sie kräftig mit. Inzwischen war sie Geschäftsfrau genug, um zu wissen, dass sie das alles nicht leichtfertig aufs Spiel setzten wollte. Niemand konnte vorhersehen, ob die Zeiten so bleiben würden.

# Immer nur Briefe

## Gravenhorst im Jahr 1542

Wieder und wieder hatte Magda den Brief gelesen. Eine Tatsache beruhigte sie. Maria hatte überlegt gehandelt. Sie wollte wissen, ob Ulf das auch so sah: „Wenn Lämmi sich jemanden gesucht hat, der den Brief schreibt und dann noch den Kontaktmann in Emden aufgesucht hat, kann es ihr nicht ganz schlecht gehen. Ich denke, wenn sie völlig mutlos wäre, hätte sie das nicht auf sich genommen."

Ulf ließ sich mit der Antwort Zeit: „Ich kenne Maria nicht so genau, aber ich denke, sie ist mutig und vernünftig. Deine Mutter wird ihr eine große Hilfe sein. Wenn eines unserer Kinder in Bedrängnis wäre, würdest du auch wie eine Löwin kämpfen. Wenn sie alles geregelt hat, kann sie uns doch besuchen, was meinst du?"

„Das wäre großartig, aber ich denke, vor dem Frühjahr wird es nichts."

Ulf stimmte ihr zu: „Auf jeden Fall werden wir ihr schreiben. Den Kontakt gibt es zumindest noch und Maria kennt auch jemanden, der ihr den Brief vorlesen kann."

Quälend lange Zeit war vergangen, bis eine Antwort auf den Brief einging, den Ulf geschrieben hatte. Er war von einem gewissen Thijsso Bosman verfasst worden. In dem Schreiben hatte er sich als neuer Pächter der Schmiede vorgestellt und im Folgenden wörtlich das geschrieben, was Maria und Kea mitzuteilen hatten.

Der Brief bestätigte im Wesentlichen Ulfs Vermutungen. Die Aussagen strahlten viel Zuversicht aus. Einzelheiten, die das Zerwürfnis der Eheleute erklärten, fehlten allerdings. Den beiden Frauen war es gelungen, das Beste aus der verfahrenen Situation zu machen. Magda war ein wenig erleichtert: „Wie schlau von

Lämmi, diesen Hanco Lodewig um Rat zu fragen. Das hat ihr bestimmt geholfen."
„Wenn ich im nächsten Jahr eine Möglichkeit finde, werde ich euch besuchen." Es war der zentrale Satz und verbreitete Hoffnung. Hoffnung auf ein Wiedersehen und die Hoffnung, dass die geliebte Schwester es schaffen würde, sich im Leben neu zurechtzufinden.
Es war gut, dass diese Mitteilung noch ihr Ziel erreicht hatte. Erst im folgenden Jahr würden wieder neue Botschaften ausgetauscht werden können.

Es wurde herbstlich. An der Pforte meldeten sich wie in jedem Jahr die Bauern, die ab dem Michaelistag ihre Abgaben zu entrichten hatten. Nachdem Menge und Qualität geprüft waren, gab die Kellnerin die Erlaubnis, das Korn einzulagern. Nicht alles, was zum Brauen gebraucht wurde, kam sofort auf den Boden des Brau- und Backhauses. Ein großer Teil lagerte in den Scheunen der Grangie. Falls ein Feuer ausbrechen sollte, wäre in diesem Fall dafür gesorgt, dass nicht der ganze Vorrat verloren ging.

Wie weitsichtig diese Maßnahme war und auch vor anderen Gefahren schützte, zeigte sich gleich in den ersten Tagen des neuen Jahres.
Wie von einem Bienenschwarm gehetzt, rannte der Junge des örtlichen Gastwirts auf die Klosterpforte zu. Aus einiger Entfernung rief er: „Räuber sind unterwegs, die Jungfern müssen fliehen!" Keuchend fügte er hinzu: „Es sind viele, in der Schänke haben sie alles kurz und klein geschlagen. Sie wollen zum Kloster. Ich hab's mit eigenen Ohren gehört."
Von der Pforte alarmiert waren die Nonnen Minuten später auf dem „Nonnenpättken", dem Fluchtweg nach Bevergern, auch als „Hillige Weg" bekannt, unterwegs. In dem Moment, als die Zugbrücke hinter ihnen geschlossen wurde, dröhnten die Hufe der zum Galopp angetriebenen Pferde über das Straßenpflaster.

Eine wilde Horde, entschlossen, Beute zu machen, ließ sich durch die Rufe von der Pforte nicht aufhalten.
Die vermutlich aus versprengten Truppenteilen verschiedener Heere bestehende Schar von Gaunern war auf Essbares und Münzen aus.
Es hatte den Anschein, dass sie im Küchengewölbe und in den Speisekammern nicht in dem Maße fündig wurden, wie sie es erhofft hatten. Was sie in ihrer Wut zerstörten, überwog bei Weitem den Wert der gestohlenen Lebensmittel. In der Erwartung, im Brau- und Backhaus mehr an Essbarem zu ergattern, stürmte einer von den Eindringlingen auf das schmale Gebäude zu.
Magda versuchte, mit ihren Kindern zu fliehen. Kaum war sie aus der Tür, hatte der Angreifer sie eingeholt. Grob zerrte er an ihrer Schulter – dann sah sie sein Gesicht! War das möglich? War es wirklich Uko, der Söldner, den sie vor Jahren halb erfroren auf ihrer Flucht im Wald aufgelesen und zusammen mit Clemens wieder aufgepäppelt hatte? Derselbe Uko, der ihren Eltern und auch Clemens und seinen Brüdern unsagbares Leid zugefügt hatte? Der Halunke, der sich für seine Lebensrettung dadurch bedankte, dass er sie bedrängte und in letzter Sekunde von Clemens gestoppt werden musste? Es gab keinen Zweifel – diese Visage würde sie unter Tausenden erkennen.
Zwischen den damaligen Ereignissen und dem erneuten Zusammentreffen lagen viele Jahre und unzählige Meilen. Mindestens vier oder mehr Tagesritte.
Uko schien nicht minder überrascht. Auch er hatte das entstellte Gesicht seines Gegenübers sofort erkannt. Entsetzt hielt er in seiner Bewegung inne und starrte Magda an, als sei sie ein Gespenst.
Er benötigte ein wenig Zeit, um seine Gedanken zu sortieren. Zu viel Zeit, denn im nächsten Augenblick wurde er von einem Hieb mit dem Stiel einer Mistgabel niedergestreckt. Ausgerechnet der faulste und unzuverlässigste Knecht des Klosters hatte sich ein Herz gefasst, um Magda und den Kindern zu Hilfe zu kommen.

Der Bursche, den man jedes Mal suchen musste, wenn Arbeit anstand und der dazu immer eine passende Ausrede für seine Untätigkeit hatte, war zu ihrem Retter geworden. Kurzerhand schleifte er den benommenen Gegner in Richtung Stall und gab Magda ein Zeichen. Diese öffnete die Tür zu den Schweinekoben und Sekunden später lag Uko inmitten der grunzenden Borstenviecher.

Der Knecht verriegelte die Tür von außen, schleppte noch zusätzlich einen schweren Baumstumpf heran und verbarrikadierte den Stall vorsorglich damit. Ein Ausbruch von innen war so unmöglich geworden.

„Danke", murmelte Magda und für einen Augenblick war das bekannte verschlagene Grinsen im Gesicht des jungen Retters zu sehen.

Ein Hornsignal deutete an, dass vermutlich der Hof des Grafen Cordt zu Tecklenburg oder der Bischof erfahren hatten, dass in ihrem Territorium Räuber ihr Unwesen trieben und diese nun von ihren Männern verfolgen ließen.

Fluchtartig verließen die Angreifer das Kloster. Um den eingesperrten Uko kümmerte sich niemand. Jedem war das eigene Leben jetzt wichtiger als das Wohlergehen des Kumpanen.

Die gräfliche Patrouille nahm ein wenig später den Gefangenen in Gewahrsam. „Der Richter des Bischofs Franz von Münster wird ein paar Fragen an ihn haben", hatte der Kommandeur bei der Festnahme verlauten lassen.

Magda war von dem Erlebten sichtlich mitgenommen. „Wird er hingerichtet werden?", fragte sie ihren Schwiegervater, um dann hinzuzufügen: „Ich kenne den Mann. Er hat Vater und Mutter entführt und auf meiner Flucht habe ich ihn wiedergetroffen. Er ist ein übler Kerl, der hart bestraft werden muss."

Borchard war derart erstaunt, dass er nicht sofort antworten konnte.

Daher sprach zunächst Magda weiter: „Ich habe geholfen, ihn einzusperren. Wenn sie ihn aufhängen, ist es auch meine Schuld.

Ich hasse ihn, aber ich will nicht für seinen Tod verantwortlich sein. Auch Clemens würde es nicht wollen." Ihre Worte waren zum Schluss immer leiser geworden. Sie sah hilflos aus.
Borchard wiegte den Kopf und antwortete bedächtig: „Ich kenne den Richter. Er heißt Gerhardt Kremer – ein kluger Kopf! Vermutlich wird er so einen weitgereisten Schurken zunächst verhören. Wenn er dem Gericht nützlich ist, kommt er vielleicht mit dem Leben davon. Das liegt aber alles nicht in unserer Hand. Du hast nichts falsch gemacht. Es war richtig, dich und die Kinder zu schützen. Alles, was diesem Herumtreiber jetzt blüht, hat er sich selbst zuzuschreiben. Gemütlich wird es im Kerker für ihn nicht."

Dann erinnerte er sich daran, was er selbst erlebt hatte: „Söldner ohne Auftrag und Sold sind unberechenbar. Unter ihnen befinden sich Kriminelle und solche, die ihre Truppe verlassen haben. Werden sie aufgegriffen, sind sie schutzlos. Daher scheren sie sich auch nicht darum, was mit den Überfallenen passiert. Kind, Greis oder Nonne – ist ihnen jemand im Weg, schlagen sie zu."
Sichtlich erleichtert fügte er hinzu: „Zumindest sind die Schwestern in Sicherheit. Es dauert knapp eine Stunde, bis sie den Turm der Burg Bevergern erreichen. So lange haben die Verbrecher hier mindestens gewütet. Sie müssten es also geschafft haben."

Überfälle hatte es auch in früheren Jahren gegeben. Um das Jahr 1520 war daher das Sprechfenster im oberen Bereich des Klosters eingefügt worden. Von dort aus konnten sich die bedrängten Nonnen bei einem Angriff bemerkbar machen. Fünfzehn Jahre später hatte man die Sprechkammer eingerichtet. Dort konnten sie sich einschließen und durch das Fenster Hilfe herbeirufen. Einen absoluten Schutz gab es dennoch nicht.
Einige der älteren Ordensfrauen hatten noch Erinnerungen an frühere Überfälle. Obwohl diese Gedanken belastend waren, fühlten sie sich imstande, die jüngeren Schwestern zu trösten.

Am nächsten Tag kehrten alle zurück. Nachdem sie die Verwüstungen in Augenschein genommen hatten, wiesen sie ihre Mägde an, mit dem Aufräumen zu beginnen.
Zum ersten Mal seit ihrem Einzug wurde Ulf zu einer Unterredung mit der Priorissa gerufen. Elisabet von der Streithorst kam gleich zur Sache: „Du musst so schnell wie möglich die Brüder in Marienfeld unterrichten, damit sie die Schäden begutachten können. Nimm dir ein gutes Gespann und zwei Knechte mit. Unterwegs werdet ihr einmal übernachten müssen. Hier sind der Wegplan und die Mitteilung.“ Sie reichte ihm eine Rolle mit dem Siegel der Äbtissin.
Gleich am nächsten Morgen machte sich Ulf auf den Weg. Es war kalt und die Wege hartgefroren, aber schneefrei. So erreichte er dann auch in der vorgegebenen Zeit das Kloster. Auf dem Rückweg gerieten er und seine Begleiter bei Iburg in einen Schneesturm. Ganze drei Tage konnten sie ihre Unterkunft nicht verlassen.
Magda machte sich Sorgen. Es war ihr unbegreiflich, dass Ulf so lange fortblieb. Auf ihrer Seite des Osning hatte es kaum geschneit. Umso mehr war sie erleichtert, als sie ihren Mann nach acht Tagen glücklich in die Arme schließen konnte.
Auch wenn im Kloster vielen Nonnen der Schreck, den der Überfall verursacht hatte, noch in den Gliedern steckte, kehrte nach und nach der Alltag zurück.

Je höher die Sonne in diesem Frühling stieg, umso mehr sehnte Magda das Wiedersehen mit ihrer Schwester Maria herbei.
Weitere Nachrichten aus Ostfriesland brachten indes die Gewissheit, dass es dazu auf absehbare Zeit nicht kommen würde. In Magda erzeugte der Inhalt der Schreiben zwiespältige Gefühle. „Ich habe so fest an einen Besuch geglaubt und jetzt wird leider nichts daraus.“ Sie schüttete Ulf ihr Herz aus. Allerdings musste sie auch bekennen, dass es gute Gründe waren, die Maria von einer Reise abhielten. „Wenn sie gut mit dem neuen Pächter

zusammenarbeitet, freut mich das natürlich. Ich habe den Brief auch so verstanden, dass die beiden gut verdienen. Ich gönne es ihnen. Mutter und Lämmi haben so viel durchgemacht. Es ist gut zu wissen, dass sie keine Not leiden."

Auch Magda musste sich um das tägliche Brot keine Sorgen machen. Im Kloster war dank der umsichtigen Leitung der Kellnerin für alle gesorgt. Diese hatte im Hinblick auf das Dürrejahr und den Überfall dafür gesorgt, dass für ähnliche Ereignisse künftig besser vorgesorgt wurde. Wegen ihrer Sparsamkeit war sie nicht bei allen beliebt. Borchard urteilte jedoch, dass sie „eine Frau ist, die Weitsicht hat."

# Reisepläne

## Ostfriesland 1542 - 1544

Kea Smeeder und ihre Tochter waren gut versorgt. Was fehlte, war eine Möglichkeit, Magda und ihre Familie zu besuchen.

Daran sollte sich in den nächsten zwei Jahren nichts ändern. Einige Male wurden Reisepläne geschmiedet, aber irgendetwas kam immer dazwischen. Oft waren Aufträge für bedeutende Kunden zu erledigen, die man auf keinen Fall verprellen durfte. Einmal, als bereits alles für die Abreise bereitstand, erkrankten Maria und Kea und verpassten so die Zeit mit dem geeigneten Wetter für eine so lange Reise.
Daher war es jedes Mal ein kleines Fest, wenn eine Nachricht aus Gravenhorst eintraf. Beruhigend für Mutter und Tochter war, dass überwiegend Positives berichtet wurde. Einmal stockte den Frauen der Atem. Es war im Frühjahr 1543, als Thijsso aus einem Brief vorlas, in dem von einem Überfall die Rede war. Ein paar Zeilen weiter stand dann die befreiende Nachricht, dass alle unversehrt geblieben waren. Egal, ob Borchard oder Ulf die Briefe verfasst hatten, seit das Dürrejahr 1540 überstanden war, konnte man aus ihnen Zuversicht herauslesen.
Mutter Kea Smeeder und ihre Töchter hatten wieder festen Boden unter ihren Füßen.

Viele lange Abende saßen Kea und Maria zusammen und sprachen über die neuesten Nachrichten.
So auch an einem späten Herbstabend des Jahres 1544.
Maria sprach aus, was sie sich wünschte: „Ich möchte die Kinder so gerne kennenlernen. Jakob habe ich nur als ganz kleinen Jungen gesehen und jetzt kann er schon schreiben." Auf dem Brief von Ulf hatte der kleine Sohn deutlich seinen Namen hinterlassen.

„Ja, und Kea! Sie scheint ein kleiner Wildfang zu sein, wenn man Ulf glauben kann“, amüsierte sich ihre Mutter. „Wie Magda nur damit zurechtkommt?“
Kea fing den Blick ihrer Tochter ein. Darin war so viel Liebe, so viel Wärme zu entdecken. Maria, die so nüchtern sein konnte, antwortete geradezu feierlich: „So, wie wir Smeeders immer zurechtkommen. Da bin ich mir ganz sicher. Du hast dir auch nicht von uns auf den Kopf herumtanzen lassen. Dabei haben du und auch Vater uns nie geschlagen. Ihr hattet die richtigen Worte und ihr habt uns das vorgelebt, was ihr von uns erwartet. Nicht viele Kinder haben so ein Glück. Magda und Ulf machen es auch so, daran zweifele ich nicht.“
Kea war gerührt. Sie breitete die Arme aus: „Komm her, mein Kind. Ich hätte euch alle viel öfter in den Arm nehmen sollen. Ab jetzt machen wir das, wenn uns danach ist.“

In der Umarmung waren Marias Gedanken auch bei der Schwester und den Kindern. Sie stellte Vergleiche an. Dann löste sie sich von ihrer Mutter und sprach aus, was sie beschäftigte: „Nach dem, was Ulf schreibt, ist Jakob eher so wie Christiane. Ein wenig zurückhaltend. Jemand, der niemandem weh tun will, lieb und gelehrig. Bei Kea denke ich an Magda oder an mich. Magda war am liebsten bei den Tieren oder tobte über die Wiese, konnte nie still sitzen. Ich habe in der Schmiede mit viel zu großem Werkzeug hantiert und Vater zum Lachen gebracht.“
„Genau so war es“, sagte ihre Mutter. „Ich kann aber heute noch nicht sagen, was mir davon am besten gefallen hat. Jede von euch ist einzigartig.“

Plötzlich verfinsterte sich die Miene von Maria: „Und dann gibt es solche Menschen wie Fulko. Der verprügelt seine kleine Tochter und es stört ihn nicht, dass die Gäste es mitbekommen. Ich glaube, der hat überhaupt kein Herz, dieser … dieser …“
„Versündige dich nicht“, unterbrach ihre Mutter.

„… dieser unfreundliche Mensch“, vervollständigte Maria den begonnenen Satz. Trotz des ernsten Themas musste sie jetzt über ihre eigene Formulierung lachen. „Sanft genug?“, fragte sie.
„Ja, aber ich kann mir ungefähr denken, was du sagen wolltest. Ich verstehe es auch nicht. Dabei weiß ich, dass es ihm selbst genauso ergangen ist. Sein Vater Fokko war nicht besser. Warum lernen die Menschen nie dazu?“

Es gab viele solcher Gespräche, die ähnlich verliefen. Sie waren Balsam für die Seelen. Und sie waren wohltuende Unterbrechungen des Alltags. Dieser war angefüllt mit Arbeit und Entscheidungen. Die Tage, Wochen und Monate schienen in immer schnellerer Abfolge an den Menschen vorbeizurasen.

An diesem Abend ahnten die beiden Frauen noch nicht, dass in den nächsten Tagen eine weitere Nachricht eintreffen würde. Eine Nachricht, die ernsthafte Zweifel an ihren Entscheidungen hervorrufen sollte. Hätten sie nicht doch, trotz aller Risiken, Tochter und Schwester mit Familie besuchen müssen? Wie auch immer sie es bewerteten, es gab keine Möglichkeit mehr, Versäumtes nachzuholen.

# Tiefer Sturz

## Gravenhorst im Jahr 1544

Magda war zunächst nicht in der Lage, das, was sie soeben erfahren hatte, einem realen Bild zuzuordnen. Die Dimension des Schreckens war so riesig, dass sich ihr Gehirn weigerte, sie vollständig aufzunehmen. Sie hatte verstanden, was Simon ihr mitgeteilt hatte, aber es fühlte sich so an, als seien es nur Worte. Die Tatsache dahinter wirkte noch verschwommen, hatte keine klaren Konturen.

„Es gab einen Unfall. Oben am alten Steinbruch. Ulf und Jakob sind tot!" Hart und unbeholfen hatte es geklungen, aber Magda begriff, dass Simon nicht in der Lage gewesen war, die Botschaft anders, schonender und mitfühlender, zu übermitteln. Es gab keine sanfte Umschreibung für die Begriffe „Tod" und „Sterben". Jeder Mensch wurde im Leben mit ihnen konfrontiert und niemand hatte ein Rezept, mit ihnen umzugehen.

Bestimmt hatte Simon mit dem Schicksal gehadert, dass ausgerechnet er berufen war, diese unfassbaren Worte auszusprechen. Es musste Wunden in seinem Inneren aufgerissen haben, Wunden, die gerade dabei waren, von der neuen Wirklichkeit, seiner Liebe zu Benedicta, geheilt zu werden. Er kannte das Gefühl, nichts tun zu können, es einfach geschehen zu lassen. Seine erste Frau – und Mutter dreier seiner Kinder – hatte er gehen lassen müssen. Jetzt war es zu seiner Aufgabe geworden, den Freunden Magda, Anna und Borchard klarzumachen, dass auch sie einen Verlust zu akzeptieren hatten.

„Wie ist es passiert?" Magda hatte die Frage mit klarer Stimme gestellt, so, als wollte sie über eine Lappalie Näheres wissen wollen. Ein Zeichen, dass sie das Gehörte noch nicht verinnerlicht hatte.

Anders Kea: Das kleine Mädchen, zuvor niemals von derartigen dramatischen Ereignissen betroffen, geriet völlig aus der Fassung. Sie ballte ihre kleinen Fäustchen und trommelte auf den Besucher ein. „Vater und Jakob sollen wiederkommen. Bring sie sofort zurück, Onkel Simon!" Sie schrie ihre Verzweiflung heraus und bewirkte damit, dass Anna und Borchard hellhörig wurden. Als sie in der Tür erschienen, wiederholte Magda Simons Botschaft: „Ulf und Jakob. Oben am Steinbruch – beide."

Diesmal hatte sie schleppend und tonlos gesprochen, doch die Schwiegereltern hatten aus den Satzfragmenten das Entscheidende herausgehört. Sie schauten sich fassungslos an, fanden keine Worte.

Inzwischen hatte Magda den bebenden kleinen Körper ihrer Tochter auf den Arm genommen und an sich gepresst, ihr Schreien ging in ein Schluchzen über und Simon konnte Magdas Frage beantworten.

„Viel weiß ich auch nicht. Oberhalb vom Steinbruch muss sich ein großer Felsbrocken gelöst haben. Das Fuhrwerk ist den Abhang hinuntergestürzt und wurde von Geröll verschüttet. Sie waren dem Anschein nach sofort tot." Simon blickte hilflos auf die vier Menschen, die in der niedrigen Tür standen, nicht fähig, ein einziges Wort zu sagen.

„Es tut mir so leid für euch alle. Ich kümmere mich jetzt darum, dass die beiden geborgen werden." Er wandte sich zum Gehen.

„Danke, Simon." Borchard war sich nicht sicher, ob der Freund seine Worte noch gehört hatte.

‚Sie kommen nie mehr zurück', begann Magdas Gehirn zu arbeiten, ließ aber noch keine Trauer zu. Dabei hatte der Tag wie gewohnt und vielversprechend begonnen. Noch einmal ließ sich die Sonne am Oktoberhimmel blicken und es sah so aus, als wolle sie dort länger verweilen.

Mit einem Gespann von der Grangie hatte Ulf sich aufgemacht, um von einem Köhler Holzkohle für den nahenden Winter zu besorgen. Wie so oft hatte er Jakob mitgenommen. Solche Fahrten waren jedes Mal ein besonderes Erlebnis für Vater und Sohn.

Gleich nach dem Mittag war alles aufgeladen und die beiden machten sich auf den Heimweg. Unzählige Male war Ulf diese Strecke schon gefahren. Oberhalb des Steinbruchs, in dem seit Jahrzehnten nicht mehr gearbeitet wurde, verlief ein breiter Weg, neben dem sich eine tiefe Senke befand.
Noch auf dem Hinweg hatte Ulf hier die Pferde angehalten. Er hatte Jakob die Geländeform erklärt, ihm besondere Bäume gezeigt und die Namen der Ortschaften im Tal genannt. Die klugen, wissbegierigen Augen des Kindes waren den Linien, die Ulfs Arm und der ausgestreckte Zeigefinger andeuteten, gefolgt. Jakob hatte nachgefragt, verständig genickt und seinem Vater die eigenen Entdeckungen offenbart.

Was genau auf dem Rückweg passiert war, konnte nie geklärt werden. So viel war jedoch erkennbar: Ein riesiger Teil von dem Felsmassiv, über das der Weg führte, war abgebrochen. Vermutlich in dem Augenblick, als Pferde und Wagen diesen passierten. Die Belastung durch das Fuhrwerk konnte nicht der Auslöser gewesen sein. Dessen Gewicht hatte auf eine derartig gewaltige Gebirgsmasse die gleiche Auswirkung wie eine zu Boden schwebende Spatzenfeder.
Beim Umkippen hatten sich allem Anschein nach Deichsel und Vorderachse gelöst, sodass die Pferde nicht mit in die Tiefe gerissen wurden. Teile davon hinter sich her schleppend, hatten sie führerlos die Grangie erreicht.
Simon, der wusste, welches Ziel Ulf ansteuern wollte, hatte sich sofort auf den Weg gemacht. Es musste etwas Außergewöhnliches passiert sein, wenn einem so erfahrenen Kutscher wie Ulf die Zugtiere durchgegangen waren.
Schon als die Felswand in Sicht kam, ahnte er die Katastrophe. In der Abbruchkante des ehemaligen Steinbruchs klaffte eine riesige Lücke. In dem sie umgebenden Gestein, von der Witterung bemoost und verfärbt, präsentierte sie sich ihm wie das mit gelblichen Zähnen bewehrte Maul eines Raubtieres.

In der Senke unterhalb entdeckte er ein Durcheinander aus Holzkohlen, Geröll und zerschmetterten Wagenteilen. Die beiden staubbedeckten Leichen lagen ein paar Schritte entfernt. Ulf und sein Sohn waren allem Anschein nach vom Kutschbock geschleudert worden. Es gab keine Anzeichen, dass sie sich nach dem Aufprall noch bewegt hatten. Vermutlich waren beide sofort tot. Einziger Zeuge war der Berg, doch er würde nichts preisgeben. Für ihn war das, was Menschenseelen zu zerstören vermochte, ein unbedeutendes Zucken seiner Haut in seiner Millionen Jahre währenden Geschichte.

Als Stunden später Simon und ein paar Helfer die sterblichen Überreste von Ulf und Jakob heimbrachten, fanden sie eine Familie vor, die im Begriff war, das Geschehen und die Folgen zu erfassen.

Magda hatte immer noch keine Tränen. Sie saß neben der Bettstatt und betrachtete ihre kleine Tochter.

Kea hatte sich in den Schlaf geweint. Jetzt lag sie zusammengerollt auf einem Kissen. Bisweilen durchfuhren ein Zittern und Zucken ihre Glieder, aber immerhin schlief sie. Die Hand ihrer Mutter lag sanft auf ihrer Wange.

Gedankenverloren drehte Magda die blonden Locken um ihre Finger. Obwohl sie im schwachen Schein des Wachslichtes Keas Körper ansah, waren ihre Gedanken auf Reisen. Es war eine Zeitreise, in der sie noch einmal die Stationen deutlich vor sich sah, die sie an die beiden Menschen erinnerte, die sie heute für immer verloren hatte.

Es kam ihr vor, als würden sich Jakobs schlanke Arme um ihren Hals legen. Wie oft hatte er sich Schutz suchend an sie geklammert, um bei ihr Trost für seine verletzliche Kinderseele zu finden. Sah er einen toten Vogel am Wegesrand oder wie ein Bauer sein Pferd schlug, suchte der sensible Junge Halt bei ihr. Das verweinte, heiße Gesicht tief in ihren Locken vergraben, die zärtlichen Hände der Mutter auf dem Rücken spürend, beruhigte er sich meistens schnell.

An einem kalten Wintertag hatte er das Licht der Welt erblickt. Vom ersten Tag an hatte er wie selbstverständlich seinen Platz in ihrem Leben eingenommen. Wie schnell er gewachsen war! Er hatte gelernt zu laufen, wurde großer Bruder, sprach bald verständlich. Jakob fragte viel, dachte nach, kam zu Erkenntnissen und wollte immer mehr wissen.
In der letzten Zeit hatte er viel Zeit mit seinem Vater Ulf verbracht, wollte lesen und schreiben lernen.
Ulf war ein großartiger Lehrer. Bei verunglückten Schreibübungen schimpfte oder strafte er nicht. Er versuchte, in den deformierten Zeichen Tiere zu entdecken, brachte den Jungen dadurch zum Lachen und ermutigte ihn damit, es erneut zu versuchen.
„So nachsichtig warst du mit mir nie", hatte Magda ihren Mann lächelnd getadelt, als er einmal den ehrgeizigen Jakob wegen dessen Schreibfehler zu trösten versuchte.
„Na und, du warst auch eine bockige Schülerin", gab er zurück, wissend, dass er für diese Bemerkung und sein schelmisches Grinsen mit einem Kuss „bestraft" wurde.
Ulf! Magdas Gedanken blieben an ihm hängen und an dem Weg, den sie gemeinsam gegangen waren.

Vor mehr als neun Jahren hatte alles begonnen. Noch immer konnte sie sich erinnern – an den Raum mit dem malzig-warmen Duft, den sie nach ihrer langen Odyssee verunsichert betreten hatte. Die Huder Braustätte war für sie fortan zu dem Ort geworden, der sie zurück ins Leben geführt hatte.
Viel später erst war ihr bewusst geworden, dass es doch etwas anderes war, das sie mit diesem Moment in Verbindung brachte. Diese Augen. Intelligent und forschend, aber auch schüchtern und mit einer gewinnenden Sanftheit fühlte sie diese auf sich gerichtet – Ulfs Augen. Sie waren eingebettet in milde Gesichtszüge und von einer wilden Lockenpracht umrahmt.
„In dem Moment habe ich mich verliebt." Ganz leise, sodass die schlafende Tochter ungestört blieb, sprach Magda zu sich selbst.

Auch wenn es Sorgen zuhauf gegeben hatte, erinnerte sich Magda nun zuallererst an die schönen Stunden mit ihrem Mann. Von ihrem ersten Zusammentreffen an war er in ihrer Nähe gewesen. Nahezu jede Woche hatte sie von der Grangie aus die Brauerei im Kloster besucht und dort Ulf getroffen. Er war Gast auf den Hoffesten, ihr Gast.
Bei einem solchen Fest, es war Ostern des Jahres 1536, hatten sie beschlossen, den weiteren Lebensweg gemeinsam zu gehen. Die Worte, mit denen sie sich zueinander bekannten, hätten sie gerne mit Stunden zärtlicher Sinnlichkeit und ungezügelter Lust besiegelt. Dennoch hatten sie den Versuchungen widerstanden, den körperlichen Begierden nachzugeben.

Später hatte sie dieses Bekenntnis vor Gott und der Welt wiederholt. ‚Die bedeutendsten Worte, die ich je gesprochen habe', dachte Magda.
Das Wichtigste und Schönste sollte aber noch folgen. Zweimal durfte sie einem Kind das Leben schenken. Jakob und Kea, fleischgewordene Wirklichkeit dieser wunderbaren Verbindung. Versunken in diesen Gedanken traf ihr Blick erneut die Tochter. Sie fühlte das Haar zwischen ihren Fingern, Keas Locken, wild und unbändig wie die ihres Vaters.
Schneller als ein Blitz und stärker als ein Erdbeben traf sie die Erkenntnis – von all den Momenten und Menschen, die sie in ihren Gedanken gestreift hatte, blieb ihr eine: Kea, ihre kleine Tochter.
Zeitgleich verloren ihre Muskeln jegliche Spannung. ‚Endlich, endlich kann ich um sie weinen', durchfuhr es Magda. Nur noch mit Mühe konnte sie sich zu Kea aufs Bett legen. Ihr Körper bildete einen Bogen, ganz eng um das kleine Mädchen, er schien mit ihr zu verschmelzen.
„Du bist mein Liebstes, mein Edelstein. Du darfst mich niemals verlassen!" Magda konnte nicht verhindern, dass sie die Worte lauter als gewollt aussprach und diese zum Ende in einem

Schluchzen untergingen. Sie weinte laut und hemmungslos. Kea erwachte. Unbeholfen versuchten ihre zarten Finger die Tränen der Mutter abzuwischen. Dann ergab auch sie sich ihrer Trauer. Wie von einem Fieber aufgeheizt, pressten die beiden ihre Leiber aneinander und schlangen die Arme um ihre Nacken.

In diesem Moment waren sie eins. Kind oder Frau, groß oder klein, alt oder jung, es war egal. Es schien, als müssten sie gemeinsam erst jegliche Kraft aus ihren Körpern entweichen lassen, um neue, gemeinsame aufzunehmen.

„Du musst mir helfen, alleine schaffe ich das nicht." Magda schämte sich dafür, dass sie dem Kind mit ihren Worten eine Bürde auflegte, kaum dass sie wieder sprechen konnte. Sie hatte den Impuls nicht unterdrücken können. Zu ihrem Erstaunen versiegten die Tränen der Kleinen und sie antwortete ernst: „Ja, Mutter ich bleibe bei dir!" Dann, nach einer Pause: „Und du, hilfst du mir?"

Es zerriss Magda das Herz. Das Kind war keine sechs Jahre alt und redete wie eine lebenserfahrene Erwachsene. Hatte die Tragödie bereits ihre Kindheit zerstört? Das war ungerecht. Kea hatte einen Anspruch auf kindliche Unbefangenheit, musste beschützt und getröstet werden. Sie durfte nicht zulassen, dass ihre Rollen getauscht wurden.

Diffuse Gedanken machten sich in Magdas Kopf breit. Sie versuchte sich vorzustellen, wie ihr Leben künftig aussehen sollte, schweifte ab und dachte an das Naheliegende, die Beerdigung. Dann formulierte sie, was sie Borchard und Anna zu sagen hatte. Alles blieb unvollkommen und alles fühlte sich falsch an.

Ihr gelang es ebenso wie Kea, gegen morgen noch für kurze Zeit einzuschlafen. Sie brauchten die Kraft.

Auf dem Klostergelände gab es zwei Welten. Die Jungfern des Konvents lebten in der einen: in einem spirituellen, durch ihre adelige Herkunft unnahbaren Wirkungskreis. Lediglich ihre Mägde hatten einen Einblick in diese Wirklichkeit.

In der anderen Welt lebten die sonstigen im Kloster Beschäftigten. Deren Alltag war geprägt von der normalen Last des Broterwerbs und des Familienlebens mit seinen Höhen und Tiefen. Berührungen zwischen diesen Welten waren selten.

Dennoch war es die Äbtissin Aleidis von Hetterscheid persönlich, die am Tag nach dem Unfall das Haus der Kruses aufsuchte. Tatsächlich war es nur die Kleidung, die an diesem Tag an ihre Funktion erinnerte. Ihr Besuch war der einer mitfühlenden Schwester. Sie scheute sich nicht vor Berührungen, schämte sich nicht ihrer Tränen, wollte da, wo es möglich war, behilflich sein. An Magda gewandt, sagte sie: „Wenn du es hier nicht aushältst und mit deiner Tochter zu deiner Mutter fahren willst, kann ich das verstehen. Die Priorissa wird sich darum kümmern, dass die Arbeit getan wird."
Trotz all ihrer wirren, diffusen Gedanken war Magda in diesem Punkt bereits zu einer Entscheidung gekommen: „Vielen Dank, Ehrwürdige Mutter", erwiderte sie, indem ihr Blick Anna und Borchard streifte, „aber ich werde hierbleiben. Ich kann meine Schwiegereltern nicht im Stich lassen. Außerdem möchte ich an dem Platz sein, an dem meine Lieben begraben werden." Dann fügte sie hinzu: „Es wäre eine große Hilfe, wenn Ihr einen Boten zu meiner Mutter schicken könntet. Möglicherweise kann sie oder meine Schwester mich besuchen." Ihr Blick wanderte zu Kea und sie ergänzte: „Dann könnte meine Mutter auch ihre Enkelin oder meine Schwester ihre Nichte kennenlernen."
„Morgen bei Tagesanbruch wird ein Reiter auf dem Weg sein." Die Äbtissin schien erleichtert zu sein, dass sie einen kleinen Beitrag leisten konnte.
Dann richtete sie das Wort an Borchard und Anna: „Können wir euch eine Hilfe anbieten? Soll auch jemand von eurer Familie eine Botschaft erhalten oder wollt ihr euch selbst in eure Heimat begeben? Wir werden eine Lösung finden, wenn ihr nicht in der Lage seid, eure Arbeit zu erledigen."

Anna, die noch kein Wort gesprochen hatte, seit ihr die traurige Nachricht überbracht worden war, schüttelte den Kopf. Die Geste beinhaltete mehr als nur die Ablehnung des Angebots. Sie zeigte vielmehr, dass es ihr momentan egal war, was passierte oder eben nicht passierte.
Borchard musste sich mehrfach räuspern, dann gelang ihm eine Antwort: „Danke, Ehrwürdige Mutter, aber es ist das Beste, wenn wir unserer täglichen Arbeit nachgehen. Wenn Ihr uns und unsere lieben Verstorbenen im Gebet begleitet, wird der Herr uns führen.“ Für die wenigen Worte hatte er lange gebraucht. Mehrfach musste er ansetzen, bevor er sie beenden konnte.
Nachdem alle zusammen kniend ein Gebet verrichtet hatten, verließ Aleidis von Hetterscheid das Haus.

Es herrschte eine bedrückende Stille nicht nur an diesem, sondern auch an den darauffolgenden Tagen. Nicht nur, dass die sonst so redselige Anna völlig verstummt war, auch der kleine Wirbelwind Kea kauerte oft still in einer Ecke oder schmiegte sich wortlos an ihre Mutter. Je mehr Zeit verstrich, um so unerträglicher wurde für alle, dass nirgendwo die helle Kinderstimme von Jakob zu hören war. Keine der tausend Fragen, mit denen er seine Eltern sonst bedrängte, schwebte durch den Raum und auch die geduldige, erklärende Stimme von Ulf fehlte.

Die Äbtissin hatte ihr Wort gehalten. Ein reitender Bote hatte in nur drei Tagen die kleine Schmiede in Ostfriesland erreicht. Eine Mitteilung über den traurigen Anlass, von Borchard verfasst, hatte Thijsso den Frauen vorgelesen, ebenso ein Schreiben der Äbtissin. Es hatte Segenswünsche zum Inhalt und auch wertvolle Hinweise für die sicherste Reiseroute.

Zwei Wochen später traf Kea bei ihrer Tochter ein. Obwohl sie sich Jahre nicht gesehen hatten, wurde es eine stille Begrüßung. Behutsam, als sei sie zerbrechlich, nahm sie Magda in den Arm.

Sie kannte den Schmerz des Abschieds, wusste, wie ihrer Tochter zumute war. Nach einigen, nahezu geflüsterten Worten sanken beide vor einem Heiligenbild auf ihre Knie und schlugen das Kreuz. Anna und Borchard gesellten sich dazu, zwischen ihnen die kleine Kea, mit beiden Händen die der Großeltern umfassend.

Nach dem Gebet richtete sich die ältere Kea auf. Sie breitete ihre Arme aus und sprach das Kind an. Leise und sanft klangen die Worte: „Komm zu mir, ich bin deine Großmutter. Ich heiße so wie du."

Sie hatte Verständnis, dass die Kleine zögerte. Schließlich war sie eine fremde Frau. Großeltern, das waren für Kea doch Anna und Borchard. Sie durfte nicht erwarten, dass sie sofort einen Platz und einen ähnlichen Rang im Leben der Enkelin einnehmen konnte.

Die Tränen, die jetzt in ihre Augen traten, hatten vielfältige Gründe. Da war Freude, die Freude darüber, die Enkelin, von deren Existenz sie nur aus spärlichen Botschaften wusste, zu sehen. Aber auch Trauer in dem Wissen darum, dass bei diesem Kennenlernen das kleine Herz vor Schmerz blutete wie das ihrer eigenen Tochter. Sicherlich dachte sie auch an Jakob, das Kind, das seine ersten Schritte machte, als sie es zum letzten Mal gesehen hatte und an Ulf, den sie wie ein eigenes Kind in ihr Herz geschlossen hatte. Nur noch frisch angehäufte Grabhügel erinnerten an Schwiegersohn und Enkel.

Keiner der Erwachsenen drängte das kleine Mädchen. Dann trat es von sich aus ein paar Schritte vor und ließ sich auf den Arm nehmen.

Zum ersten Mal seit vielen Tagen huschte ein kleines Lächeln über Magdas Gesicht: „Wir haben ihr den richtigen Namen gegeben, sie hat viel Ähnlichkeit mit dir", sagte sie zu ihrer Mutter.

Es stimmte: die feine, ovale Gesichtsform, die ausdrucksvolle Augenpartie und die vollen Lippen – die Familienähnlichkeit war unverkennbar.

„Nur“, Magdas Gesichtszüge zeigten tiefe Spuren ihrer Trauer, „die Haare hat sie von ihrem Vater.“
Während die Großmutter glatte dunkle Haare, inzwischen von breiten silbernen Strähnen durchzogen, hatte, umwehte bei der Enkelin eine schier unbändige blonde Mähne das Köpfchen.
Kea hatte vor, längere Zeit bei ihrer Tochter zu bleiben, wenn diese den Wunsch erwiderte. Sie würde das Vertrauen ihrer Enkelin bestimmt gewinnen.
„Ich kann nichts ungeschehen machen, aber ich werde helfen und für euch da sein“, versprach sie ihrer Tochter, bezog aber auch Kea, Anna und Borchard mit ein.
Zu Magdas Erleichterung war ihre Mutter nicht alleine angereist. Zwei junge Männer begleiteten sie. Den älteren von beiden hatte Magda bereits gesehen, als sie zusammen mit Ulf ihre Eltern besucht hatte. Es war Fipko, der ehemalige Lehrling ihres Vaters. Nachdem er seine Wanderjahre hinter sich gebracht hatte und drei Jahre und einen Tag seiner Heimat nie so nahe gekommen war, dass er den Kirchturm hätte sehen können, war er wieder in ostfriesischen Gefilden eingetroffen. Als ihn sein erster Weg zu Smeeders Schmiede geführt hatte, traf dort zur selben Zeit ein Bote mit der unheilvollen Botschaft ein. Da er noch keine neue Arbeitsstelle hatte, war er sofort bereit, mit der Meisterin aufzubrechen. Einen besseren Begleiter als jemanden, der das ganze Reich, ja sogar die Alpen bis nach Lugano auf Schusters Rappen kennengelernt hatte, konnte sie nicht finden. Fipko hatte Erfahrungen mit Herbergen und Gasthäusern gesammelt und ein Gespür dafür entwickelt, wie man sich sicher über große Strecken bewegte.

Für den zweiten Begleiter war die Reise ein Abenteuer. Wunold, der fünfzehnjährige Sohn von Fulko und Sina war froh, seinem Vater für einige Zeit zu entfliehen. Zwar hielt er sich inzwischen die meiste Zeit in der Schmiede auf, aber sobald er zu Hause war, gab es Streit mit dem Vater. Der hatte ihn nicht zurückgehalten.

Vermutlich war es ihm egal, wo sich der Junge aufhielt und ob er überhaupt zurückkehrte.
Für die beiden Begleiter, Pferde und Wagen wurden schnell Plätze auf der benachbarten Grangie gefunden. Ob sie in ein paar Tagen zusammen mit Kea zurückfahren würden oder bereits am Folgetag alleine, war noch offen. Das mussten die Frauen unter sich ausmachen. Für den Fall, dass sein Aufenthalt länger dauern würde, bot Fipko Simon an, auf dem Hof mitzuarbeiten.

In der Familie kamen langsam Gespräche zustande. Auch wenn die Trauer allgegenwärtig und erdrückend wirkte, brachte das Wiedersehen ein Stückchen Leben zurück. Nach Jahren der Trennung gab es so viele Fragen, dass bis in den späten Abend geredet wurde. Lediglich Anna beteiligte sich kaum an dem Gespräch.
Schon seit Tagen machte sich Magda Sorgen um sie. ‚Was mag in ihr vorgehen?', dachte sie. Sie wusste, dass Ulf ihr Ein und Alles war. Das Kind, das es eigentlich nicht geben durfte, weil der Vater ein Mönch war! Hatte sie seinetwegen Schmähungen hinnehmen müssen? Wahrscheinlich war es so, aber sie hatte zu ihm gestanden und zu Borchard! Erst nachdem Borchard den Orden verlassen hatte, kam der Moment, wo sie sich auch öffentlich zu Mann und Sohn bekennen konnte. Alles schien sich zum Besseren gewendet zu haben und dann kam die Katastrophe. Anna wirkte wie ein Baum, dem man den größten und vitalsten Ast herausgebrochen hat und der dennoch weiterleben muss.
Dieses Bild setzte sich in Magdas Gedanken fest und sie fragte sich: Wie konnte sie, selbst nahezu gelähmt von ihrer Traurigkeit, dieser Frau helfen, neuen Mut zu finden?
‚Mit Mutter an meiner Seite werde ich auch für Anna da sein können. Wir müssen so lange wie möglich zusammenbleiben.
Magda war nicht bereit aufzugeben. Ohne Umschweife fragte sie: „Mutter, kannst du für längere Zeit bei uns bleiben? Es würde mir helfen und Kea auch."

Dann sah sie ihre Schwiegereltern an: „Euch ist es doch auch recht, oder?"
Zum ersten Mal brach Anna ihr Schweigen: „Bitte bleibe vorerst hier, Kea, es ist besser für uns alle."
Am nächsten Tag wurde noch eine Entscheidung getroffen: Fipko würde alleine zurückfahren. Wunold sollte in der Brauerei helfen. Er war selbst auf die Idee gekommen und Anna war es recht. Seit Tagen hatte sie zwar einen neuen Gehilfen, aber die Gegenwart des Müllersohns konnte sie schwer ertragen. Er war freundlich und fleißig, aber etwas anderes störte sie. Er war im gleichen Alter wie Ulf und erinnerte sie dadurch fortwährend an den Verlust, den sie erlitten hatte.
Einen Jungen wie Wunold konnte sie dagegen aus ihrer Sicht eher als Kind betrachten – ein fremdes Kind, das lediglich lernen wollte. Möglicherweise konnte sie ihn sogar zum Brauer ausbilden. Von der Kellnerin und der Priorissa gab es keine Einwände. Schließlich musste Ulfs Arbeit fortgeführt werden.
Den Einwand, dass sein Vater möglicherweise nicht einverstanden wäre, ließ Wunold nicht gelten. Der eigentlich schüchterne Junge gab sich selbstbewusst: „Das ist meine Sache. Mein Vater hat noch nie einen Handschlag für mich getan. Wenn er mich zurückhaben will, kann er hierherkommen. Ich wäre ohnehin bald von dort weggegangen, es ist überall besser als zu Hause bei diesem Teufel."
Noch etwas sprach für den Jungen aus der Schänke und das wusste Kea aus eigener Erfahrung. Er hatte, obwohl er beinahe jeden Tag in der Schmiede war, kein Talent für das Handwerk entwickelt. Dagegen half er mit Eifer dabei, Feld und Garten in Ordnung zu halten, lieferte bestellte Schmiedearbeiten aus und war zur Stelle, wenn Kea im Haus eine Hilfe benötigte.
Von Sina hatte Maria erfahren, dass Wunold liebend gerne in der Küche wirkte, allerdings nur, wenn Vater Fulko nicht in der Nähe war. Dass der Sohn „Weiberarbeiten" machte, brachte ihn zur Weißglut. Dabei erkannte er in seiner Verblendung nicht, dass da

direkt unter seinen Augen ein hervorragender Gastwirt heranwuchs. Mit seinen Verbindungen hätte er ihm bei einem Wirt in der Stadt eine exzellente Ausbildung ermöglichen können, um seine eigene Nachfolge zu sichern. Der Hass, den er gegen Wunold empfand, entsprang der Tatsache, dass nicht er, sondern sein Vater den Jungen gezeugt hatte. Sein Vater Fokko, vor dem er, landauf und landab als Großmaul bekannt, bis zu dessen letzten Atemzug gekuscht hatte. Nicht ein einziges Mal hatte Fulko den Mut aufgebracht, Vater Fokko zur Rede zu stellen. Stattdessen war er erleichtert, Wunold nicht mehr ständig vor Augen zu haben. „Soll sich die alte Smeeder doch mit dem Taugenichts herumärgern“, tönte er gerne vor seinen Kumpanen in der Schänke. Vermutlich war auch Sina froh, wenn der Sohn, zu dem sie eine besonders innige Beziehung hatte und den sie dennoch nicht schützen konnte, sich außerhalb Fulkos Reichweite befand. Bei ihrer Freundin Maria wähnte sie ihn gut aufgehoben.
Kea konnte sich gut vorstellen, dass Wunold mit seinem Sinn für das Kulinarische in der Braustätte gute Arbeit leisten würde.

Die Hinterbliebenen hatten sich richtig entschieden. In ihrer täglichen Arbeit gab es Entscheidungen zu treffen, Probleme traten auf und mussten beseitigt werden. Während dieser Zeit blieben die trüben Gedanken auf Abstand. In den dunklen Stunden der Abende und Nächte meldeten sie sich dafür jedoch umso stärker zurück.

Der Herbst überließ allmählich dem Winter die Regentschaft und somit war für Kea die Rückreise vor dem Frühling unmöglich. Das weibliche Trio, bestehend aus Großmutter, Mutter und Tochter, bildete eine enge Gemeinschaft, die sich viel zu sagen hatte. Nun erst erfuhr Kea, wie es der Tochter in all den Jahren der Trennung ergangen war. „Ich will dir vor allen Dingen von den schönen Momenten erzählen“, hatte Magda in einem der vielen Gespräche gesagt.

Kea hatte protestiert: „Das wäre allenfalls die halbe Wahrheit. Nur wenn wir alles voneinander erfahren, können wir einander unterstützen. Ich habe auch nicht vor, dir meine Sorgen zu verheimlichen.“
Magda hatte eingelenkt: „Dann musst du aber auch ein paar Tränen aushalten.“
So wurde es abgemacht und die Frauen stellten fest, dass sie über die zurückliegenden Dinge frei sprechen konnten. Nur selten erzeugten diese eine traurige Stimmung. Die Erkenntnis, dass Vergangenes nicht mehr zu ändern war und Lehren für die Zukunft gebracht hatte, half ihnen dabei. Magda konnte nun auch besser die Beweggründe ihrer Schwester Maria verstehen. Ihren Sinneswandel, der es ihr möglich gemacht hatte, sich auf eine Ehe einzulassen, aber auch den Mut, sich von dem Ehemann zu trennen – für all das gab es vernünftige Gründe. „Glaub mir, dass sie es sich nicht leicht gemacht hat, aber es war richtig so“, hatte Kea die Entscheidungen ihrer ältesten Tochter verteidigt.
Die vielen Worte, die an langen, kalten Wintertagen gesprochen wurden, aber auch die Stunden, die sie gemeinsam geschwiegen hatten, sollten für immer im Gedächtnis der beiden Frauen bleiben. Auch für die kleine Kea war der Winter mit der Großmutter ein prägendes Erlebnis.
Die bedrückende Stille kehrte in dem Moment zurück in das kleine Haus in Sichtweite des Klosters, als Kea sich auf den Heimweg machte. Auch während Keas Anwesenheit war an manchen Tagen nicht viel gesprochen worden, zu tief war die Betroffenheit. Jedoch war manches Mal im Haus der leise Dialog zwischen den beiden Keas zu hören gewesen, die, zwei Generationen voneinander getrennt, doch so vertraut miteinander umgingen. Die jüngere der beiden hatte so viele kluge Fragen an ihre Großmutter. Als ahnte sie, dass die Zeit der Gemeinsamkeit bald enden würde, wollte sie alles erfahren, was ihr wichtig schien. „Wenn der Vater und Jakob jetzt im Himmel sind, werden sie dort Freunde finden?“

Auch auf diese Frage hatte die Großmutter eine Antwort. Während sie diese formulierte, war ihr, als würde sie auch sich selbst Trost zusprechen. Sie ließ sich Zeit, umschloss den kleinen Körper des Mädchens fest mit ihren Armen und führte beider Hände zusammen.

„Dein Großvater Tyke hat dort auf sie gewartet, zusammen mit deiner Tante Christiane. Du siehst, dass sie nicht alleine sind. Und noch etwas, mein Kleines – solange wir an sie denken, sind sie nicht fort. Wir können sie nicht sehen, aber sie leben. Dein Vater und dein Bruder, sie leben in dir weiter, solange du sie in deinem Herzen trägst."

Manchmal hatte Magda Bedenken, dass ihre Mutter das kleine Kind überfordern würde. Konnten diese Erwachsenenworte von der kleinen Kinderseele aufgenommen werden? Dann aber vergegenwärtigte sie sich, wer diese Worte sprach. Es war ihre eigene Mutter. Wer war besser darin, Trost und Zuversicht zu spenden, als Kea Smeeder?

Das Mädchen hatte sich verändert. Hatte sie sonst plappernd, tanzend und hopsend ständig für Unruhe gesorgt, wirkte sie jetzt stiller. Dennoch erweckte sie den Eindruck, als würde sie von allen am besten mit ihrer Trauer umgehen. Überall versuchte sie zu unterstützen, wollte helfen. Sie bedrängte ihren Großvater Borchard, er möge ihr das Schreiben beibringen.

Unter normalen Umständen hätte er das frühestens in ein bis zwei Jahren für sinnvoll gehalten, doch jetzt gab er nach. Aus ersten unförmigen Zeichen wurden Buchstaben. Kleine Erfolge, die sich auch als Therapie für den Lehrenden entpuppten. Die kleine Kea und Borchard waren die ersten, die sich wieder in das normale Leben vorwagten.

Für Magda war es, als hätte die Zeit ein anderes Tempo bekommen. „Früher sind die Wochen an mir vorbeigerauscht und jetzt vergehen sogar die Tage quälend langsam", vertraute sie sich Borchard an. Dieser wandte seinen Blick zum Fenster. Dann umfasste er sanft Magdas Schulter und zeigte auf ein paar spielende Kinder vor dem Backhaus. Mittendrin war Kea zu sehen. „Sie ist die Zukunft unserer Familie. Wir müssen ihr den Weg bereiten, auch wenn es schwerfällt." Borchard konnte seine Trauer nicht verbergen, aber er glaubte an seine Aufgabe.

Die Verhältnisse hatten sich umgekehrt. Bislang waren die beiden Frauen, Anna und Magda, die treibende Kraft in der Familie gewesen. Jetzt wirkten sie mutlos.

Bei Kea hingegen schien es, als hätten Vater und Bruder ihr zusätzliche Kräfte hinterlassen. Ein wenig stiller als zuvor war sie immer noch, aber sie strahlte Zuversicht aus. Ohne Zweifel vermisste sie die beiden und sie trauerte. Dennoch war sie in der Lage, den Erwachsenen in einer besonderen Art ihre Erinnerungen zu vermitteln. Sie hatte die schönen Momente verinnerlicht und versuchte, ihre Mutter daran teilhaben zu lassen.

Borchard, der sich bislang im Hintergrund gehalten hatte, war nunmehr der große Halt in ihrer kleinen Gemeinschaft.

Nachdem sie eine Zeitlang zusammen das Kinderspiel beobachtet hatten, sagte Magda zu Borchard: „Du hast recht. Für sie lohnt es sich, Tag für Tag aufzustehen und zu kämpfen. Lasst uns alles dafür tun, dass sie ein gutes Leben hat. Ihre zarten Arme sind jetzt meine größte Stütze. Ich befürchte immer, dass ich ihr nicht genug zurückgeben kann. Du musst es mir sagen, wenn ich sie vernachlässigen sollte. Tust du das?"

„Ich verspreche es dir, aber du bist eine gute Mutter. Kea weiß das am besten."

Es tat gut, ab und zu mit Borchard solche Gespräche zu führen. Das half, um nicht gänzlich zu verzweifeln. Dennoch hatte das Leben seinen Glanz verloren. Auch die länger werdenden Tage änderten daran nicht viel.

Aus Anna war jeglicher Lebensmut gewichen. Die passionierte Brauerin hatte kein Interesse mehr daran, Bier herzustellen. Inzwischen machte Wunold den größten Teil der Arbeit. Doch auch wenn er ein gelehriger Schüler war, wurde ihm damit zu viel aufgebürdet.

Dann erkrankte Anna. Ein hinzugerufener Arzt konnte die Schwäche, die sie befallen hatte, nicht deuten. Es folgte ein kurzes Krankenlager. Sie war bei Bewusstsein, redete aber kein Wort. Drei Tage später starb sie. Borchard war nicht von ihrer Seite gewichen. Er kannte die Diagnose: „Zum Leben braucht man Lebenswillen. Anna hatte keinen mehr."
Fünf Jahre nach dem Umzug ins Westfälische waren von der Hälfte der Familie nur noch unscheinbare Grabhügel geblieben.

Hatte Borchard nach dem Tod von Sohn und Enkel noch eine beeindruckende Glaubensstärke ausgezeichnet, so wirkte er jetzt völlig mutlos. Magda versuchte, ihn zu trösten. Dabei bedurfte sie selbst des Trostes. So spürte sie, dass sie dem Schwiegervater keine große Hilfe war.
Wieder einmal war es Kea, die mit ihrer Unbefangenheit hier und da ein kleines Lächeln auf Borchards Gesicht zaubern konnte. „Großvater, wann können wir zusammen lesen?", bettelte sie. Sie hatte Erfolg. Am Tag nach der Beerdigung saßen die beiden wieder an einem Tisch und steckten die Nasen in eine alte Handschrift. Für den trauernden Borchard war diese Beschäftigung nicht nur eine gute Ablenkung. Er erkannte darin für beide einen Vorteil: „Weißt du, Magda, manchmal überkommt mich das Gefühl, zu nichts mehr nütze zu sein. Ich sitze trübsinnig herum und lasse mich von dir trösten, obwohl du es selbst schwer hast. Und dann kommt dieses kleine Mädchen und ich weiß plötzlich, warum es sich lohnt, weiterzuleben! Ich kann mein Wissen an sie weitergeben. Für sie ist es keine Mühe. Sie hat Spaß am Lernen, weil sie so begabt ist. Gestern habe ich gesehen, wie sie im Hof vor den anderen Kindern Schriftzeichen in den Sand gemalt hat."
Magda freute sich über das Lob für die Tochter, aber es machte sie nachdenklich: „Wenn sie ein Junge wäre, könnte sie später sogar studieren. Einer jungen Frau ist das nicht möglich. Das ist doch nicht richtig, oder was meinst du?"

Ihr Schwiegervater wiegte den Kopf: „Das ist nicht ganz richtig. In den wohlhabenden Familien und bei den Adeligen genießen die Mädchen eine gute Ausbildung. Nur eben bei uns einfachen Leuten nicht. Da liegt nach meiner Meinung die Ungerechtigkeit. Alle sollten ihre Begabungen nutzen können. Egal, ob arm oder reich. Dennoch ist es nicht vergebens. Auch im ganz normalen Alltag wird es für Kea ein Vorteil sein, etwas gelernt zu haben. Niemand kann ihr später ein Dokument unter die Nase halten und sagen, sie soll ein Kreuz darunter machen."
‚Das ist so wie mit Ulf', dachte Magda. ‚Wenn es um das richtige Thema geht, werden die Stillen gesprächig.' Es war einer dieser seltenen Momente, an dem ihr ein Lächeln gelang.
Ähnlich erging es Borchard. Auch seine Mundwinkel wanderten nach oben und eine Spur Ironie umspielte seine Augenpartie: „Das ist nicht das, was man mich als Mönch gelehrt hat. Inzwischen kenne ich aber beide Seiten. Die innerhalb und die außerhalb der Klostermauern. Auf beiden Seiten gibt es viel Richtiges, aber auch viele Irrtümer."

Wie aus dem Nichts konnten die Brüder des Klosters Marienfeld eine Lösung für Annas Nachfolge präsentieren. Es hatte den Anschein, als hätten sie auf diesen Augenblick gewartet. Nach den geltenden Ordensregeln hatte die Äbtissin die vollständige Entscheidungsgewalt im Kloster. Dennoch war es angebracht, mit den Visitatoren einvernehmlich zusammenzuarbeiten.
Ein Wirtssohn, der sich bestens aufs Brauen verstand, sollte das Brauhaus leiten. Ihm zur Seite stand seine Ehefrau, Tochter eines Bäckers und lange Zeit im Haushalt des Bischofs tätig. Diese würde das Backhaus leiten, so planten es die Mönche. Der Kellnerin war es sichtbar unangenehm, Magda diese neue Regelung zu verdeutlichen. Schließlich war es nicht zu übersehen, dass Magda zu einer Hilfskraft herabgestuft wurde. „Du wirst uns weiterhin von großem Nutzen sein. Die junge Frau wird in ein paar Wochen niederkommen und bedarf deiner Hilfe. Wir wer-

den dafür sorgen, dass du nicht notleidend wirst. Das gilt auch für den Witwer."

Das war wie ein Schlag in die Magengrube. Nicht, dass Magda im Moment ehrgeizige Ziele hatte, dennoch fühlte sie sich erniedrigt. Sie hatte auch keine Erklärung dafür, warum eine derartige Eile an den Tag gelegt wurde. Warum wartete man nicht erst die Geburt ab, damit die neue Verantwortliche für das Backhaus die Arbeit vollständig übernehmen konnte?

Auch Wunold würde mit ein wenig Unterstützung noch einige Zeit das Brauhaus betreiben können.

Schon Tage später zog das junge Paar in die Wohnung des inzwischen verstorbenen früheren Brauers ein. Dass Ansgar, so hieß der junge Mann, nicht nur ein gutes Bier herzustellen, sondern es auch zu genießen verstand, zeigte sich gleich am zweiten Abend. Da er nach dem dritten Krug auch seine Zunge nicht mehr gut unter Kontrolle hatte, plauderte er munter darauf los. Ausgerechnet Borchard, dem jegliche Neugier fremd war, vertraute er Privates an.

„Es war geplant, dass ich das Gasthaus vom Vater weiterführen sollte", begann er. „Dann hat aber meine Schwester geheiratet und mein Schwager hat mir den Rang streitig gemacht. Beide haben schlecht über mich geredet und so den Vater herumgekriegt. Er wäre der bessere Wirt, ich wäre faul und nur auf das Erbe aus und auch noch andere schlimme Sachen. Solange, bis der Vater es geglaubt hat. Ich habe auch dem Bediensteten des Bischofs, der jeden Tag zu Mittag bei uns gespeist hat, davon erzählt. Und dann kam der eines Tages zu mir und machte mir einen Vorschlag." Er machte eine Pause, nahm einen kräftigen Schluck und wischte den Schaum von den Lippen. „Heirate doch die Aline und du bekommst noch ein ordentliches Handgeld, hat er gesagt. Dann meinte er noch, Mutter Kirche hätte für tüchtige und fromme Leute wie mich ganz bestimmt eine gute Verwendung."

Jetzt war Borchard doch hellhörig geworden und Ansgar redete vertrauensselig weiter: „Ich kannte die Aline ja. Ist ein properes Mädchen, hab ich mir gedacht. Und dass sie ein Kind bekommt, was soll's? Ich bin den ganzen Ärger mit dem Alten los und hab ein schönes Weib zu Hause."
Borchard konnte Geheimnisse gut für sich behalten. In diesem Fall weihte er aber seine Schwiegertochter ein: „Alles spricht dafür, dass Aline ohne viel Aufsehen aus dem Haus des Bischofs verschwinden musste. Vermutlich bevor es ruchbar wird, dass sich dort eine Schwangere aufhält. Ich hatte auch nicht den Eindruck, dass dieser Ansgar der Vater ist. Klingt eher so, als wenn ein Geistlicher in Bedrängnis geraten ist. Sonst hätte man sie vermutlich auf die Straße gesetzt. Wenn viel Geld im Spiel ist, war jemand erpressbar."
Magda hatte sich alles genau angehört: „Hört das denn niemals auf?", seufzte sie. Sie ging auf Borchards fragenden Blick ein: „Na, du weißt doch, welche Scheußlichkeiten mein Onkel und seine Verbrecherbande zusammen mit den Priestern begangen haben. In diesem Fall scheint es zumindest für das Kind besser auszugehen. Dieser Ansgar scheint keine großen Vorbehalte zu haben."

Eines hatte sie erkannt: Es war zwecklos, um ihre Position zu kämpfen. In diesem Fall war alles „von ganz oben" geregelt worden. Mit den Mächtigen in der Kirche konnte man nicht verhandeln.
Gleich am nächsten Tag setzte sie sich mit Borchard zusammen, um eine Nachricht für ihre Mutter und ihre Schwester zu verfassen. Borchard beschrieb die Situation im Kloster. Die ganz persönlichen Dinge fügte Magda, wenn auch mit Mühe, hinzu. Ganz zum Schluss schrieb Kea, unter der geduldigen Anweisung ihres Großvaters, zwei Zeilen. Sie beinhalteten Segenswünsche für Großmutter und Tante. So wurde es ein ganz besonderer, sehr persönlicher Brief.

Noch am selben Tag brachte Borchard den Brief nach Rheine zu seinem Kontaktmann. Glücklichen Umständen war es zu verdanken, dass er wenige Tage später in Emden ankam. Der Rest war eingespielt. Der Empfänger ließ den Brief mit einem Boten zu dem Geschäftspartner von Thijsso Bosman bringen. Da dieser regelmäßig wegen neuer Aufträge nachfragte, traf die Nachricht, nur gut eine Woche nach dem sie geschrieben wurde, beim Empfänger ein. Lief es schlecht, konnte es auch Monate dauern.

# Unerwartete Wendung

## Ostfriesland im Frühjahr 1545

Tagelang gab es bei Kea und Maria kein anderes Thema. Auch wenn der Brief hoffnungsvolle Passagen enthielt, konnte er nicht über die bedrückende Situation hinwegtäuschen. Kea fasste es als Frage zusammen: „Ein trauernder Borchard, Magda mit ihrem Kummer und dazwischen ein kleines Mädchen, wie soll das enden?"

Maria trieben ganz andere Gedanken um: „Wir könnten die beiden auch zurückholen, wenn sie es wollen. So wie es seit einiger Zeit läuft, könnten wir auch noch ein paar weitere Menschen sattbekommen. Meine Frage ist nur, ob das auf die Dauer gut gehen kann? Drei Frauen und ein Kind – ist das solide genug?"

Kea schüttelte energisch den Kopf: „Magda würde das niemals wollen. Und sie hat recht. Nur eines weiß ich ganz genau: In diesem Sommer werde ich sie besuchen, oder sie uns. Die Arbeit oder was auch immer ist nicht so wichtig. Schon einmal haben wir zu lange gewartet. Das passiert mir nicht wieder."

Einige Tage später gab es dann doch ein Ereignis, das die Frauen auf andere Gedanken brachte. Hanco Lodewig besuchte seinen Freund Thijsso. Das war in den letzten Jahren öfter der Fall gewesen. Die beiden verstanden sich sehr gut. Maria hatte auch mitbekommen, dass sie sich mit Vornamen ansprachen. Wenn es sich ergab, schaute Lodewig bei diesen Gelegenheiten auch kurz bei Kea und Maria herein. Er war ein gern gesehener Gast. Die ursprünglichen Hemmungen ihm gegenüber hatten die Frauen nach und nach abgelegt.

Dieses Mal habe sein Besuch einen ganz besonderen Grund, sagte Lodewig. Welchen, verriet er nicht. Die Damen möchten doch auch mitkommen. Im Haus von Thijsso und Nynke habe er eine Überraschung zu verkünden. Obwohl es noch lange nicht die übliche Feierabendzeit war, saßen bald alle in dem kleinen Atelier von Nynke zusammen. In dem Haus, das sie mit ihrem Bruder bewohnte, hatte sie ein Zimmer für ihre Arbeit eingerichtet. Die Fenster waren so ausgerichtet, dass es zur „goldenen Stunde", dann, wenn das Licht der Sonne am intensivsten schien, eine perfekte Ausleuchtung hatte. Außerdem sah man von da aus, ähnlich wie von Schmeeders Schmiede, auf das Wäldchen. Ein schönes Panorama wurde offenbar.

Hanco Lodewig hatte für den Anlass einen vorzüglichen Wein mitgebracht. Er füllte für alle die Gläser, hob sein eigenes an und begann zu reden: „Liebe Freunde, ich habe euch eine Ankündigung privater Natur zu machen. Mir ist das große Glück zuteilgeworden, dass die Liebe in mein Leben getreten ist. Ich werde heiraten. Meine zukünftige Gattin musste das große Leid ertragen, dass ihr erster Ehemann ihr durch den Tod entrissen wurde. Sie hatte aber auch das Glück, dass aus dieser Verbindung eine wunderbare Tochter hervorgegangen ist. Ich kann mich glücklich schätzen, mich in wenigen Wochen Ehemann und Vater nennen zu dürfen!"
Es war eine, für Lodewigs Verhältnisse, kurze Ansprache, aber sie verfehlte ihre Wirkung nicht.
Alle vier Anwesenden gratulierten und wünschten der jungen Familie alles Gute.
Dann wandte sich der Gast an die Malerin: „Ich möchte, dass du, liebe Nynke, die beiden malst. Ein Bild von den beiden bezauberndsten weiblichen Wesen, die ich je kennenlernen durfte."
Zur allgemeinen Überraschung war Nynke von dem verlockenden Auftrag nicht begeistert. Ihre Miene wechselte ins Grüblerische, geradezu Ablehnende. Dann verriet sie ihre Bedenken: „Das ist Porträt, aber ich male anders." Hanco Lodewig lachte: „Genau das meine ich – anders. Kein Porträt, auf dem die Menschen künstlich aussehen. So ein Bild aus dem Leben. Wie das, was du von Thijsso und Maria in der Schmiede gemalt hast. Die

haben doch auch nicht stundenlang mit dem Hammer in der Hand Modell gestanden. Ein Kind von drei Jahren könnte das auch nicht."

Thijsso lachte: „Auf den Porträts sehen die Männer immer so aus." Er machte ein grimmiges Gesicht und blähte die Backen. „Und die Frauen so." Sein Gesichtsausdruck wechselte: ein unnatürliches, überhebliches Lächeln war darin zu erkennen. Alle im Raum schüttelten sich vor Lachen.

Maria erinnerte sich: „Du hast viele Stunden vor der Schmiede gestanden und alle Einzelheiten, jeden Balken, jede schiefe Fuge oder Anker gezeichnet. Wir waren aber zuerst nur als grobe Striche zu erkennen. Dann hast du unsere Gesichter gemalt, obwohl wir nicht dabei waren. Wie machst du das?"

Nynke legte die Hand auf ihre Brust: „Das ist nicht schwer. Die Gesichter sind in meinem Inneren."

„Dann ist doch alles geregelt. Du wirst doch einem Freund keinen Gefallen verwehren?", sagte Lodewig.

Jetzt war Nynke in ihrem Element: „Mache ich. Kommt alle mit nach draußen, ich zeige." Alle kannten Nynke gut genug. Es hatte keinen Zweck, sich zu widersetzen. Wenn die sensible Künstlerin einen Plan verfolgte, durfte man ihr nicht in die Quere kommen. Sie platzierte alle Anwesenden so, dass sie in Richtung Westen schauten. Sie zeigte auf den kleinen Wald: „So wie jetzt. Sonne geht unter. Das male ich: rote Sonne, Wald, Wiese – alles wie heute. Dann kommt deine Frau. Sitzt da, auf weißem Stuhl. Kind spielt oder pflückt Blumen, irgendetwas. Nicht stören dabei. Ich schaue an. Frau und Kind können weg und ich male. Aus den Gedanken. Buntes Kleid, Sonne im Haar, schon fertig."

Egal wie unvollständig ihre Rede auch war, alle hatten die Idee verstanden und sie war genial.

Danach gab es reichlich Gelegenheit, sich über Allgemeines und Privates auszutauschen. Zum ersten Mal dachten Kea und Maria nicht fortwährend an ihre Lieben in Gravenhorst.

Irgendwann ging Kea zurück nach Hause.

Die Jüngeren blieben noch zusammen und hatten Spaß. Nynke und Maria schauten sich manchmal verwundert an, wie albern die beiden Männer sein konnten. Sie waren ausgelassen wie kleine Jungs.
Maria zog Vergleiche. Früher war sie gegen ihren Willen Zeugin von derben Männerrunden gewesen. Wie wohltuend sich doch diese beiden Freunde davon unterschieden. Sie lachten über harmlose Dinge, vorzugsweise über die eigenen Missgeschicke oder Unzulänglichkeiten. Es wurde auch deutlich, dass die beiden Freunde schon des Öfteren in fröhlicher Runde ein paar Becher geleert hatten.
Zwischendurch wurde auch über ernstere Themen gesprochen. Maria hatte ausführlich geschildert, mit welchen Schwierigkeiten ihre Schwester und deren Tochter im fernen Westfalen zu kämpfen hatten. „Dabei ist es so ein kluges Kind, es kann sogar schon schreiben und das mit sechs Jahren", schloss sie.

Von diesem Moment an wirkte Hanco Lodewig nachdenklich, irgendwie nüchterner als noch vor kurzer Zeit. Plötzlich machte er einen Vorschlag: „Ich weiß, dass ihr Vorbehalte habt, aber könnten wir uns alle, und sei es nur für diesen Abend, mit dem Vornamen anreden? Ihr wirkt sonst wie eine Fremde, obwohl Ihr das in Wirklichkeit nicht seid." Er hatte Maria angeschaut. Die reagierte ganz selbstbewusst. Der Wein hatte möglicherweise auch dazu beigetragen: „Mir soll es recht sein. Wenn wir uns aber in der Stadt begegnen, darf ich doch Herr Lodewig sagen?"
„Selbstverständlich, Maria. Das, was mir im Kopf herumgeht, lässt sich so besser in Worte fassen. Haltet Ihr es für möglich, dass Eure Schwester eine Stellung hier in Ostfriesland annehmen würde?"
Maria atmete auf. So war es für sie in Ordnung. Vor- oder Nachname war egal. Sie hätte jedoch Probleme gehabt, den noblen Herrn mit „du" anzusprechen. Entsprechend antwortete sie: „Das könnte ich mir gut vorstellen, zumal ihre Zukunft dort

ungewiss ist. Woran habt Ihr da gedacht, Hanco?“ Sie probierte es gleich aus.
„Ich will keine zu großen Hoffnungen wecken. Ich habe aber folgende Idee: Wenn meine zukünftige Frau und ich einen Hausstand gründen, benötigen wir gutes Personal. Eure Schwester hat ausreichend Erfahrung, wie ich gehört habe. Sie könnte doch bestimmt mithilfe einer Magd einen Haushalt führen? Und so ein aufgewecktes Kind als Spielgefährtin unserer Tochter wäre auch in meinem Sinne.“ Er machte eine Pause, deutete aber an, dass es noch etwas zu erwähnen gab. „Entscheiden wird das selbstverständlich die Dame des Hauses. An mir ist es, Vorschläge zu machen. An Eurer Familie, liebe Maria, schätze ich vor allen Dingen das Aufrichtige und Ehrliche. Denkt darüber nach, ob Ihr Eurer Schwester den Vorschlag unterbreiten wollt. Ich bin nächste Woche wieder da, weil es mit Thijsso ein paar Sachen zu besprechen gibt.“
Mit dem Vorschlag und dem Kompliment wurde Maria ein wenig überrumpelt. Sie antwortete bereits, obwohl sie noch ein paar Gedanken ordnen musste: „Ich kann mir gut vorstellen, dass Magda das möchte. Meine Mutter muss auch ihre Meinung dazu sagen. Versteht Ihr, dass ich überrascht bin?“
Hanco nickte. Sie brauchte ein wenig Zeit: „Es ist noch nicht ganz dunkel. Ich laufe schnell zu unserem Haus und zeige Euch den Brief von Magda und der kleinen Kea.“ Damit war sie auch schon aus dem Raum. In der milden Abendluft konnte sie besser nachdenken. Daher schlenderte sie ganz langsam den kurzen Weg bis zum Haus.
Kea war noch wach. Maria erzählte ihr von dem Gespräch.
„Das wäre wirklich zu schön, aber wir sollten nicht zu große Hoffnungen darauf setzen. In gelöster Stimmung sagt man auch einmal Unüberlegtes.“
Maria widersprach: „Mag sein, aber Hanco redet nicht so leichtfertig. Denk an seine Bemerkung zur Schmiede, als wir in Emden waren. Er hat Wort gehalten!“

„Hanco?“, Kea wunderte sich mehr über die Namensnennung als über Marias Bemerkung.
„Ach so, ist mir gleich so rausgerutscht. Er hat vorgeschlagen, dass wir uns beim Vornamen nennen, wenn wir unter Freunden sind. Aber keine Angst, alles mit Anstand und Abstand.“ Maria lachte und Kea schob sie Richtung Tür. „Dann man los und viel Spaß mit deinem Hanco!“
Es dauerte gerade einmal drei Tage, bis Lodewig vor der Tür stand. „Meine zukünftige Gattin vertraut auf meine Menschenkenntnis. Sie würde Eure Tochter gern kennenlernen“, eröffnete er Kea.
Diese war verunsichert: „Ja, aber wie soll das gehen? Alleine die Nachricht zu übermitteln dauert lange genug. Und kennengelernt hat Eure Braut dann Magda immer noch nicht?“
Hanco Lodewig lächelte: „Dank meiner Position dauert die Übermittlung einer Nachricht genauso lange, wie ein Reiter für die Strecke benötigt. Also drei bis vier Tage. Ebenso lange, bis ich die Antwort habe. Zusammen also, wenn es hochkommt, acht Tage. Wenn Eure Tochter Interesse hat, kann ich sie abholen lassen, das dauert dann ein oder zwei Tage länger. Wenn aus der Anstellung nichts wird, lasse ich sie zurückbringen.“
Kea war skeptisch: „Das alles wegen …?“
„Das alles wegen einer Haushälterin, wolltet Ihr sagen?“ Lodewig konnte Keas Zweifel deuten.
„Ohne Frage kann ich mit geringerem Aufwand jemand finden. Es gibt genügend Interessierte in der Stadt. Wenn eine Frau mit der nötigen Erfahrung eine neue Stelle sucht, frage ich mich, warum sie die bisherige aufgegeben hat. Es geht auch um Vertrauen. Ich möchte nicht, dass man in meinem Haus gewisse Dinge unter Verschluss halten muss. Ein wenig Aufwand zur rechten Zeit kann da durchaus nützlich sein.“

Wer Hanco Lodewig besser kannte, wusste, dass diese Aussage zwar zutreffend war, aber es steckte noch mehr dahinter. Mit seinem Freund Thijsso Bosman hatte er eine Gemeinsamkeit. Sie setzten sich für die weniger Privilegierten ein, machten darüber jedoch nicht viel Aufhebens. „Ich mag nicht wie ein Gockel im Gehrock durch die Straßen laufen und hier und da einen Stüber fallenlassen", hatte er diesem anvertraut. „Wenn sich mir aber eine konkrete Not offenbart, helfe ich auch, wenn ich kann. Lieber ist es mir, jemanden zu ermuntern, sich aus eigener Kraft zu helfen." Auch sein Interesse an der Familie des Dorfschmieds hatte er begründet: „Als ich zum ersten Mal auf diese Menschen getroffen bin, hatten sie gerade fürchterliche Erlebnisse zu verarbeiten. Dafür gab es Schuldige. Trotzdem waren sie nicht hasserfüllt. Auch mir sind sie nicht misstrauisch begegnet, obwohl sie mich nicht kannten. Sie haben mir sogar geholfen. Mein Pferd hatte eine Blessur. Der Schwiegersohn hat sich um das Tier gekümmert und mir haben sie einen Schlafplatz angeboten. Mehr noch, am Abend haben sie mich zu sich an die gemeinsame Tafel gebeten. Es gab ein einfaches, aber deftiges und leckeres Essen. Ich habe sofort eine Verbundenheit mit diesen Leuten gefühlt. Einige Male habe ich sie unter einem Vorwand besucht. Die Anlässe waren nichtig. Bei den längeren Ausritten wurde mein Kopf frei; und dort angekommen, fühlte ich mich willkommen. Mit dem Lebensnotwendigen waren sie zu jeder Zeit versorgt. Ich konnte aber trotzdem helfen. Sie haben meinen Rat in Anspruch genommen und sind gut dabei gefahren. Ich glaube, das hat auf beiden Seiten für Vertrauen gesorgt."

Kea war ein wenig überrascht, dass der Plan so schnell Gestalt annehmen sollte. In dem Augenblick kam Maria dazu. Die letzten Worte hatte sie mitbekommen. „Soll Thijsso einen Brief schreiben, den Ihr gleich mitnehmen könnt? Sie hatte bewusst die Anrede weggelassen. ‚Mal sehen, wie er reagiert', dachte sie.

„Eine gute Idee, Frau Wilken. Erwähnt vielleicht auch, dass in meinem jetzigen bescheidenen Haushalt eine tüchtige Magd arbeitet. Zu der hat meine Braut schon ihre Zustimmung gegeben. Eure Schwester hätte also eine tatkräftige Hilfe. Ich werde meinerseits auch ein paar Zeilen dazu schreiben. Darin werde ich das Organisatorische schildern. Bereits morgen kann der Bote auf dem Weg sein.“

‚Sehr schlau‘, dachte Maria. ‚In Gesellschaft bin ich also Frau Wilken. Auch, wenn es sich um meine Mutter handelt. Dadurch macht er es sich auch leichter, sollte Magda die Stelle annehmen. Es wäre unangenehm, wenn die Haushälterin, für die er der gnädige Herr ist, zu vertraut mit deren Schwester umgeht.‘

# Der Weg zurück

## Gravenhorst im Jahr 1545

Alles war geregelt. Die Priorissa hatte Magda vier Wochen Zeit eingeräumt, sich zu entscheiden, ob sie weiterhin im Kloster arbeiten oder ihre neue Stellung antreten würde. Käme sie nach Ablauf dieser Frist nicht zurück, war die Anstellung im Backhaus beendet.

Nur von wenigen Menschen musste Magda sich verabschieden. Groß war ihr Bekanntenkreis nicht geworden. Da waren Simon und Benedicta, die alte Aleken, Wunold und ein paar Bedienstete des Klosters. Schmerzlich war es, Borchard zurückzulassen. Der hatte überraschenderweise eine Arbeit in Aussicht. Bekannte aus Rheine, Advokaten und sonstige Akademiker wollten ihn als Schreiber verpflichten. „Lasst uns alle einen neuen Anfang wagen!“, hatte er zum Abschied gesagt. Vermutlich gab er sich dabei zuversichtlicher, als er in Wirklichkeit war.
Ein Abschied fiel ihr besonders schwer. Der letzte Gang zum Friedhof. Lange hatte sie vor den Gräbern von Ulf, Jakob und Anna verharrt und mit ihnen stille Zwiesprache gehalten. Zu lange, wie es schien, denn die Priorissa war auf sie aufmerksam geworden, als sie auf dem Weg zum Kloster war. „Du nimmst Abschied?“, hatte sie gefragt.
„Ja, es ist nicht leicht, meine Lieben zurückzulassen.“
Ein wenig pastoral hatte die Ordensschwester geantwortet: „Aber du weißt doch, dass hier nur ihre Leiber begraben sind. Ihre Seelen sind beim Allmächtigen.“
Magda fühlte sich durch die Belehrung verletzt. Ganz besonnen antwortete sie der Frau, mit der sie in den letzten fünf Jahren kaum Privates besprochen hatte: „Ja, das glaube ich auch. Trotzdem sind es auch die Körper, die mir fehlen. Unser Sohn war ängstlich. Wenn ich ihn getröstet und an mich gedrückt habe,

konnte ich seinen Herzschlag fühlen. Mit seinem kindlichen Vertrauen darauf, dass meine Mutterhände alles heilen können, besiegte er seine Angst. Sein Herz schlug dann wieder langsamer. Und mein Mann – in seinen Umarmungen habe ich körperlich gespürt, was er mir oft gesagt hat, dass er mich liebt."
Ob es richtig war, der Priorissa zu widersprechen, war Magda in diesem Moment egal. Zu ihrem Erstaunen blieb Elisabet von der Streithorst aber stehen; eine Weile überlegte sie. Ein verständiges Lächeln traf Magda: „Meine Worte waren unüberlegt. Der Herr hat uns das liebende Herz gegeben, um unsere Mitmenschen glücklich zu machen. Es ist richtig zu trauern, wenn dieses liebende Herz fort ist. Möge der Herr auf allen Wegen mit dir und mit deinem Kind sein."
Dieses Ereignis beschäftigte Magda noch eine Weile.

Alina, ihre Nachfolgerin, wurde kurz nach dem Einzug von einem strammen Jungen entbunden. Inzwischen arbeitete sie wieder. Zweifelsohne beherrschte sie ihr Handwerk. Ebenso ihr Mann Ansgar. Zusammen mit Wunold braute er ein gutes Bier. Alina müsste ihre spitze Zunge noch ein wenig mehr in den Griff bekommen, befand Magda. Die Kellnerin würde sie mit Sicherheit zur Ordnung rufen. Mit der üblichen zurückhaltenden Wortwahl der Klostergemeinschaft, aber nachdrücklich. Das aber mussten die beiden unter sich klären.
Erfreulich war, dass Ansgar völlig vernarrt in den kleinen Jungen war. Jedem Besucher präsentierte er stolz den Nachwuchs. Wenn, wie es zu vermuten war, er den Jungen auch nicht gezeugt hatte, Vater war er auf jeden Fall.

Magda konnte ihren anfänglichen Groll gegen das junge Paar überwinden. Sie wünschte ihnen und dem Kleinen alles Gute, bevor sie abreiste.
Für die kleine Kea war es ein Abenteuer. Zusammen mit ihrer Mutter wurde sie von einem kleinen Pferdefuhrwerk abgeholt.

„Das ist ein Einspänner. Nennt man so, weil ein Pferd allein den Wagen zieht", hatte der freundliche Lenker erklärt. Sie durfte sogar vorne auf dem Kutschbock sitzen. Auf gerader Strecke hatte ihr der Mann ein paar Mal die Zügel überlassen. So etwas hatte sie noch nie erlebt.

Schon mehrere Stunden waren sie unterwegs. Den Osning konnte sie nur noch mit Mühe erkennen, wenn sie hinter sich sah. Vor ihr waren nur noch ganz kleine Hügel zu sehen und weit voraus schien das Land völlig eben zu sein. Fünf lange Tage würden sie so weiterreisen. Nachts müssten sie in einem Gasthaus schlafen, hatte ihre Mutter gesagt. Wie das wohl aussehen würde? Auch das Essen würde nicht die Mutter kochen. Das gab es ebenfalls im Gasthaus.

Und dann, ganz zum Schluss kam das Allerbeste: Sie würde ihre Großmutter wiedersehen. Die Großmutter, die den gleichen Namen trug wie sie – Kea. Dort wohnte auch eine Tante, die sie noch nicht gesehen hatte. Die heiße Maria und sei sehr hübsch, hatte die Mutter gesagt. Tante Maria arbeitete mit einem Mann mit lustigem Namen zusammen, der heiße Thijsso. Zusammen machten die aus Eisen ganz verschiedene Sachen. Kea drehte sich zu Magda um: „Mutter, ich kann bestimmt nicht schlafen, bevor wir ankommen. Ich bin so aufgeregt."
Magda lächelte sie an: „Das macht doch nichts, mein Kleines, dann schläfst du halt, wenn wir bei der Großmutter sind." Im Stillen dachte sie: ‚Kann sein, dass ich sie schon schlafend ins erste Gasthaus tragen muss.'
Sie selbst machte sich um viele andere Dinge Gedanken. Ungelöste Fragen quälten sie. War es richtig, die beschwerliche Reise auf sich zu nehmen, dazu noch mit einem kleinen Kind? Hatte sie zu große Erwartungen an das Treffen mit Lodewig und seiner zukünftigen Gemahlin? Wie würde sie mit der Enttäuschung umgehen, wenn aus der Anstellung nichts werden sollte?

Dann nahmen die Überlegungen eine Wendung: ‚Was auch kommt, ich werde Mutter und Lämmi sehen. Auch wenn ich zurückmuss, werden wir ein paar Tage für uns haben.'
Es war abgemacht, dass der Kutscher sie zuerst bei der Mutter absetzte. Am folgenden Tag würde sie nach Emden reisen und sich bei den Herrschaften vorstellen. Thijsso, der Pächter der Schmiede, hatte sich angeboten, sie dorthin zu fahren. „Bringt auf jeden Fall eure kleine Tochter mit", hatte Lodewig neben sonstigen Dingen, die es zu beachten gab, geschrieben. Das klang sympathisch. Für die kleine Kea war es die einmalige Chance, eine richtige Stadt zu sehen.
Der Mann auf dem Kutschbock war freundlich und umgänglich. Magda schätzte ihn auf sechzig Jahre. Er war von kräftiger Statur, aber nicht korpulent. Seine Haare hatten noch eine dunkle Färbung, nur leicht von erstem Silber durchzogen. Für einen Mann seines Alters hatte er einen schnellen und ausladenden Schritt. Beim Aufladen des Gepäcks hatte Magda das feststellen können. Am frühen Morgen war er eingetroffen. Da er die Nacht im Gasthaus eines Nachbarortes verbracht hatte, waren er und das Pferd ausgeruht. Somit konnten sie sofort nach dem Aufladen aufbrechen.
Er hatte sich Kea geschnappt und schwungvoll zu ihrer Mutter auf die hintere Sitzbank gehoben: „So, du kleine Maus, jetzt machen wir eine lange Reise."
Zuerst hatte Nanno, so hatte sich der Kutscher vorgestellt, ohnehin nur mit der Kleinen gesprochen. Er hatte auf das Pferd gezeigt: „Das ist Max."
Damit war das Eis gebrochen. Kea hatte viele Fragen zu Max und der Mann antwortete geduldig. Ohne einen erkennbaren Grund hatte er das Gefährt gestoppt und sich umgedreht: „Du darfst auch zu mir auf den Bock kommen. Da kannst du viel besser sehen."
Klar, dass Kea sich das nicht zweimal sagen ließ. Sie krabbelte nach vorne und setzte sich stolz neben Nanno. Dann drehte sie

sich zu ihrer Mutter und grinste sie an, wie jemand, der soeben ein Spiel gewonnen hatte.
„Gut festhalten!“, warnte der Kutscher und schon ging die Fahrt weiter.
Von oben hatte Kea einen ganz besonderen Blick auf das Zugtier. Gleichmäßig bewegten sich die Hufe und bei jedem Aufsetzen ebenso die dichten Haarbüschel unmittelbar darüber. Die Muskeln der wuchtigen Hinterhand zeigten nur eine leichte Spannung. Den Einspänner zu ziehen, war für das starke Tier keine große Anstrengung. Ab und zu schüttelte Max den Kopf, um ein paar lästige Fliegen zu verscheuchen. Dabei wehte die dichte, lange Mähne im Wind.
Kea schaute im Wechsel auf die vorbeiziehende Frühlingslandschaft und dann erneut auf den „Friesen“ vor ihr. Immer noch hatte sie Fragen und der Mann antwortete geduldig.
Mit einem gewinnenden Lächeln im Gesicht drehte er sich zu Magda um und sagte: „Weißt du, ich habe selbst zwölf Enkelkinder. Macht mir einfach Spaß, denen etwas zu erklären.“
Bei allen Zweifeln und Unsicherheiten, die Magda plagten, ein solcher Mann in ihrer Nähe wirkte auf sie beruhigend. Sie freute sich für ihre Tochter, die in Nanno einen fürsorglichen Begleiter gefunden hatte.
Während einer kurzen Rast wandte sich Nanno an Magda: „Ist besser, wenn sie zu dir kommt. Langsam fallen ihr die Augen zu. Sie könnte vom Bock fallen.“
Kea protestierte nicht. Es war auch schön, sich an die Mutter zu kuscheln. Sie erzählte Magda noch ein paar aufregende Neuigkeiten, die sie über Max' Herkunft erfahren hatte und Minuten später war sie fest eingeschlafen.
Jetzt erst kam ein Gespräch zwischen den Erwachsenen auf. Nanno war freundlich, hatte aber bisweilen eine derbe Ausdrucksweise. Er erzählte von seiner Familie: „Meine älteste Tochter hat acht Kinder und niemanden, der ihr hilft. Ihr Mann ist Seemann. Meistens taucht er einmal im Jahr für ein paar Wochen

bei ihr auf. Wenn er dann erneut auf Große Fahrt geht, hat er ihr wieder ein Kind verpasst. Ein richtiger Deckhengst ist das. Würde mich nicht wundern, wenn er in den Häfen am Mittelmeer auch noch eine Kinderschar hat."
Für den Schwiegersohn hegte der Kutscher, so wie sie deutlich heraushören konnte, keine große Sympathie. Er schimpfte weiter: „So etwas geht doch nicht. Das Mädchen muss sich doch auch von den Strapazen erholen können. Dieser Bock hat doch auch eine Verantwortung!"
Magda erfuhr noch einiges über die anderen drei Kinder ihres Begleiters. Dann war sie an der Reihe. Es fiel ihr nicht schwer, ein paar private Dinge zu erzählen. Dieser Nanno war ein Familienmensch, mit dem konnte sie reden.
Schneller als gedacht, ging der erste Reisetag vorüber. Zwischen Hopsten und Fürstenau hatte Nanno ein ordentliches Gasthaus ausgemacht. Von dort aus konnten sich Menschen und Tier am Folgetag gut versorgt auf den Weg machen.
Der Lenker erzählte, welche Route er geplant hatte: „Über Fürstenau fahren wir nach Haselünne. Wir werden ein Stück an dem Fluss Haase entlang kommen und dann durch den Hümmling. Später durchqueren wir Moore entlang der Ems und dann geht es zügig nach Ostfriesland. Auf der Hinfahrt waren die Wege gut befahrbar. Wenn es inzwischen geregnet hat, müssen wir in den Moorgebieten ein paar Umwege in Kauf nehmen. Das ist aber nicht so schlimm, auf einen halben Tag kommt es auch nicht an."
Mit zunehmender Dauer der Reise wurde Magda zuversichtlicher. Wie immer, wenn sie länger unterwegs war, herrschte gutes Wetter. Zwei kurze Regenschauer hatte es gegeben, doch da hatte Nanno schnell unter mächtigen Bäumen Schutz gefunden. Die Luft war mild, aber noch nicht zu heiß. Es war auch ein nicht zu unterschätzender Vorteil, dass sich die drei Reisenden gut verstanden. In stillen Momenten dachte Magda über ihr Leben nach. Wenn sie alles richtig bedacht hatte, war sie jetzt fünfundzwanzig Jahre alt. Die „verlorenen" Jahre bei den Stief-

eltern machten das Zurückrechnen nicht leicht. Letztendlich war es auch egal, ob es ein Jahr mehr oder weniger war. ‚Andere haben im gleichen Alter ihr Heimatdorf noch nie verlassen', dachte sie. Bei ihr hingegen war so viel passiert. ‚Zu viel', dachte sie manchmal. Traurige Zeiten waren freudigen gewichen und umgekehrt. Jetzt wuchs mit jeder Stunde, die sie sich ihrer Heimat näherten, ihre Zuversicht.

Nur wenn Magda auf ihre kleine Tochter schaute, die die Dörfer und Felder am Wegesrand betrachtete, wurde ihr Herz schwer. Sie erkannte in ihr Ulf, wie er, den blonden Lockenkopf wendend, die neuen Eindrücke verinnerlichte. Beinahe acht Jahre war es her, da war sie zusammen mit ihm auf dem Weg nach Ostfriesland gewesen. Jetzt begleitete sie Kea. Je älter sie wurde, umso mehr ähnelte Keas Gesicht dem der Großmutter gleichen Namens. Dieses Gesicht wurde von widerborstigen blonden Locken umgeben, die so typisch für Ulf waren. Wie traurig es auch war, mit den Erinnerungen zu leben, dieses Kind schenkte ihr Hoffnung. Sie dachte an Borchards Worte: „Sie ist die Zukunft unserer Familie. Wir müssen ihr den Weg bereiten, auch wenn es schwerfällt."

Bereits am Morgen des fünften und letzten Reisetages kamen Magda die Ortschaften bekannt vor. Bald würde sie Mutter und Lämmi in die Arme schließen können. Das war das Wichtigste. Über das, was danach kommen mochte, dachte sie nur kurz nach. Man nannte es Zukunft und diese ließ sich bekanntlich nicht vorhersagen. „Alles liegt in Gottes Hand", hatte sie oft gehört. Sie wollte dem nicht widersprechen, aber etwas hinzufügen: „Man muss die eigenen, gottgegebenen Fähigkeiten nutzen, um sein Ziel zu erreichen!"

Genau das wollte sie, Magda Kruse, beherzigen. Für sich, aber ebenso für dieses kleine Mädchen neben ihr.

ENDE

# Glossar

| | |
|---|---|
| Äbtissin: | Zur Leitung eines (Nonnen-)Klosters berufene Nonne |
| Bader: | Naturheiler, Barbier, Wundarzt |
| Cellerar: | Für die wirtschaftlichen und finanziellen Belange eines Klosters bestimmter Mönch |
| Dormitorium: | Gemeinsamer Schlafraum der im Kloster lebenden Nonnen |
| Esse: | Offene Feuerstelle in einer Schmiede |
| Grangie: | Landwirtschaftlicher Betrieb eines Klosters (auch Vorwerk genannt) |
| Isder: | Ostfriesischer Begriff für ein scherenförmiges (Waffel-)Eisen zur Gebäckherstellung am Herdfeuer |
| Kellnerin: | (hier im klösterlichen Sprachgebrauch): Für die wirtschaftlichen und finanziellen Belange eines Klosters bestimmte Nonne |
| Konvent: | Klösterliche Gemeinschaft aus Nonnen oder Mönchen |
| Lavabotablett: | Für das rituelle Händewaschen des (kath.) Priesters benötigtesTablett (oder Schale) |
| Nonnenpättken oder der Hillige Weg: | Ein Fluchtweg für die Nonnen des Klosters Gravenhorst. Über eine Zugbrücke gelangten diese bei Gefahr auf den genannten Weg, der bis zur Burg Bevergern führte. |
| Prior: | Stellvertretender Leiter eines klösterlichen Männerkonvents |
| Priorissa: | Stellvertretende Leiterin eines klösterlichen Frauenkonvents |
| Stüver, Schap, Gulden: | Übliche Währungen in der Mitte das 16. Jahrhunderts |

| | |
|---|---|
| Zisterzienser: | Katholischer Orden mit einer europaweiten Verbreitung. Zum Orden der Z. gehörten sowohl Frauen- als auch Männerkonvente |

Handlungsorte/im Roman erwähnte Orte mit Bezug zu Klöstern:

Kloster Hude
Ein Männerkloster des Zisterzienserordens in Hude, Nähe Oldenburg (Oldb). Zum Zeitpunkt der Romanhandlung war das Kloster bereits aufgelöst. Die Klosterruine sowie die Klosterkirche und restaurierte Nebengebäude des Klosters sind heute noch vorhanden.

Kloster Gravenhorst
Ein Frauenkloster des Zisterzienserordens in Gravenhorst (heute Ortsteil von Hörstel), gegründet im Jahr 1256. Die im Roman erwähnte Klosteranlage wurde im Jahr 1623 durch kaiserliche Truppen vollständig verwüstet und in den Folgejahren wieder aufgebaut. Seitens des Generalkapitels der Zisterzienser, aber auch aus den Reihen der Visitatoren wurde der Leitung des Gravenhorster Konvents mehrfach eine zu große Nähe zum weltlichen Umfeld vorgeworfen. Die letzten Zisterzienserinnen verließen 1811 das Kloster. Die Gebäude befinden sich im Besitz des Kreises Steinfurt und werden für diverse künstlerische Aktivitäten genutzt.

Kloster Marienfeld
Dieses Männerkonvent der Zisterzienser in der Nähe von Gütersloh war zum Zeitpunkt der Romanhandlung für die Visitation des Klosters Gravenhorst zuständig. Die beauftragten Mönche kontrollierten sowohl die wirtschaftlichen Belange, als auch die Einhaltung der Ordensregeln.

Kloster Clairvaux
Das Zisterzienserkloster in Clairvaux, Frankreich, ist eines von vier Primarabteien des Zisterzienserordens, der in ganz Europa vertreten war.

Begriffsdefinition „Reich“
Mit dem mehrfach gebrauchten Begriff „Reich“ ist in vorliegendem Roman jenes Gebiet umschrieben, das dem historischen Begriff „Heiliges Römisches Reich deutscher Nation“ entspricht. Vereinfacht für die räumlich-geografische Vorstellungskraft der damaligen Bevölkerung: eine besonders große Landfläche.

# Danke …

sage ich allen, die mich inspiriert haben, diesen Roman zu schreiben. Leserinnen und Leser durch ihre positiven Rezensionen oder persönliche Ansprache, Besucherinnen und Besucher bei Lesungen und alle, die mich auf meiner Homepage besucht und ermutigt haben.
Für die Bereitschaft und die Möglichkeit, die Idee zum Buch werden zu lassen, geht mein Dank an das gesamte Team vom ESE-Verlag, insbesondere an Frau Söker, sowie die Herren Köpsel, Brede und Schwarz.
Die entscheidende Unterstützung und die erforderlichen Motivationsschübe, jeweils zur rechten Zeit, habe ich jedoch meiner Familie zu verdanken.
Daher ist Euch dieses Buch gewidmet: Ingrid, Joy, Stefanie, Patrick und Philip.

Veenhusen im November 2024
Frerich Ihben

# Vita

Frerich Ihben wurde 1953 im Altkreis Norden (Ostfriesland) geboren. Seit mehreren Jahren widmet er sich der Schriftstellerei. 2016 erschien sein Debütroman, der die Besiedelung der ostfriesischen Moorgebiete thematisiert. Der neue Roman „Magdas Weg – Die Töchter des Schmieds" baut auf dem Vorgänger-Titel „Magdas Weg – Das Mädchen und der Mönch" auf. Beide Bücher haben das herausfordernde Leben einer jungen Frau im frühen und mittleren sechzehnten Jahrhundert zum Thema. Beiträge in verschiedenen Anthologien komplettieren das Werk des Autors. Frerich Ihben ist seit 1975 mit der Schriftstellerin Ingrid Ihben verheiratet. Das Ehepaar hat zwei erwachsene Töchter und lebt in Veenhusen, Gemeinde Moormerland.

# Publikationen

2016 „Weit weg ist so nah", Historischer Roman , Vechta

2016 Anthologie-Beitrag in „Moorgezeiten", Vechta

2016 Anthologie-Beitrag in „Frieden, Glück, Heimat", Oldenburg

2016 Anthologie-Beitrag in „Mein Herz am Meer", Torgau

2018 Anthologie-Beitrag in „Noch immer willst du nicht verweilen", Vechta

2020 Roman „Madeleines Vermächtnis" (Mitautor), Vechta

2021 „Magdas Weg – Das Mädchen und der Mönch", Historischer Roman, Esens

2024 „Magdas Weg – Die Töchter des Schmieds", Historischer Roman, Esens

# Das Kloster Gravenhorst

## als „DA, Kunsthaus Kloster Gravenhorst“

Bischof Bruno von Osnabrück gestattete am 17. September 1256 Konrad von Brochterbeck und seiner Frau Amalgardis von Budde, zu Ehren der Gottesmutter Maria in Gravenhorst ein Nonnenkloster des Zisterzienserordens zu errichten. Das Kloster wurde von weiteren adeligen Familien mit Gütern und Einkünften bedacht, sodass dort eine Gemeinschaft von zehn bis 14 Zisterzienserinnen ein religiöses Leben abgeschieden von der Welt führen konnte. Stifterinnen und Förderer aus dem Umkreis der Grafen von Tecklenburg sicherten sich hier eine Grablege, immerwährendes Gedenken für das Seelenheil und wirkmächtige Gebete für ein Leben nach dem Tod.

Gravenhorst entspricht keiner planmäßig angelegten Klostergründung, sondern hat sich architektonisch mit den zeitlich wandelnden Anforderungen an ein gottesfürchtiges Leben entwickelt: Die im 13. Jahrhundert errichtete Kirche ist das älteste erhaltene Gebäude der dreiflügeligen Anlage. Der imposante Westflügel stammt vom Anfang des 14. Jahrhunderts, als das Kloster nach Brandstiftung neu angelegt werden musste. Der Südflügel folgte zwischen 1520 und 1576, spätestens jedoch bis 1618. Mit Beginn des 18. Jahrhunderts erhielt die Anlage ihren noch heute dominanten schlossähnlichen Charakter.

Über 550 Jahre lebten hier Zisterzienserinnen und reagierten als Gemeinschaft immer wieder auf gesellschaftliche Herausforderungen: So, wenn sie 1764 ihre

Das Kloster Gravenhorst heute. Foto: Philipp Fölting © Münsterland e.V.

Bedeutung für die Mädchenbildung durch die Gründung einer Mädchenschule unter Beweis stellten oder sich für den Erhalt der Klosterkirche als Pfarrkirche für die Arbeiter der auf ihrem Grund und Boden angelegten Eisenhütte einsetzten.

Die offizielle Auflösung des Klosters kam mit einem Generaldekret vom 6. Dezember 1808 nach der französischen Machtübernahme in Westfalen. Die letzten Zisterzienserinnen verließen Gravenhorst im Frühjahr 1811. Das Klosterensemble wurde in den folgenden Jahrhunderten als Steinbruch, Dampfmaschinenfabrik, Gutshof, Sommerfrische, NS-Schulungsheim, Wohnanlage für Flüchtlinge und Vertriebene, als landwirtschaftlicher Betrieb, als Champignonzucht genutzt.

1985 stellte die Stadt Hörstel das Ensemble als Denkmal unter Schutz. Aus Mitteln der „Regionale 2004“, einem Förderprojekt des Landes NRW, konnte die Transformation des Klosters zu einem Kunsthaus vorangebracht werden. Dazu wurde ein modernes denkmalpflegerisches Konzept umgesetzt, das die authentischen baulichen Spuren der verschiedenen Epochen erfahrbar macht und nicht auf die Rekonstruktion eines wie auch immer gearteten Idealzustands zielt.

Seit 2004 macht sich das DA, Kunsthaus Kloster Gravenhorst – DA steht für Denkmal+Atelier – als kreativer Hotspot für ortsbezogene und partizipative Kunst auch international einen Namen. Die Ankommenden erleben hier nicht nur einen geschichtsträchtigen Ort, sondern unerwartete künstlerische Neuinterpretationen von Landschaft, Architektur, Materialitäten und Atmosphären. Weitere Informationen auf www.da-kunsthaus.de im Internet.

Dr. Uta C. Schmidt

Frerich Ihben

# MAGDAS WEG

## DAS MÄDCHEN UND DER MÖNCH

Mitten in den Wirren der Reformationszeit kreuzen sich im Winter 1533 die Wege des Mädchens Magda und des Mönchs Clemens in Ostfriesland.
Beide sind auf der Flucht - und auf der Suche.

Softcover-Buch, 252 Seiten
ISBN: 978-3-941163-35-5 Preis: 14,00 Euro

Erhältlich im Buchhandel sowie versandkostenfrei online unter soeker-druckshop.de.